上海金融系列重点课题
上海市金融工作局
中欧陆家嘴国际金融研究院

CEIBS LUJIAZUI FINANCIAL REVIEW 2018

中欧陆家嘴金融评论

2018

主编　盛松成　副主编　刘功润

中国金融出版社

责任编辑：王效端　王　君
责任校对：张志文
责任印制：陈晓川

图书在版编目（CIP）数据

中欧陆家嘴金融评论．2018/盛松成主编．—北京：中国金融出版社，2019.7
ISBN 978－7－5220－0111－1

Ⅰ．①中…　Ⅱ．①盛…　Ⅲ．①金融—文集　Ⅳ．①F83－53

中国版本图书馆CIP数据核字（2019）第091064号

中欧陆家嘴金融评论．2018
Zhong Ou Lujiazui Jinrong Pinglun. 2018

出版
发行　中国金融出版社

社址　北京市丰台区益泽路2号
市场开发部　（010）63266347，63805472，63439533（传真）
网 上 书 店　http：//www. chinafph. com　（010）63286832，63365686（传真）
读者服务部　（010）66070833，62568380
邮编　100071
经销　新华书店
印刷　北京市松源印刷有限公司
尺寸　185毫米×260毫米
印张　15.25
字数　280千
版次　2019年7月第1版
印次　2019年7月第1次印刷
定价　57.00元
ISBN 978－7－5220－0111－1
如出现印装错误本社负责调换　联系电话（010）63263947
编辑部邮箱：jiaocaiyibu@126. com

编 委 会

顾　问：姜建清　李铭俊

丁　远　张维炯

主　编：盛松成

副主编：刘功润

前　言

2018 年，我国经济增速呈现“前高后低”的特征。目前大部分人对 2019 年的中国经济较为悲观，但我们认为 2019 年全年经济增速可能“前低后高”。2018 年 12 月的中央经济工作会议强调，要看到经济运行稳中有变、变中有忧。“变中有忧”说明高层对经济下行压力有了清晰的认识。中国的国情是执行力特别强，只要认识正确，我国经济运行中的困扰和问题就有望得到解决。我们判断，目前我国经济已在底部区间运行，中美贸易摩擦还存在一定的不确定性，我国投资可能加快，并且结构逐渐优化，消费也有望回升，有关方面已经开始采取一系列稳增长、调结构的政策措施。我们认为，从消费、投资、对外贸易和相关政策措施来看，我国经济第二季度有望企稳。

第一，消费已成为我国经济增长的主要驱动力。

改革开放以后的相当长一段时间，我国是投资拉动型和出口导向型经济，投资和净出口在我国 GDP 的增长中占较大比重。最近几年情况发生了较大的变化，投资和净出口对 GDP 增速的贡献率在逐渐下降，而消费对经济的拉动作用则在逐渐上升。2018 年，最终消费对 GDP 增长的贡献率达到 76.2%。目前消费已经成为我国经济增长的主要驱动力。

从国际比较来看，我国服务业发展有很大潜力，这对于稳定消费非常有利。经济总量排名前 15 的国家中，服务业增加值占 GDP 的比重 2017 年平均为 63.8%，我国这一比例仅为 51.6%，较平均值低 12.2 个百分点。由于我国服务业采用收入法统计，核算不全容易造成增加值低估，服务业占比实际可能在 55% 左右，但从全球看依然很低，仅比印度（48.9%）略高。值得注意的是，中国人均 GDP 已达到 9 500 美元左右，而印度则不到我国的 1/3。我国服务业增加值在 GDP 中的占比更是远低于美国（82.6%）。实际上，服务业和制造业是密不可分的。制造业中的高端部分，如研发、设计、专利、品牌、版权、销售、服务，绝大多数是生产性服务，是中国目前最薄弱、最需要发展的环节。没有高科技和优质的服务业，就不可能有先进的制造业。2018 年，我国服务业占 GDP 比重为 52.2%，较 2017 年提高了 0.6 个百分点。未来我国服务业在经济中的地位将持续提高，这将为我国经济增长提供可持续的驱动力。

在大方向上坚持房地产调控，控制住房价，将有利于消费企稳。此外，减税也有望提高居民消费能力。日前出台的减税政策，针对的是最有消费能力的群体，即 20～40 岁的青年。子女教育、继续教育、大病医疗、首套房贷款利息或住房租金、赡养老人等 6 项个人所得税扣除对这部分人群具有很广的覆盖度，减税将有助于增强消费能力。我们预计 2019 年还会出台一系列促进消费的政策。

还有一个积极的变化，近年来，居民收入增速已同步于甚至高于 GDP 增速，收入分配开始向居民转移。同时在细分消费领域，即便是在 2018 年的情况下，包括医疗卫生等服务型消费领域都有比较强劲的增长，说明我国消费升级的后劲是充足的。事实上，统计局最新的数据显示，2018 年 12 月社会消费品零售总额同比增长 8.2%，已经较 11 月回升了 0.1 个百分点，若扣除汽车和石油制品，则较 11 月回升了 0.6 个百分点。12 月汽车销售同比下降了 1.2%，降幅也开始收窄。汽车是价值较高的消费品，且价格敏感度很高，在汽车厂商主动去库存的背景下，预计促销会对汽车销量起到促进作用。发改委官员近期讲话谈到鼓励消费的政策，若政策落地，更有助于消费企稳。

另一个有利的变化是，近年来农村居民纯收入增速开始高于城镇居民可支配收入增速。2018 年，城镇居民可支配收入名义增长 7.8%，而农村居民纯收入名义增长 8.8%，整整高了 1 个百分点。反映在消费支出上为农村居民人均消费支出名义增长 10.7%，比 2017 年加快了 2.6 个百分点，比城镇居民人均消费支出名义增速 6.8% 高了近 4 个百分点，而城镇居民人均支出同比增速也加快了 0.9 个百分点。农村居民的收入和支出快于城镇居民，这也是中国消费的潜力和韧性之一。

第二，投资增速可能加快。

其一，基建投资反弹的确定性较强，将带动投资增速回升。长期以来，投资主要靠基建拉动，基建投资增速一度超过 25%，但最近一年多基础设施投资增速快速下降，2018 年仅为 3.8%，而 2017 年为 19%，增速回落了 15.2 个百分点。基建投资大部分是地方政府投资。2018 年地方政府债务清理和去杠杆导致地方政府资金紧缺，从而拖累了基建投资增速。中央经济工作会议提出加大专项债发行，明确基建增量资金来源，“宏观政策要强化逆周期调节，继续实施积极的财政政策和稳健的货币政策”，“较大幅度增加地方政府专项债券规模”，“加大基础设施等领域补短板力度”。全国人大常委会已授权国务院提前下达2019年地方政府新增债务限额1.39万亿元，这意味着年初地方政府就可以发债进行基建投资。

总体来看，地方政府专项债作为基建资金来源的主要增量之一，有助于解决“没钱干”的问题。2018年12月13日召开的中共中央政治局会议指出的“激励干部担当作为，加强学习和调查研究，创造性贯彻落实党中央方针政策和工作部署”，将解决“不想干”的问题。考虑到2018年基数较低，2019年基建投资反弹的确定性较大。

其二，制造业投资结构优化。2018年制造业投资增长9.5%，而2017年仅增长4.8%。尽管如此，民企“融资难，融资贵”仍常见诸报端。小微民营企业确实很困难，但近来行业的集中度明显提高，形成头部效益，大企业投资在增加，且一个大企业投资超过上百个小企业，所以民间投资增速不低。目前小微企业融资难问题已经得到高度重视，预计未来也有望改善。从制造业投资结构来看，改建大于新建，新建大于扩建，这往往代表着产业升级的趋势，结构上的升级换代不是简单的扩大产能和补库存。

从制造业各细分行业投资来看，2018年，计算机、通信和其他电子设备制造业、专用设备制造业、金属制品业、电气机械及器材制造业，以及通用设备制造业分别增长16.6%、15.4%、15.4%、13.4%和8.6%，显著高于5.9%的平均增速。这些与高新技术和创新密切相关的五个行业贡献了制造业投资增长的近50%。与此同时，传统的纺织业、食品等增速比较低。

因此，我国经济正在由量的增长向质的提高转变。先进制造业发展比较快，但由于目前高新技术总量不够大，中国的先进制造业真正在总量上占主体地位仍需时日。

其三，预计2019年房地产投资不会大幅下降。房地产投资2018年增速是9.5%，而2017年是7.5%，提高了2个百分点，尽管房地产调控这么严厉，但房地产投资还在增加。我们预计2019年房地产投资不会大幅下降，这是因为，第一，我国目前房地产库存水平较低。2018年年末，我国商品房的库存已经降到2013年的水平，按照狭义的计算口径，目前库存只有两个月左右。第二，我国仍处于城市化进程中。第三，在“房住不炒”的方针下，平稳房价、建立长效机制需要增加供给。加上保障性住房、租赁住房的投资，预计2019年的房地产投资增速也不会低。

第三，对外贸易不必太悲观。

按美元计，我国2018年外贸进出口总值创历史新高，同比增长12.6%。其中，出口增长9.9%，该增速创2011年以来新高；进口增长15.8%，首次突破2

万亿美元。2019 年 1 月，我国贸易顺差 391.6 亿美元，较 2018 年同期扩大 112.64%。尽管中美贸易摩擦的不确定性增强，美国的贸易保护主义措施会对中国经济造成一定影响，但我国完全可以克服。

我国对外贸易呈现多元化特征。欧盟、美国和东盟是我国前三大贸易伙伴。2018 年，三者在我国进出口总额中的占比分别约为 15%、14% 和 13%，我国对欧盟、美国和东盟的进出口分别增长 7.9%、5.7% 和 11.2%。2019 年 1—4 月，我国外贸出口同比增长 4.3%，其中对欧盟、东盟等出口都出现了大幅增长。此外，我国对“一带一路”沿线国家进出口增长 13.3%，其中对俄罗斯、沙特阿拉伯和希腊进出口分别增长 24%、23.2% 和 33%。而我国进出口的商品结构也在持续优化，2018 年机电产品出口占出口总值的 58.8%。总体来看，对我国的对外贸易不必太悲观。

第四，松紧适度的货币政策将使 M2 和社会融资规模增速回升。

松紧适度的货币政策对经济增长特别重要。最近一两年的金融强监管和去杠杆导致社会融资规模和 M2 增速均大幅下降。2018 年年末，M2 同比增速为 8.1%，社会融资规模存量同比增速为 9.8%，创历史新低，主要原因就是金融去杠杆和表外融资大量萎缩。而随着金融去杠杆逐步到位，这一趋势将会扭转。2019 年 1 月，M2 和社融增速已分别回升至 8.4% 和 10.4%。

2018 年年中，金融去杠杆导致表外融资大幅收缩，引起社会融资规模增量的大幅回落，随后社会融资规模增速也持续下降。但是，合理适度的影子银行是银行正常贷款的补充，它往往是小微企业贷款的渠道，不应将其赶尽杀绝。不久前中国人民银行易纲行长也指出，依法合规经营的影子银行是金融市场的必要补充。

目前，人民银行已经推出一系列稳增长、调结构、支持小微企业和民营企业的政策措施。例如，引导设立民营企业债券融资支持工具，创设定向中期借贷便利等，本质都是促进金融机构对小微企业和民营企业的贷款。

2019 年 1 月 15 日和 25 日，人民银行分别下调金融机构存款准备金率 0.5 个百分点，释放长期资金约 8 000 亿元，既不大水漫灌，又降低了金融机构的资金成本，促进金融机构贷款。一方面，法定存款准备金率年利息 1.62%，相比中期借贷便利（MLF）3.3% 的利率水平，降准将使商业银行的成本大幅下降，通过市场化的手段促进商业银行增加企业贷款。另一方面，存款准备金下调以后变成长期资金，替代了 MLF 和常备借贷便利（SLF）等中短期工具，可以激励商业银行的长期贷款。另外，永续债补充资本金的政策，也为银行增加贷款创造条件。贷款增加本身就是信用创造的过程，随着贷款、表外融资、地方政府债务的回升，同时考虑基数效应，预计 M2 和社会融资规模增速将有所回升。

财政政策对促进需求也至关重要，因为货币层面的缓解在 2018 年 8 月就开始了。应当说，积极的财政政策要进一步趋向积极，稳健的货币政策应松紧适度。所谓的"松紧适度"是一个区间，太紧的时候需要松一点，过松的时候需要紧一点。货币政策与财政政策要相互配合，通过定向调控，疏通政策的传导机制，避免资金淤积在商业银行和房地产。我们认为，不仅货币政策和财政政策要相互协调，货币政策和监管政策也要相互配合。相信企业家和投资者的信心会逐渐恢复。

从政策实施到实际影响经济需要一段时间，尽管由于多方面原因，本轮调控的时滞会比以往略长，但不必过于悲观。

眼前呈现给大家的《中欧陆家嘴金融评论 2018》是中欧陆家嘴国际金融研究院与上海市金融工作局联合组织编撰的年度研究报告结集。管中窥豹，见微知著。其间述及的许多经济金融热点问题，有的已形成了阶段性结论，有的本身是未尽的开放性议题，值得持续关注。

感谢上海市金融工作局对中欧陆家嘴国际金融研究院一如既往的信任，将上海金融系列重点课题委托给我们。本书是集体智慧的结晶，课题的立项、论证、调研、撰稿及结题，凝聚了上海市金融工作局领导及其他金融界专业人士的建设性建议和帮助，课题如期结题也得到了诸多专家的指导。同时，还要感谢中国金融出版社王效端主任及编辑团队认真严谨的工作。

我们的研究提供了一种参考视角，囿于观察及学识的局限，肯定存在诸多不足，敬请读者不吝批评指正。

盛松成

上海市人民政府参事

中欧国际工商学院经济学与金融学教授

中欧陆家嘴国际金融研究院常务副院长

2019 年 2 月

目　录

国际发达金融中心城市最新动态研究

于卫国

国际金融中心是国际资金融通活动的枢纽，通过汇聚外来投资者、外来集资者及外资金融中介，带动庞大的国际资金流转。一直以来，各国围绕国际金融中心的竞争从未停止。

一、上海首次进入“全球金融中心指数”前五名

2018 年 9 月 12 日，由英国智库 Z/Yen 集团与中国（深圳）综合开发研究院主办、众诚汽车保险股份有限公司独家协办的“第 24 期全球金融中心指数发布会”在广州召开。第 24 期“全球金融中心指数”（GFCI 24）由英国 Z/Yen 集团与中国（深圳）综合开发研究院共同编制，从营商环境、金融体系、基础设施、人力资本、城市声誉等方面对全球重要金融中心进行评分和排名。

本期“全球金融中心指数”共有 100 个金融中心进入榜单，其中全球前十大金融中心排名依次为纽约、伦敦、中国香港、新加坡、上海、东京、悉尼、北京、苏黎世、法兰克福。

本期上海金融中心评分大幅上升 24 分，取代东京进入全球金融中心前五行列，且与新加坡的评分差距缩短为 3 分，对新加坡的排名地位造成严峻挑战。随着中国金融改革和对外开放的不断推进及金融体制的不断健全，中国金融中心的竞争力将进一步释放，在全球的影响力也将不断提升。

表 1　　第 24 期全球金融中心指数（GFCI 24）前十位排名

金融中心	GFCI 24		GFCI 23		GFCI 22	
	排名	评分	排名	评分	排名	评分
纽约	1	788	2	793	2	780
伦敦	2	786	1	794	1	756

续表

金融中心	GFCI 24		GFCI 23		GFCI 22	
	排名	评分	排名	评分	排名	评分
中国香港	3	783	3	781	3	744
新加坡	4	769	4	765	4	742
上海	5	766	6	741	6	711
东京	6	746	5	749	5	725
悉尼	7	734	9	724	8	707
北京	8	733	11	721	10	703
苏黎世	9	732	16	713	9	704
法兰克福	10	730	20	708	11	701

资料来源：英国 Z/Yen 集团，中国（深圳）综合开发研究院。

二、纽约、伦敦、中国香港稳居全球金融中心前三

纽约在第 24 期“全球金融中心指数”排名中位列榜首，以 2 分微弱优势超越伦敦；中国香港本期评分再次上升 2 分，与排名第二的伦敦仅相差 3 分，同时领先排名第四的新加坡 14 分。

长期以来，伦敦、纽约、中国香港一直占据“全球金融中心指数”前三的位置，尽管内部排名偶尔出现变化，但其他金融中心难以撼动这一格局。

表 2　　第 24 期全球金融中心指数（GFCI 24）前三位排名

金融中心	GFCI 24		GFCI 23		GFCI 22	
	排名	评分	排名	评分	排名	评分
纽约	1	788	2	793	2	780
伦敦	2	786	1	794	1	756
中国香港	3	783	3	781	3	744

资料来源：英国 Z/Yen 集团，中国（深圳）综合开发研究院。

三、亚太金融中心赶超欧美传统金融中心的步伐不断加快

自全球金融中心指数发布以来，西欧和北美地区的顶级金融中心（地区排名前五）整体评分通常略高于亚太地区的顶级金融中心，但近几期随着中国金融中心的不断崛起，以及受英国脱欧、美国贸易保护主义等因素影响，国际金融专业人士普遍更加看好亚太地区金融中心的发展，亚太金融中心赶超欧美传统金融中心的步伐也在不断加快。

第 24 期排名显示，亚太地区金融中心评分均有所上升，其中上海、悉尼、北京和广州的评分及排名均有显著提升；北美地区洛杉矶和华盛顿排名虽然有所上

升，但其他金融中心排名和评分均出现小幅回调；西欧地区金融中心评分仍不稳定，苏黎世、法兰克福评分出现大幅上升，但都柏林、慕尼黑等金融中心排名均出现下降。目前，在全球金融中心 10 强中，亚太地区占据 6 席，西欧地区占据 3 席，而北美地区只有 1 席。从评分来看，亚太地区顶级金融中心平均得分 760 分，北美地区顶级金融中心平均得分 737 分，西欧地区顶级金融中心平均得分 727 分。因此，亚太地区金融中心已实现对欧美传统金融中心的整体超越。

四、中国香港的最新动态

2018 年 10 月，香港特区政府行政长官林郑月娥表示，凭借高度国际化、专业化的金融基建与市场环境，并受惠于内地改革开放，香港发展成为成熟的国际金融中心。未来香港的固有优势有增无减，国家也始终是香港的坚强后盾，香港将会在抓紧新机遇、发掘新动力的过程中，既提升抵御外来冲击的实力，也为香港发展点燃希望。

（一）绿色债券

2017 年 10 月，林郑月娥在首份施政报告中宣布，特区政府将带头发行绿色债券，彰显了特区政府对可持续发展和应对气候变化的支持，以及推动绿色金融在香港发展的态度。截至 2018 年上半年，已有 15 只绿色债券在港发行，规模达 80 亿美元。

（二）壮大资本市场

壮大资本市场对巩固香港国际金融中心地位至关重要。凭借与国际接轨的法制和规管、自由流通的资金、切合市场需求的上市制度，香港多年位于全球新股集资额榜单的首位。

2018 年 4 月，香港联合交易所（港交所）推行新上市制度，包括在保障投资者权益的前设下容许具有由个人持有的不同投票权架构的新兴及创新企业，以及未有收入或盈利的生物科技公司在香港上市。

2018 年在港上市的新股集资活动继续秉承过去的良好势头，截至 9 月的集资总额超过 2 380 亿港元，暂为全球第一。港交所会继续致力于把香港发展成更深更广的融资平台。

2018 年 7 月，香港实施了开放式基金型公司制度，在单位信托以外提供了新的基金结构。为进一步巩固香港作为国际资产及财富管理中心的地位，特区政府行政长官林郑月娥在 2018 年 10 月的施政报告中宣布，特区政府会继续优化法律及税务框架，为基金业提供有利的营商环境，包括研究为私募基金建立有限合伙制度；审核基金业税务优惠安排是否与国际税务合作的要求看齐；继续与多个市场推动基金互认安排，进一步拓宽销售渠道。

特区政府已向立法会提交《2018 年财务汇报局(修订)条例草案》，推动上市实体核数师监管制度的改革工作。在拟议的新监管制度下，财务汇报局的职能将获提升，成为全面而独立的上市实体核数师监管机构。特区政府会在条例草案获通过成为法例后，向财务汇报局提供不少于 3 亿元的种子资金，协助该局从现有核数师监管制度顺利过渡至新制度。

（三）银行业

2018 年 1 月 24 日，香港金管局颁布《2018 年银行业(修订)条例》。该修订条例的主要目的是修订《银行业条例》，使监管制度符合有关大额风险承担限额及恢复规划的最新国际标准。具体修订内容如下：

在风险承担限额方面，《2018 年银行业（修订）条例》引入第 81A、第 81B 及第 81C 条，赋予金融管理专员制定规则的权力，确定认可机构的风险承担限额。金融管理专员会运用这项权力制定规则，以实施巴塞尔银行监管委员会的新大额风险承担框架，以及根据最新的市场发展及风险管理方法，更新《银行业条例》内若干现有大额风险承担条文。有关规则将会以附属法例的形式制定，并须通过立法会的先订立后审议程序，以及遵从适用于制定资本、流动性及披露规则的相同咨询规定。有关规则会取代《银行业条例》第 XV 部第 80、第 81、第 83、第 85、第 87、第 87A、第 88、第 90 条，这些条文将于有关的新规则生效后予以废除。

就恢复规划而言，为提高透明度及确定性，并确保全面符合金融稳定理事会发出的《金融机构有效处置机制的主要元素》，《2018 年修订条例》在《银行业条例》内引入全新的第 XIIA 部，明确订立恢复计划规定。根据新条文，金融管理专员可要求认可机构须拟订、维持及呈交恢复计划；并可在考虑认可机构的性质、规模及复杂程度后，就其恢复计划施加规定，以确保有关计划切合其目的。金融管理专员可要求认可机构修订其恢复计划，以处理所辨识的任何不足之处，以及指示认可机构在特定条件下实施恢复计划中的一项或多项措施。认可机构须就已发生（或相当可能发生）其恢复计划内指明的任何启动事件通知金融管理专员。此外，金融管理专员可在若干情况下，对认可机构的本港注册控权公司施加有关恢复计划的类似规定。

（四）加强香港国际保险枢纽地位

为加强香港作为国际保险枢纽的地位，经咨询金融领导委员会[①]后，特区政

① 金融领导委员会，成立于 2017 年 8 月，其职能主要包括三项：在货币稳定、金融安全及提升市场素质的前提下，就发展和提升香港作为国际金融中心的地位进行讨论，提供策略性及前瞻性的政策指引和建议；备悉特区政府各部门及其他相关机构就上述建议的落实过程；讨论由特区政府财政司司长不时提出的其他议题。

府将采取多项措施，包括推行税务减免以促进海事保险及承保专项保险业务在香港的发展。特区政府也会修改相关法例，以允许在香港成立专门为发行保险连接证券的特殊目的公司，深化香港市场的风险管理工具。

（五）金融科技

目前香港正在积极发挥金融科技的力量，提升行业竞争力。2018 年 9 月，香港金融管理局（金管局）推出“转数快”系统，把银行和储值支付工具联系起来。市民只需利用移动电话号码或电邮地址作为收款人识别代号，便可以随时随地进行资金调拨。共享二维码的支付标准也已在 2018 年 9 月公布，便利商户和市民通过不同电子货币包进行支付。

特区政府行政长官林郑月娥在 2018 年 10 月的施政报告中指出，未来特区政府会继续从推广、支持措施、规管、人才及资金五个方面，促进香港金融科技发展。

（六）虚拟银行

香港特区政府金管局正在处理第一批虚拟银行牌照的申请，预计最快可于 2018 年年底或 2019 年年初发出。银行业开放应用程序编程接口框架允许第三方服务提供商参与，为市民提供创新的金融服务。

（七）加强经贸关系

在加强经贸关系方面，2018 年香港特区政府签订了三份自由贸易协议（自贸协议），涉及 12 个经济体（东盟十国、格鲁吉亚和澳门特别行政区）。香港特区政府还完成了与马尔代夫的自贸协议谈判，并继续与澳大利亚进行双边谈判。基于香港特区政府与英国展开的“贸易伙伴策略对话”和两地就更紧密经贸合作事宜发表的共同声明的良好基础，香港特区政府正与英国探讨建立更紧密经贸关系的方案，包括将来签订自贸协议的可能性。香港特区政府正在寻求与太平洋联盟，即智利、哥伦比亚、墨西哥和秘鲁四国缔结自贸协议。这四个太平洋联盟成员国占整个拉丁美洲的生产总值近四成。此外，香港特区政府计划在东盟与相关经济体完成区域全面经济伙伴协议的谈判后，根据当中有关新成员加入的条款，寻求加入该协议。该协议成员除东盟十国外，还有澳大利亚、印度、日本、韩国、中国和新西兰。这 16 个经济体的本地生产总值总和接近全球的 1/3，加入该协议将让中国香港能参与当前泛亚洲地区规模最大的自贸协议。

五、新加坡的最新动态

（一）金融科技

与美国中国等大国相比，新加坡对新生事物和高科技，表现出更高的开放性和欢迎姿态。新加坡李显龙总理曾经公开督促新加坡金融部门跟上区块链技术发展的步伐，因此，新加坡对区块链证券金融创新监管政策的开放程度远超亚洲其他国家。

2014 年 11 月，新加坡正式推出“智慧国家”计划。该项目旨在通过利用区块链技术，在企业和政府的共同努力下，打造更好的生活社区。新加坡金融管理局（MAS）为了实现这一目标一直积极支持金融科技行业的发展，并承诺为初创公司提供有利的监管环境。同时，新加坡金管局主持的 Ubin 项目还与 R3 区块链联盟、美银美林、瑞士信贷、摩根大通和三菱 UFJ 金融集团等建立起合作关系，旨在探索区块链在支付、证券清算与结算中的用途，最终将把新加坡元放到区块链上。无论从政府还是商界，新加坡作为领先的金融中心和创新者已经走在了区块链的前沿。

2016 年 6 月，新加坡金融管理局推出了沙盒（Sandbox）机制。任何在法律规定中受保护注册的金融科技公司，在事先报备的情况下，被允许从事和目前法律法规有所冲突的业务，即使以后相关业务被官方终止，该公司也不会追究相关的法律责任。通过这种沙盒机制，新加坡政府能够在可控范围内鼓励企业进行各种区块链的金融创新。

2017 年 11 月 16 日，新加坡金融管理局发布了 ICO 指南。同时，新加坡金融管理局对外宣传，以区块链技术为基础出售数字货币的 ICO 行为将在一些特定情况下被纳入国家期货证券及金融顾问法案的条款下进行处理。新加坡金融管理局表示，新加坡不会禁止加密货币。但新的 ICO 指南对如何在国家证券法下进行 ICO 与代币销售作出了规定。新加坡在一定条件下可以视 ICO 与加密货币为证券交易，监管应该基于该国的证券与期货法，以及财务顾问法。

2018 年 8 月 29 日，迪拜金融服务局和新加坡金融管理局在迪拜签署了关于两个机构创新团队的合作和引荐框架协议。该协议反映了两个机构通过新兴科技来支持金融服务可持续发展的决心。引荐机制为该协议的核心，该机制使两个机构能够在各自的创新职能下引荐创新企业，并设置了在各自市场分享和使用信息及创新的程序。该协议还明确了两个机构将致力于应用关键技术的联合创新项目，如数字和移动支付、区块链和分布式账本、大数据、灵活性平台（应用程序接口，简称 API）和其他新技术领域。迪拜金融服务局和新加坡金融管理局都是新近成立的全球金融创新网络（Global Financial Innovation Network，GFIN）的成员，该组织包括来自世界各地的12个金融监管机构和联合组织。全球金融创新网络寻求在金融创新上共同努力和分享经验，以改进金融的稳定性、一致性、客户体验和包容性。该组织成员包括英国、中国香港和澳大利亚的监管机构。该组织建立在每个监管机构都有的双边关系之上。例如，迪拜金融服务局与澳大利亚证券与投资委员会、香港金融管理局、香港证券及期货事务监察委员会、香港保险业监督局及马来西亚证券委员会签订了双边金融科技合作协议。围绕金融科技的合作拓展了迪拜金融服务局和新加坡金融管理局之间的长期合作关系，这一关系始于2008年的谅解备忘录——为银行、保险和资本市场的监管合作提供了正式的基础，便利了两个机构之间为监督目的而交换信息。这一最新举措是迪拜金融服务局创新战略的一部分，是国家创新战略的有益补充。

2018年9月19日，新加坡金融管理局在当日发布了新的支付系统，令新加坡成为世界上第一个创立统一支付QR码——新加坡快速反应编码——的国家。实行销售的商家可以通过QR码来显示消费者支付的价格，消费者用手机扫码后支付就会完成。

2018年10月12日，印度尼西亚和新加坡加强金融科技合作。新加坡金融管理局和印度尼西亚共和国金融服务管理局签署了一份谅解备忘录，以加强在金融科技领域的合作，促进印尼和新加坡之间金融服务的创新。该谅解备忘录将促进有关新兴金融科技市场趋势和发展的信息共享，并促进两国之间的联合创新项目。作为谅解备忘录的一部分，两国政府将建立一个框架，帮助金融科技公司更好地了解每个司法辖区的监管机制和机会，这将降低对进入对方市场感兴趣的金融科技公司的准入门槛。

（二）资本市场

2018年2月6日，新加坡交易所（以下简称新交所）与马来西亚交易所建立股市交易互联互通机制，通过股市交易互联互通机制联合发展双方的资本市场。这是新交所和马来西亚交易所首次合作建立的一个能够进行股票交易跨境清算和结算的网络。新加坡金管局和马来西亚证券委员会将联合进行监督并执行相关规定，使投资者对使用该交易联通机制充满信心。两地市场将继续沿用各自的上市、交易和清算规则以及监管规定。

2018年5月14日，新交所与特拉维夫证券交易所（TASE）建立合作伙伴关系，为科技公司提供更多跨境融资机会。两家交易所将紧密合作，为希望在资本市场筹集资金以实施其亚洲和全球发展计划的科技和医疗保健公司提供支持。两家交易所将与寻求渗透亚洲市场并在这两家交易所上市的科技公司积极互动，包括在上市前的阶段为公司提供协助、推动上市流程、利用交易所的网络和平台为发行人提供上市后的支持。

2018 年 6 月 26 日，新交所发布双重股权结构公司上市准则。针对双重股权结构相关风险的保障措施包括：（1）对于选举和罢免独立董事和（或）审计师，更改任何类别股份附带的权利、反向收购、清盘或退市的投票，要求一个加强的投票程序，即所有股东无论股票类别每股均只享有一票。（2）要求大部分审核委员会、提名委员会和薪酬委员会成员及其各自的主席为独立董事。（3）享有多重投票权的股份每股最多 10 票。限制多重投票权的股份持有人为指定人员，或允许持有人组织（其范围必须在上市时确定）。（4）在公司上市时必须规定日落条款，即在特定情形下多重投票权的股份将自动转换为普通投票股份。

2018 年 8 月 1 日，新交所迎来亚洲首只基础设施项目融资证券化票据上市。这标志着一个新资产类别的首次面世，可让机构投资者更方便投资亚太和中东地区的基础设施债券。

由领英资本（Clifford Capital）保荐的海湾基础设施投资公司（Bayfront Infrastructure Capital Pte. Ltd.，BIC）发行了四类票据——A 类票据（3.206 亿美元）、B 类票据（7 260 万美元）、C 类票据（1 900 万美元）和次级票据（4 580 万美元）。这些票据由 16 个国家和 8 个工业子行业 4.58 亿美元的银团项目融资和基础设施贷款组合支持。

2018 年 8 月 6 日，新加坡金融管理局接受了公司治理委员会对《公司治理守则》和规则的修订建议后，新交所将对其《上市规则》作出修订。《上市规则》的修订内容于 2019 年 1 月 1 日生效，但是对独立董事 9 年任期的规定及董事会中独立董事数量需占 1/3 的要求将于 2022 年 1 月 1 日生效。公司可以有更长的过渡期和足够时间，确保其董事会构成能够满足《上市规则》的要求。

2018 年 11 月 5 日，新交所分别与新加坡浙商总会和中国期货业协会签署合作备忘录，进一步加强与中国的合作关系。与此同时，新交所也希望能让新加坡及国际投资者有机会直接投资中国 A 股。新交所一直致力于为投资者提供更多与中国相关的产品，并借鉴其他交易所与中国交易所合作的成功经验，建立类似的合作管道。

（三）资本流动

新加坡是亚洲最大的外汇交易中心，是全球范围内仅次于伦敦和纽约的第三大中心。新加坡的外汇交易活动持续受到 G10 和亚洲货币的增长及波动性的推动。从 2018 年 1 月到 6 月，新交所的一整套外汇产品录得 3 850 亿美元的累计名义成交额，同比增加 132%。值得注意的是，新交所美元/离岸人民币的成交额同期达到1 940亿美元，超出2017年1 900亿美元的全年成交额。

2018年7月10日，新交所推出灵活创新的全新外汇解决方案。全新新交所弹性外汇期货使市场参与者能够以场外交易方式买卖可定制的外汇期货，并在新交所的平台上进行交易结算。新交所弹性外汇期货计划于2018年8月27日推出，该产品是在与市场参与者进行磋商后开发的。它将使目前私下协商并具有定制到期日的双边交易能够如新交所标准外汇期货产品那样进行登记和结算。这一创新将针对印度卢比/美元、韩元/美元、新台币/美元、美元/离岸人民币和美元/新加坡元期货合约推出。

2018年11月6日，新加坡金融管理局与印度尼西亚中央银行建立了约100亿美元的双边金融安排。这个安排将允许两家中央银行在必要时能从彼此取得外汇流动性，以便保持货币与金融稳定性。两家央行的联合公告指出，此双边金融安排将为期一年，由两项协议组成：（1）新的当地货币双边互换协议（Local Currency Bilateral Swap Agreement），这个协议让两家央行可交换多达95亿新加坡元或100万亿印尼盾（约70亿美元）；（2）30亿美元的改进后双边回购协议（Bilateral Repo Agreement），这个协议让两央行之间进行回购交易，用主要国家的政府债券抵押以取得美元现金。这比现有回购协议的10亿美元还高。

2018年5月，由中资企业发起组建的新加坡亚太交易所正式开始交易，将在海外推出人民币计价的商品期货品种，以及人民币兑美元汇率等金融期货品种。中国人民银行发布的《2018年人民币国际化报告》显示，2017年，在人民币跨境收付金额占比上，中国香港地区占比最高为49.7%，其次便是新加坡占比9%。新加坡是亚洲基础设施投资银行首批21个意向创始成员国之一，承诺的融资总额达900亿美元。目前，已有多笔以美元或新加坡元、人民币计价的“一带一路”债券在新加坡资本市场成功发行。

（四）外贸

2018年11月6日，新加坡与中国完成自贸协定升级谈判。经过三年磋商，新加坡与中国之间的自由贸易协定（China – Singapore Free Trade Agreement，CSFTA）升级谈判正式完成。新加坡企业将更容易进入中国市场，中国则进一步彰显了继续对外开放的意愿。协定升级后，新加坡企业在中国市场的准入会获得改善，投资保护也会得到强化。协定升级后也将涵盖电子商务等新领域，与时俱进地反映商业发展的趋势。新中双边贸易总额于2017年达到1 371亿新加坡元。中国是新加坡最大的贸易伙伴，新加坡则从2013年起，连续五年成为中国最大的外资来源国。

六、伦敦的最新动态

2018 年 3 月 22 日，英国发布金融科技行业战略。金融科技行业战略包括：（1）由英国财政部、英格兰银行和金融行为监管局组成加密资产特别工作组，将有助于英国走在利用潜在技术获益的最前沿，并同时防范潜在风险。（2）制订“智能监管”引领计划，以帮助新的金融科技公司和金融服务业更广泛满足合规要求，通过新建软件，确保机构自动遵守规则，以节省时间和金钱。（3）任命三名新的金融科技地区特使，以确保金融科技的益处在英国各地都能被感受到。（4）制定一套行业标准，让金融科技公司更容易与现有银行合作。（5）帮助新的、小型的金融科技公司提供复杂的金融服务，并由此拓展业务获取新客户。行业和政府将共同努力创建“共享平台”，以帮助消除这些公司在建立新体系时面临的障碍。（6）与政府的金融科技交付小组开发的工作计划相连接，帮助金融科技公司利用英国多样化的劳动力。

2018 年 6 月，英国金融服务监管局（FCA）和英格兰银行（BoE）发布了“数字化监管报送项目试点阶段——指引条款”（Digital Regulatory Reporting Pilot Terms of Reference）。英国“数字化金融监管报送试点”体现了以“数据监管”为核心的监管科技本质。

2018 年 7 月，英国公布了一份 120 页的政策文件，该文件旨在提升英国政府阻止外资收购具有安全敏感性的英国资产的权力。

七、纽约的最新动态

2018 年 5 月 22 日，美国国会众议院通过了一项对中小型银行放松监管的法案。根据这项法案，资产规模在 2 500 亿美元以下的银行不用再参加美国联邦储备委员会每年举行的压力测试，也不用向美联储提交待其批准的有关破产后如何清算的“生前遗嘱”。不过，该法案没有取消监管机构可采取严格监管措施的权力。根据法案，美联储如果认为资产规模在 2 500 亿美元以下的银行存在风险，有权对有风险的银行采取审慎的监管标准。此外，该法案还放松了对资产规模少于 100 亿美元的银行在交易、放贷和资本等方面的监管要求。

2018 年 10 月 31 日，美国联邦储备委员会以 3 票赞成、1 票反对的结果通过一项提案，拟根据资产规模和风险状况对美国大型银行进行分类监管，并对其中风险水平较低的大型银行放松监管。提案显示，美联储拟根据资产规模、跨辖区活动、对短期批发融资依赖度、非银行资产和表外风险状况等多项指标，为合并资产超过 1 000 亿美元的美国大型银行机构设立四个监管类别。其中，Ⅰ类为全球系统重要性银行机构，如美国银行、花旗银行等；Ⅱ类为合并资产规模超过7 000亿美元的银行机构，如北方信托银行；Ⅲ类为合并资产规模2 500 亿 ~7 000 亿美元的银行机构，如 PNC 金融服务集团、第一资本银行等；Ⅳ类为合并资产规模1 000 亿 ~2 500 亿美元的银行机构，如 BB&T 集团、太阳信托银行、美国运通银行等。根据提案，美联储将显著降低对低风险机构的合规要求，适度降低对风险较低机构的合规要求，但会在很大程度上保持对规模最大、复杂程度最高的机构的合规要求。美联储预计，该提案生效后，资产超过 1 000 亿美元的美国大型银行按规定持有的资本将减少 0. 6% ，流动资产将减少 2. 5% 。

参考文献

［1］陈洪辉．金融危机后国际金融中心发展的最新动态［J］．新金融，2011（10）．

［2］林郑月娥．行政长官 2018 年施政报告［R］．2018 –10 –10.

关于异地企业及机构在沪开展金融活动及其风险研究

李雪静

2018 年 1 月初，银监会下发《关于进一步深化整治银行业市场乱象的通知》（银监发〔2018〕4 号），将“未经批准设立分支机构、网点，包括异地事业部、业务部、管理部、代表处、办事处、业务中心、客户中心、经营团队等，并从事业务活动”定为违规。银行业异地非持牌机构在沪主要基于上海金融信息与资源优势，以资金运营中心、金融市场部甚至研发中心等形式外驻，主要从事资金业务、同业业务、票据业务甚至理财营销职能，甚至一个异地部门兼任几个部门的职能。在经营过程中，往往存在异地授信的流动性风险、信用风险及操作风险等。基于此，本文主要分析异地机构在沪开展金融活动的现状及主要风险情况，并有针对性地对防范异地企业及机构在沪开展金融业务风险提出相应的可操作性建议。

一、商业银行异地机构在沪开展金融活动的情况

商业银行异地专营机构主要是国内银行在异地设立的专营机构。专营机构主要是对传统部门制的一种升级，是针对某一特定领域业务设立的，有别于传统分支行的机构。这种机构专业经营、集中运营，独立面向社会公众或交易对手来开展经营活动。通常在人力资源管理、业务考核、经营资源调配、风险管理与内部控制等方面独立于本行经营部门或当地分支行的机构。

（一）在沪异地持牌机构情况

异地持牌确保金融机构在异地金融市场开展业务提供保证，有利于金融市场业务专业化经营。2000 年 10 月，工商银行申请在沪筹建的票据专营机构获批，成为我国第一家异地持牌专营机构。

2018 年 1 月初，银监会下发《关于进一步深化整治银行业市场乱象的通知》（银监发〔2018〕4 号），将“未经批准设立分支机构、网点，包括异地事业部、业务部、管理部、代表处、办事处、业务中心、客户中心、经营团队等，并从事业务活动”定为违规，同时，为配合银监发〔2018〕4 号文，银监会还印发了《进一步深化整治银行业市场乱象的意见》和《2018 年整治银行业市场乱象工作要点》。从上海异地持牌专业机构数量来看，近年来数目增长有限，从最初的 12 家到目前的 24 家，覆盖票据、资金营运、信用卡、私人银行、贵金属和中小企业六大类。[①] 其中，2004 年兴业银行资金营运中心成立，成为首家获批独立持牌的资金业务专营机构，落地上海；2018 年 1 月，南京银行资金运营中心在上海正式揭牌开业，这也是银监发〔2018〕4 号文下发后，国内第一家开业的异地持牌银行机构。

表 1　　银行业在沪异地持牌专营机构情况

机构类型	机构名称	成立时间
票据（2 家）	工商银行票据营业部	2000 年 10 月
	农业银行票据营业部	2005 年 5 月
资金运营（6 家）	兴业银行资金营运中心	2004 年 12 月
	工商银行贵金属业务部	2009 年 9 月
	中国银行上海人民币交易业务总部	2012 年 3 月
	平安银行资金运营中心	2014 年 12 月
	宁波通商银行资金营运中心	2014 年 12 月
	南京银行资金营运中心	2017 年 5 月
信用卡（4 家）	招商银行信用卡中心	2006 年 1 月
	农业银行信用卡中心	2006 年 7 月
	兴业银行信用卡中心	2008 年 3 月
	建设银行信用卡中心	2008 年 12 月
私人银行（2 家）	工商银行私人银行部	2008 年 3 月
	农业银行私人银行部	2010 年 5 月
小企业金融（1 家）	民生银行中小企业金融事业部	2009 年 12 月

资料来源：作者根据相关资料整理。

这些异地持牌专营机构在利润、税收及解决上海人口就业方面对上海贡献较大。数据显示，截至 2017 年 6 月，兴业银行资金营运中心资产规模为 4 842.44 亿元，员工数为 102 人；工商银行贵金属业务部交易额为 7 995 亿元，代理上海黄

① 资料来源：搜狐网，http：//www. sohu. com/a/221629653 _ 100003691.

金交易所清算额 2 435 亿元；平安银行资金运营中心资产规模为 1 504.60 亿元，员工数为 61 人；工商银行私人银行部私人银行客户数 7.72 万户，管理资产 1.33 万亿元；农业银行私人银行部私人银行客户数 6.7 万户，管理资产 0.92 万亿元。

（二）在沪异地非持牌机构情况

异地非持牌机构与持牌机构相对应，主要是指部门银行在异地设立部门、部门分部、业务中心、办事处、代表处、客户中心、经营管对等，不受当地银保监局管辖，业务收据报送总行（法人）所在银保监局。

银行业异地非持牌机构在沪主要基于上海金融信息与资源优势，以资金运营中心、金融市场部甚至研发中心等形式外住，主要从事资金业务、同业业务、票据业务甚至理财营销职能，甚至一个异地部门兼任几个部门的职能。一方面，异地非持牌机构很容易利用监管空隙，造成不公平的市场竞争环境并诱发风险，同时，由于现场监管成本较高，在监管资源和监管手段上也存在局限。另一方面，异地持牌机构在业务授权、财务核算等方面也受到限制，总行对异地业务部门的授信管理和合规管理难度较大，部分异地业务部门很容易超权限开展相关业务，形成风险隐患。同时，新兴业务不规范，无法真实反映业务风险、成本与收益等。特别是一些中小银行部分异地非持牌机构存在实际业务与部门职能相背离，往往由于合规意识淡薄、内控失效等原因，使风险事件频发。尤其是受空间距离影响，对异地机构的管控力度、频度往往低于本地机构，内控有效性难以保证。对促发展而言，金融供给侧结构性改革的重要任务是平衡经济发达地区与经济欠发达地区的金融供给，平衡地区间的资金供给规模和价格。异地非持牌机构大部分设在经济发达城市，客户大部分是发达地区的企业或同业机构，而大部分资金来源依赖总行的支持，也就是经济欠发达地区的存款。这种业务的大规模开展，与促发展的目标相悖。

随着监管的加强，“有报备，无持牌”银行业异地非持牌机构走向持牌则是银行异地经营的合法路径。但是，总体来看，目前国内拿到资金运营中心牌照的银行并不多，在非总行所在地取得这一牌照的更少。

二、异地授信的发展及风险

商业银行异地授信虽然打破了传统体制下信贷资金条块分割的局面，改变了区域信贷投放，但却会增加区域间金融风险的传递。异地授信是一把“双刃剑”，在目前国内外经济形势复杂多变，国内监管体系仍存在监管盲区的环境下，理应注重和加强对异地授信的监管和风险的防范。

（一）异地授信业务的发展

1. 异地城商行在上海的业务发展情况

从监管上来看，监管准入是城商行跨区域发展的前提和依据。2006 年，银监会发布《中资商业银行行政许可事项实施办法》明确了城商行设立异地分行的基本条件；同年，银监会出台了《城商行异地分支机构管理办法》，明确了城商行设立异地分支机构的具体要求和操作流程。从此，我国城商行跨区域经营出现了大规模发展态势。2009 年 4 月，银监会又发布《关于中小商业银行分支机构市场准入政策的调整意见（试行）》，放宽了城商行跨区域设立分支机构的有关限制，并调整了省内设立异地分支机构的审批流程。随着城商行跨区域准入政策的完善和省内设立异地分支机构政策的放宽，城商行跨区域发展快速推进。

2006 年上海银行宁波分行成立，这是我国城商行设立的第一家异地分行，打开了城商行跨区域发展的大门。2007 年 5 月 18 日，宁波银行上海分行是上海第一家跨省经营的城商行，其后，北京银行、杭州银行、南京银行、江苏银行、天津银行、泰隆银行、温州银行、大连银行、民泰银行、盛京银行、稠州银行等多家外地城商行入驻上海。随着越来越多异地城商行入驻上海及各银行业务拓展，大多数外地城商行在一定程度上能够适应上海市场的竞争，实现规模稳步增长，存贷款市场份额都出现了一定增长。

目前，城商行一直在尝试突破自身经营网点铺设范围和综合经营牌照的限制，通过设立异地分支机构和异地专营机构、通过业务团队和互联网渠道控股和参股异地银行、设立非银金融机构和交易平台等方式实现异地扩张。例如，在沪有分行的北京银行目前拥有保险、基金、消费金融、金融租赁四类牌照；在沪有分行的南京银行目前拥有基金、资产管理、消费金融、金融租赁、农商行等几类业务资格；在沪有分行的宁波银行拥有基金、资产管理、金融租赁等三类业务资格。

表 2　　异地城商行控股及参股情况

机构	总资产（亿元）	员工数	分行数	跨省分行数	控股及参股公司
北京银行	23 298.05	14 680	12	10（上海、天津、西安、深圳、杭州、南京、济南、长沙、南昌、乌鲁木齐）和 1 家香港代表处	中荷人寿保险（50%） 北银消费金融（35.2%） 中加基金管理（62%） 北银金融租赁（64.52%） 廊坊银行（3.57%）
江苏银行	17 705.51	14 812	17	4 家（上海、北京、深圳、杭州）	苏银金融租赁

续表

机构	总资产（亿元）	员工数	分行数	跨省分行数	控股及参股公司
南京银行	11 411.63	9 854	17	3 家（上海、北京、杭州）	日照银行（20%） 江苏金融租赁（26.86%） 芜湖津盛农商行（30.03%） 鑫元基金（80%） 苏宁消费金融（15%）
宁波银行	10 320.42	121 855	12	5 家（北京、上海、深圳、南京、苏州）	永赢基金（71.49%） 永赢金融租赁（100%）
盛京银行	10 306.17	5 239	18	4 家（北京、上海、天津、吉林）	盛银消费金融（60%）
杭州银行	8 333.39	6 715	14	5 家（北京、上海、深圳、南京、合肥）	杭银消费金融（41%） 石嘴山银行（19.8%）
厦门国际银行	7 124	4 520	12	3 家（北京、上海、珠海）	澳门国际银行（49%） 集友银行（64%）
天津银行	7 019.14	6 642	6	5 家（北京、上海、石家庄、成都、济南）	天银金融租赁（65.88%）
大连银行	3 819.63	5 342	8	5 家（北京、上海、天津、重庆、成都）	—

注：本表统计仅侧重在沪有分行的异地城商行情况。

这主要是因为，首先，城商行通常作业区域只集中在地方，但各地经济发展水平、经营环境等方面先天存在差异，这使城商行经营起点分化，本地经营作业的质量和发展动力有限，也使城商行由于区域作业无法提供全国性服务，从而损失一部分中间业务收入及本地客户，这导致城商行面临一定的发展压力，当客户无法调度全国性资金时，城商行只能通过同业拆借资金等方式应对，很容易造成风险集中及挤兑现象。其次，从实践来看，目前很多城商行的大股东都是当地的财政局、国资委等部门，具有典型的地方政府背景，和地方融资平台往往同属一系，这使城商行很难保持经营独立自主，往往会向政府性质的企业拓展业务，甚至沦为政府融资工具，增加了经营风险。最后，监管约束往往造成城商行资产负债表畸形。城商行的定位是服务当地实体经济，监管约束主要在当地，这也意味着城商行资产端期限需要被不断拉长来更好地服务当地实体经济。但是，随着金融脱媒的加剧，城商行负债端期限往往被不断缩短，从而出现资产负债端期限错配问题越发严重的情况，限制了资产端收益率的同时，也提升了负债端的成本，利差空间不断被压缩。城商行只能通过同业资金或发行债券等方式弥补，这会进一步增加城商行资产负债表的脆弱性。

与此同时，城商行异地发展还存在内控有效性、人才充足性及环境友好性等问题。具体来说，一是内控有效性，即如何保证异地机构在总行政策的有效控制之下。二是人才充足性，即城商行推进跨区域时需要大量政策指导人才和本地业务人才，对尚未形成品牌的城市商业银行，吸引诸多支撑其发展的人才具有一定难度。三是环境友好性。城商行设立之初是立足本地，资金来源是地方，服务本地经济发展，从而得到当地政府的支持；而发展异地机构，资产投向是选择全国范围，也就是银行用地方的资金服务全国，这样可能会破坏与当地政府的友好性，引起地域错配，甚至存在掏空地方的情况。

城商行异地扩张也先后经历了放开、扩张、叫停又部分扩张等阶段。2006 年 2 月，银监会发布《城市商业银行异地分支机构管理办法》，只对省内设立异地分行进行约束，但没有明确跨省设立分行，不过这也拉开了城商行省内异地作业的序幕；2009 年 4 月，银监会出台《关于中小商业银行分支机构市场准入政策的调整意见（试行）》，放宽要求，甚至只要评级达到要求，便可以申请设立异地分行。各城商行开始大肆扩张，据统计，在 2010 年，62 家城商行设立了 103 家异地分支行；2011 年，北京银行被点名批评总想跨区域扩张，认为有“不平衡、不持久、不匹配”的倾向，异地设立分行开始被叫停。但是，城商行异地经营的动力始终没有减弱，很多银行开始曲折前行，通过在上海、北京等地招揽人才，或总行直接派驻部分人员，在上海、北京、深圳等地设立办事处，直接开展业务，当地监管机构也无法进行监管。后来，监管机构相继明确鼓励设立专营机构（持牌）来规避这种行为，不过对非持牌机构仍然没有限制。2018 年银监会 4 号文中将以下情形定性为“违法违规”：未经批准设立分支机构、网点，包括异地事业部、业务部、管理部、代表处、办事处、业务中心、客户中心、经营团队等，并从事业务活动；村镇银行跨经营区域发放贷款、办理票据承兑与贴现（不含转贴现）业务；分支机构或专营机构超法定范围开展业务；超范围授权分支机构开展同业、票据业务等。监管机构对异地非持牌机构进行了严格监管，一些地方性银行在北京、上海等地的流动作业团队、部门、代表处、办事处等则只能选择回到本地发展和经营。

2. 网络小贷异地发展情况

网络小贷牌照在 2016 年出现井喷，全年多达 42 家网络小贷公司成立，占比高达 43.75%，尤其以广东、重庆、江苏等地分布最为密集。在重庆成立的 17 家网络小贷公司中，其发起主体就分别包括阿里、小米、百度、京东、苏宁、乐视、美团、网易、盛大、携程等电商巨头。此外，包括宜信、优分期、分期乐、趣分期、盈盈理财、团贷网、来投等在内的平台也分别发起成立了网络小贷公司。

目前，各地方政府对网络小贷的监管及管理方式各不相同，且网络小贷公司的资金来源也呈多样化趋势，不仅可以通过自有资金、捐赠资金、银行融资等银保监会规定的资金来源开展业务，还可以通过资产证券化、向主要股东定向借款等方式融资。值得一提的是，目前部分地区已经放开了小贷公司经营的地域限制，不禁止小贷公司异地经营。小贷公司的异地经营，既可以通过互联网、大数据等模式经营，也可以通过传统线下模式经营，甚至进行线上线下结合经营，这将对监管部门带来新的挑战，需设置新的监管细则。

表 3　　各省市网络小贷政策及资金来源情况

地区	政策文件	资金来源
广州	《广州市越秀区人民政府办公室关于印发广州民间金融街互联网小额贷款公司管理办法（试行）的通知》	1. 自有资金； 2. 通过银行业等金融机构和小额再贷款公司进行融资； 3. 通过广州金融资产交易中心等经省金融办或市金融局批准可开展小额贷款公司融资创新业务的交易场所，开展承担回购义务的贷款资产转让和贷款资产收益权转让； 4. 经批准的其他融资方式进行外部融资
重庆	《重庆市小额贷款公司融资监管暂行办法》	1. 股东缴纳的资本金； 2. 银行业金融机构融资和通过金融资产交易平台开展回购方式的资产转让业务（这两项融资余额之和不得超过公司资本净额的 100%）； 3. 向主要股东定向借款（融资余额不得超过公司资本净额的 100%）； 4. 小额贷款公司的同业资金借款（借出资金余额不得超过公司资本净额的 50%，借入资金余额不得超过公司资本净额的 30%）
江苏	《关于促进科技小额贷款公司持续健康发展的意见》	1. 公司资本金； 2. 金融机构直接融资； 3. 股东特别借款； 4. 小贷公司之间的资金调剂拆借。 其中，外部融资产生的直接负债（不含股东特别借款）总额不得超过资本净额
江西	《江西省网络小额贷款公司监管指引（试行）》	1. 股东缴纳的资本金； 2. 不超过两家银行机构的融入资金； 3. 转让信贷资产和资产证券化融入资金
上海	《上海市小额贷款公司监管办法》	1. 股东缴纳的资本金、捐赠资金； 2. 来自不超过两家银行业金融机构的融入资金； 3. 符合条件的小额贷款公司可按相关规定创新融资方式，扩大可贷资金规模

（二）异地授信的风险分析

上海作为全国的信息和金融资源聚集区，金融机构门类齐全，金融市场层次多，资金流量充足，集中了全国大部分金融资源，异地机构在上海开展授信业务，能够凸显上海作为国际金融中心的辐射和带动功能，也对上海中小企业融资和区域经济的协调与发展起到一定的促进作用。但是，在目前国内外经济、金融形势复杂多变，金融风险防范任务重、难度大的背景下，上海作为全国经济、金融的重要枢纽和关键区域，更应注重对异地授信的风险的把控和监管。

异地授信业务的风险主要表现为流动性管理风险、信用管理风险、操作管理风险等。

1. 流动性管理风险主要是指银行在异地授信时，虽然机构扩张，但往往存在基本客户群体及基础存款的增长跟不上异地机构信贷投放的速度，资产业务往往快于负债业务的发展，出现资产负债不匹配等矛盾所带来的风险。

2. 信用管理风险主要是指银行在异地授信时，由于对异地市场的陌生，对异地公司的信用、经营、财务状况不能全面了解、掌握，造成信息不对称，从而增加了银行甄别和评估风险的难度和成本。同时，异地授信时，为了抢占客户，尤其是异地授信往往将信贷投放偏向大客户，在未全面了解客户真实信息的情况下盲目授信，造成潜在信贷风险，且容易导致银行机构间的连锁反应。

3. 操作管理风险主要是指银行异地授信时由于从原有的“总—支”量级管理模式变为“总—分—支”三级管理模式，虽然管理级别、人员增加，企业文化和管理效率却没有及时跟进，制度不完善、授权执行不规范、合规不到位等，给银行带来操作管理方面的风险。尤其是城商行，在跨区域发展中，往往只重视分支机构的扩张速度、规模和业绩，忽视对操作风险的监管；同时，城商行员工由于素质相对不高，经验缺乏也容易引起操作风险。跨区域经营过程中，管理模式的改变降低了管理层同员工的内部沟通效率，也成为操作风险的重要来源。

这些风险在实践中尤其突出表现在以下方面：

一是异地授信将增加贷后管理难度，容易产生信贷风险。贷后管理是银行信贷的重要环节。贷后管理中对担保品的有效核查将有效减少贷款风险。在实践中，一方面，多数办理异地授信业务的金融机构在上海并没有固定的管理机构和管理人员，即使有办事处的金融机构，也往往人员配备不足，没有足够精力全面调查、了解客户，导致在授信客户准入、贷前调查等环节过分依赖担保公司，担保公司往往成为“影子银行”。另一方面，在贷款资金支付环节，各银行业机构没有严格执行“受托支付”管理规定，即使采取了“受托支付”方式，也大多由担保公司通过多次的划转操作，最终将资金转回授信企业银行账户。但是，异地贷款的担保由于受到地域、信息等因素限制，金融机构很难全面、真实地了解异地企业在经营、财务、信用等方面存在的不足，从而增加贷后管理难度；同时，异地授信的贷后管理半径扩大，客户经理对企业用信后的贷款用途、实际期限以及资金流向缺乏监管，金融机构不能经常对企业进行现场跟踪管理，致使企业挪用贷款现象屡禁不止，加大了异地授信业务的风险。

二是异地授信影响辖区内信贷投放的准确评估。目前，我国在金融统计上仍实行属地管理，并不包括对异地贷款的统计。在日常统计中经常是将辖区内信贷投放总量等同于当地企业信贷获得总量。如果金融机构异地信贷活跃，将给辖区内整体信贷总量的判断带来误区，影响准确评估银行信贷与区域经济发展协同度，将对地区货币信贷和金融运行情况的研判带来负面影响。

三是异地授信增加了金融风险传递的可能性。随着区域金融联系愈加密切，异地授信规模的逐渐扩大将增加区域金融风险传递的可能性。金融机构异地授信的客户集中度很高，且外地金融机构与本地金融机构授信客户高度重叠，大客户往往成为多家本地和外地金融机构争抢授信的对象。资金的快进快出导致一家企业出现风险时，授信企业的财务风险往往会成为异地授信金融机构的资产风险。同时，由于异地授信往往期限较短，流动性较高，一旦授信企业出现经营或财务困难，异地金融机构往往会快速且较为方便地压缩授信规模，甚至提前收回贷款，这会加大企业的资金缺口，加剧企业的资金困境。“一家企业多家授信”，一家企业出现风险引发的连锁反应将进一步影响金融系统的稳定和地方金融的稳定。

三、防范异地企业及机构在沪开展金融活动风险的政策建议

（一）建立异地贷款专项统计制度

面对金融机构异地授信不断增加的新情况，监管部门不仅要监测本地金融机构信贷投放情况，也应将异地金融机构在本地的信贷投放纳入统计范围。建议尝试建立异地贷款专项统计制度，准确地反映异地融资行为变动情况，制定出台区域融资规模统计办法，构建涵盖异地贷款的指标体系，使区域金融统计数据能全面真实地反映当地的金融运行情况。同时，银保监局应注重对辖地内的异地商业银行利用信息系统的统计数据进行风险提示，引起贷款机构的注意，提早应对违约情况的发生，并通过风险提示，完善银行系统的监督管理机制。

（二）加强对辖区内重点行业及企业的统计监测，全面监测区域信贷结构和数量

目前，中国人民银行分支行调查统计部门编制的金融机构的信贷收支报表仅

涵盖辖区内金融机构的信贷发放情况，无法全面反映企业和家庭部门获得信贷的状况，尤其是无法全面反映重点行业、龙头企业获得信贷的状况。因此，要加强对辖区内重点行业、龙头企业异地授信情况的统计监测，及时掌握综合授信情况。建议：一是定期编制辖区重点行业、龙头企业信贷统计报表，全面监测、分析重点行业、龙头企业获得信贷资金的数量、来源、结构、质量等情况，与金融机构信贷收支报表互为补充。二是充分利用金融科技的发展，加强金融机构各分支行在挖掘信息资源、开发处理程序及分析数据方面的功能，建立金融机构、征信管理部门、调查统计部门信息平台，共同定期编制辖区企业和家庭部门信贷统计报表，全面监测、分析企业和家庭部门获得的信贷资金数量、来源、结构、质量等情况。

（三）建立和加强区域金融风险监管协作机制

目前，在金融机构异地授信规模不断扩大的情况下，规范信贷市场秩序成为关键。应进一步加强金融监管部门和同业协会等机构的跨区域合作。为此，建议：一是建立授信来源地和投放地金融监管部门的沟通协作机制，杜绝异地授信业务出现“监管真空”。二是监管部门应对异地授信占比高、增长快、不良贷款率高的金融机构实施重点监测和监管，并将相关情况及时通报信贷投向金融监管部门。三是制定异地授信指引，明确异地授信业务规范，从严查处异地授信中的违规行为。四是加强发挥银行同业协会的协调作用。银行同业协会应加强引导银行同业在资信调查、银团贷款、贷后检查、资金结算等方面的跨区域合作，建立情况通报制度、违规调查制度、责任追究制度等，避免银行同业间的恶性竞争行为。地方政府金融办、人民银行、银保监会、司法等部门应加强协作，共同防范异地贷款所带来的风险隐患，防止区域性系统性金融风险发生。五是异地票据融资业务往往是违法违规案例多发的领域，要将异地票据融资量大的金融机构列为重点检查对象。

（四）银行等金融机构加强风险管理

异地授信往往涉及多个主体，如银行、担保公司、授信企业等，这些主体都应加强风险监督和防范。建议：一是银行应认真落实“贷款新规”要求，严格执行信贷的贷前、贷中、贷后“三查”制度，全面了解借款企业或个人的情况，加强对资金支付环节的监督，全面落实“受托支付”，严防企业挪用贷款资金，加强贷后管理，对资金运用环节加强监督管理，加强对信贷资金用途跟踪，并做好企业的风险预警，有效防范和化解信用风险。二是加强对担保机构的管理，强化对异地业务的风险管控。银行机构要定期深入相关担保机构进行实地调查走访，分析评价其经营管理以及担保能力变化情况，科学调整担保贷款授信额度，增强对担保贷款风险的预判能力，同时要认真核查授信企业之间在反担保措施方面的落实情况，有效防止担保机构股东交叉互保而削弱反担保效能。三是银行机构要严格控制新增异地贷款，并及时对存量异地贷款开展风险排查，从而确保异地授信业务总量得到逐步压缩，业务风险得到有效控制。四是加强银行信贷队伍建设，完善监督机制，提高异地授信业务的管理水平。银行总行和分行必须提高内控水平和风险管理能力，根据国内外经济形势的变化，完善分支行信贷管理系统、资产负债管理系统、客户管理系统等，引入先进的风险识别和评估技术，持续加强对授信企业的监测分析和预警，提高风险的识别、评估、计量及风险定价能力，并有针对性地进行信贷投向和客户结构调整，真正落实授信尽职调查等相关要求，强化异地业务的风险管控。

参考文献

[1] 曾淑华. 地方法人银行经营偏离主业的表象及成因透视 [J]. 金融与经济，2018 (4).

[2] 匡国建. 如何看待金融机构异地授信现象——基于广东 21 个地级市的调查研究 [J]. 南方金融，2006 (10).

[3] 林晓琳，林凌霄. 新改制农村商业银行大量引入域外资金的潜在风险及对策研究 [J]. 农村金融，2018 (4).

[4] 35 家地方性银行的跨省分行设立和综合化经营情况 [EB/OL]. https://baijiahao.baidu.com/s?id=1601956261743228637&wfr=spider&for=pc.

国际金融中心建设中的金融消费者隐私保护法律问题研究

王　鑫　史广龙

一、不容回避：中国金融消费者隐私保护制度的现实问题

（一）中国金融消费者隐私保护的制度体系

1. 法律层面的隐私保护：以个人信息保护为核心

中国金融消费者隐私保护缺乏系统的立法支持。涉及金融消费者隐私保护的法律规则散见于相关法律之中，包括宪法、民法、刑法、网络安全法、消费者权益保护法、商业银行法等，都或多或少涉及金融消费者隐私保护的相关法律问题。但是，囿于当时的立法环境以及各部法律不同的价值取向与调整社会关系的重点，这些立法都未对金融消费者隐私保护问题进行系统回应。

（1）宪法层面。《宪法》第三十八条规定了人格尊严不受侵犯、第四十条规定了通信自由和通信秘密受法律保护，但是都并未直接将公民的隐私保护直接上升为一项基本权利。

（2）民法层面。在民法领域，《民法总则》第一百一十一条规定，自然人的个人信息受法律保护，将个人隐私纳入民法保护的范围。此外，《侵权责任法》第六条确定的过错责任一般条款同样可以适用于加害人存在过错情况下侵害个人隐私的情形。网络领域侵犯个人信息权利的行为适用于《侵权责任法》第三十六条。尽管如此，这些法律规定的适用范围仍然相对宽泛，民法并未对侵犯个人金融隐私的情况作出特别规定。

（3）刑法层面。刑法对个人信息的保护主要体现在《刑法修正案七》（新增出售、非法提供公民个人信息罪）和《刑法修正案九》（进一步整合非法获取公民个人信息罪，提炼出了侵犯公民个人信息罪）之中，主要目的是借助公权力打

击各种侵犯公民个人信息的违法犯罪行为，但并未对侵犯金融隐私方面的具体定罪量刑标准予以规定。

（4）网络安全法层面。网络安全法从不同角度规定了个人信息处理方面的基本原则，确定了个人信息保护的基本法律框架，未对金融隐私保护作出特别规定。

（5）消费者权益保护法层面。《消费者权益保护法》第二十九条新增了个人信息保护的规定，是对消费者隐私权保护的一般性规定。整体而言，法律层面的隐私保护各有侧重，但是基本上围绕个人信息保护问题展开。真正意义上可以视为金融隐私保护的特别规定仅见于商业银行法有关银行对客户信息进行保密的内容。

2. 司法解释的隐私保护：以解决法律纠纷为导向

长期以来，由于基本法的缺失，个人信息保护领域的法律纠纷一直缺乏有效的法律解决方案。随着近年来相关法律纷纷针对个人信息保护问题作出规定，金融隐私法律纠纷问题开始有了法律层面的依据。但是，相关法律条文往往比较抽象，导致司法实践中法官缺乏明确的指引，容易导致法律适用过程中相同或者类似的案件，在不同地区的审判结果存在很大差异，影响法律适用的统一性和审判结果的可预见性。

最高人民法院在 2014 年颁布的《关于审理利用信息网络侵害人身权益民事纠纷案件适用法律若干问题的规定》中将名誉权和隐私权纳入具体的法律保护视野。尽管上述司法解释主要适用于信息网络领域的名誉权和隐私权的保护，但是考虑到与金融隐私相关的法律纠纷大量存在，在解决司法领域实际问题方面发挥了重要作用。相对于民事侵权领域个人隐私和名誉权保护法律制度逐步完善，比较有效地涵盖了金融隐私方面，刑法对于个人信息保护就显得比较滞后了。在《刑法修正案九》将“出售、非法提供公民个人信息罪”和“非法获取公民个人信息罪”整合为“侵犯公民个人信息罪”，并作出相对明确的规定之后，《关于办理侵犯公民个人信息刑事案件适用法律若干问题的解释》才由最高法院和最高检察院联合颁布实施。该司法解释将财产状况作为公民个人信息的有机组成部分，并与能够单独或者与其他信息结合识别特定自然人身份或者反映特定自然人活动情况的各种其他信息一起构成侵犯公民个人信息罪保护的对象。

3. 规章层面的隐私保护：从金融消费者保护出发

2011 年人民银行发出《关于银行业金融机构做好个人金融信息保护工作的通知》（以下简称《通知》），该《通知》将个人金融信息界定为银行业金融机构在开展业务时，或通过接入中国人民银行征信系统、支付系统以及其他系统获取、加工和保存的个人身份信息、个人财产信息、个人账户信息、个人信用信息、个人金融交易信息、衍生信息和与个人建立客户关系过程中获得与保存的其他信息。同时，该《通知》确定了银行业金融机构个人金融信息的使用原则，以及禁止境外转移、禁止违规查询、泄露及时通报等具体要求。2012 年中国人民银行又在《关于银行业金融机构进一步做好客户个人金融信息保护工作的通知》中强调各类银行金融机构应采取有效措施确保客户个人金融信息安全，防止信息泄露和滥用，从制度、技术、教育三方面齐抓共管，依法合规收集、保存、使用和对外提供个人金融信息，不得向任何单位和个人出售客户个人金融信息，不得违规对外提供客户个人金融信息。

相对而言，其他金融监管机构主要从消费者权益保护角度强调个人金融信息保护问题。

例如，2013 年银监会出台的《银行业消费者权益保护工作指引》第十二条，明确要求银行业金融机构应当尊重银行业消费者的个人金融信息安全权，采取有效措施加强对个人金融信息的保护，不得篡改、违法使用银行业消费者个人金融信息，不得在未经银行业消费者授权或同意的情况下向第三方提供个人金融信息。2014 年，保监会颁布了《关于加强保险消费者权益保护工作的意见》，规定保险公司要建立消费者信息保护制度，确保信息的采集、使用和保存符合法律规定或者征得消费者同意，确保业务系统记录的消费者信息资料真实完整有效。完善信息技术保障手段，防止消费者信息泄露，不得利用非法获取的消费者信息开展经营活动和获取不当利益，不得篡改消费者信息资料。加强对互联网消费者信息使用的管理。建立电话号码屏蔽制度。

（二）中国金融消费者隐私保护的主要矛盾与冲突

1. 注重立法与忽略执法的矛盾与冲突

近年来，个人信息保护方面的立法开始进入井喷状态。相关法律大多从各自的价值取向出发，从不同角度对个人信息保护相关法律问题进行了规定。但是，整体而言，这些立法缺乏整体的规划，存在大量重复立法、交叉立法问题。对于个人信息保护的问题大多只做原则性规定，缺乏针对金融隐私保护等核心领域具体问题的直接回应。这直接导致在执法环节，普通民众既难以借助国家公权力直接解决金融领域隐私保护问题，也难以找到可直接适用的基本法律。

《关于审理利用信息网络侵害人身权益民事纠纷案件适用法律若干问题的规定》与《关于办理侵犯公民个人信息刑事案件适用法律若干问题的解释》从长期困扰民法和刑法的个人隐私保护法律适用问题出发，厘定了互联网时代侵犯个人金融隐私的民事救济机制，并对个人信息领域的刑事犯罪法律定罪量刑问题进行了详细规定。但是，侵犯个人金融隐私的行为往往具有极强的隐蔽性，并且大多尚不构成刑事犯罪。金融隐私权受侵害的个人主体对于侵权行为的危害性缺乏足够的感知，没有足够的动力借助民事权利救济途径维权，往往容易坐视不法行为的滋生与蔓延。

2. 国内保护与跨境流动的矛盾与冲突

互联网技术的普及推动了个人数据的收集、储存和处理。金融机构基于提供相关服务的需要与监管部门实名制、适当性和“了解你的客户”等方面的具体要求，能够轻易获得大量个人隐私数据。这些数据大多由数据主体基于申请相关金融服务，自愿向金融机构提供，或者授权金融机构调取个人信用信息。在双方缔结合同之后，产生的账户信息构成金融机构提供服务的基础。金融交易数据随着双方合作的深入而不断增加。

同时，伴随着中国金融市场的国际化进程，越来越多的国际金融机构将在中国利用母国的信息基础设施开展业务，个人数据出境与入境将成为常态。例如，维萨和万事达等国际卡组织早已走出美国，服务包括中国公民在内的全球范围内的个人客户。而传统的以保护本国范围内个人信息权利为重点的金融隐私立法，必然面对金融全球化时代个人数据跨境流动的考验。

3. 国家安全与隐私保护的矛盾与冲突

信息技术的发展推动了整个社会生活的数字化进程。大量与个人相关的隐私性信息开始以各种方式存储于分散于各地的服务器之中。国家机关借助公权力调取和查阅个人金融信息变得越来越容易。各国相关国内立法一般将关乎公共利益的国家安全置于比保护个人隐私更高的地位。在涉及国家安全等敏感性问题时，国家公权力机关一般都有非常充分的法律依据获取个人金融信息。

但是，国家安全并非在所有情况下都具有相对于个人隐私的优先性。当两者存在冲突时，需要法律适用者，利用实体法与程序法既有的机制，在维护国家安全的同时，尽可能多地保护个人金融隐私，防止公权力的滥用。

4. 产业发展与合规成本的矛盾与冲突

不可否认，通过系统性立法加强个人金融隐私保护具有强劲的现实需求。但是，个人金融隐私的保护强度必然与金融机构的合规成本紧密相连。和其他领域相比，金融领域个人信息的真实性和准确性极高，并且与获取金融服务具有紧密的联系，一旦落入不法机构或者犯罪分子手中，极可能造成数据主体严重的财产损失。为此，不难理解，每年都会产生大量侵犯个人金融隐私的案件。

与此同时，也应该看到，金融服务与信用机制紧密相连，金融机构具有维护自身信用的天然需求。为此，即便金融机构掌握了大量个人金融隐私，多数机构都会主动采取各种措施防止信息泄露，以免影响金融消费者对金融机构的信心。

这是金融服务业区别于其他产业的重要方面。鉴于此，立法者需要充分评估实际的个人金融隐私泄露风险，审慎考虑这一领域的合规成本，充分借鉴国际经验，实现隐私保护与合规经营的动态平衡。

二、美国经验：专门立法下的金融消费者隐私保护

（一）《公平信用报告法》(*Fair Credit Reporting Act*)

1. 《公平信用报告法》的制度理念基础

美国是全球性卡组织的诞生地，Visa、万事达、美国运通等卡组织在美国的崛起，极大地推动了信用卡在美国的普及，美国消费者具有超前消费的习惯。除零售消费品之外，美国民众在房屋、汽车等方面的大额支出，也往往依赖银行信贷。由于获取金融服务的渠道不同，普通消费者的信贷和信用记录往往散落在不同的机构之间，新的授信主体对消费者授信额度和利息进行评估的时候，迫切需要整合这些既有信息，以便进行综合评估。在美国这项服务主要由Equifax、TransUnion和Experian三家消费者征信机构提供。借此，授信主体可以通过直接获得消费者的信用报告，了解其信用情况，决定授信额度和利息高低。信用报告包括（个人）破产申请、司法判决、抵押、质押和支票账户信息等内容。在美国，信用报告不仅被银行和信用卡机构广泛使用，雇主、房东也常常将信用报告作为参考。

信用报告的使用方虽然在自己的行业领域相对于消费者而言具有优势地位，但是考虑到整合各类信息的难度，他们没有足够的力量勘验信用报告的真实性、准确性和完整性。即便使用方有这样的能力，从经济上考量也没有必要对购买的信用报告再次进行深入调查。同时，提供信用评估服务的消费者征信机构服务的对象主要是各类机构，并不直接向消费者收费，在保证信用报告整体可信度的情况下，为了控制成本，没有动力逐个反复核查所有消费者征信报告的真实性、准确性和完整性。但是，一旦这些信用报告存在不利于消费者的错误，就可能对消费者获得信用贷款或者工作机会产生严重影响。

考虑到消费者个人力量有限，难以调动消费者征信机构核实与修正各种错误，美国在20世纪70年代引入了《公平信用报告法》（*Fair Credit Reporting Act*），并在2003年通过了《公平准确的信用交易法》（*Fair and Accurate Credit Transactions Act*），维护消费者的权利。美国国会在推动《公平信用报告法》及后续各修正案的过程中申明，银行系统依赖公平与准确的信用报告，不准确的信用报告直接影响银行系统的效率，不公平的信用报告影响消费者对有效运营的银行系统的信心。考虑到消费者征信机构对消费者信用和其他信息的重要作用，有必

要通过立法手段督促消费者征信机构公平、公正履行职责，保护消费者的隐私权利。

2.《公平信用报告法》的适用范围

《公平信用报告法》适用于所有提供信用报告的消费者征信机构。根据该法，消费者征信机构是指有偿或者基于合作提供无偿服务的目的，全部或者部分地惯常从事收集和评估消费者信用或者其他信息，为第三方提供消费者报告的业务，并且相关手段和措施具有跨州特征的一切法律主体。这里所说的消费者信用报告是指消费者征信机构提供的书面、口头或者其他通信形式的报告，用于或者期待被用于评估消费者信用状况、信用能力、特点、声誉、个人性格乃至生活方式等，以便决定是否应授信、提供保险或者就业岗位的报告。美国的司法判例进一步阐明，即便相关报告实际不涉及消费者，只要它包含的信息在消费者征信机构采集时，意图用于与消费者有关的目的，它就属于《公平信用报告法》的规制范围。

3.《公平信用报告法》的使用限制

（1）使用目的的限制。消费者征信机构只能在非常有限的范围内提供信用报告，主要包括以下几个方面：一是基于联邦大陪审团的需要，而由法院发出传票或者命令。二是获得与相关信息直接相关的消费者的授权。三是有理由相信将信息用于以下目的，包括：①评估消费者的授信、展期或者回收信贷等行为；②用于雇佣员工的目的；③向消费者销售保险；④用于决策是否授予职业资格；⑤将信息用于由消费者发起的交易目的等。

（2）信息内容的限制。消费者征信机构出具的信用报告不得包含以下信息：一是超过 10 年的破产记录；二是超过 7 年的诉讼或者裁判记录；三是超过 7 年的逮捕、起诉或者认罪记录。但是，如果信用报告用于评估超过 15 万美元的授信，销售超过 15 万美元的保险，或者雇佣年薪超过 75 000 美元的员工，则不受上述信息内容的限制。

（3）深度调查的限制。对消费者信用状况进行深度调查涉及消费者信用调查报告，具体是指消费者特点、名誉、个性、生活方式等报告内容基于对消费者个人、邻居、朋友、同事进行访谈而形成。《公平信用报告法》同时规定，消费者征信机构不得进行深度调查，除非该机构明确向消费者披露对消费者特点、名誉、个性、生活方式等进行调查。消费者有权利了解深度调查的性质和范围。同时，如果深度调查涉及不利于消费者的负面信息，则消费者征信机构应采取有效措施从独立的并且直接了解相关信息的渠道核实相关信息，同时应该确保访谈的个人是了解相关信息最合适的渠道。

4. 消费者的权利与机构的义务

（1）消费者征信机构有义务采取合理措施，最大可能提高所收集信息的准确性。消费者征信机构应消费者的要求，应该披露消费者发出请求时所有相关信息，但是不包括对消费者进行打分（信用分、风险分）的相关信息（包括相关模型和参数的设定）、相关信息的来源、曾经获取这些信息的主体及其名称和联系地址（雇主信息保存两年，其他主体保存一年）等。

（2）为了保证消费者及时维权，消费者征信机构应提供免费电话，以便消费者征询相关信息和维权。如果消费者认为征信机构提供的信用报告中包含完整性和准确性方面存在有争议的内容，并且直接或者间接通知了消费者征信机构，该机构有义务无偿对争议内容进行调查，以便确定是否在准确性方面存在争议，并对有关争议进行记录，或者删除相关有争议的内容。

（3）如果消费者征信机构发现相关信息在完整性和准确性方面存在问题，应在完成调查之后的5个工作日内向消费者书面报告调查结果，并删除或者修正不准确的信息。日期的起算点是消费者征信机构直接或者间接收到消费者争议通知的时点。消费者征信机构有义务采取有效措施避免错误信息再次出现在信用报告中。

5. 金融消费者的救济渠道

（1）法律救济。任何法律主体故意违反《公平信用报告法》相关法律规定，应赔偿因此给消费者造成的实际损失，或者承担100美元至1 000美元的法定赔偿金。除此之外，侵权主体还应承担法院判决的惩罚性赔偿责任，如果胜诉的话应该赔偿消费者支付的并且法院认为合理的律师费与相关费用。结合相关司法判例，这里所谓的“故意”是指法律主体有意地不尊重消费者权益而实施某种行为［Safeco Insurance Co. v. Burr, 551 U. S. 47（2007）］。任何法律主体过失违反《公平信用报告法》相关法律规定，应赔偿因此给消费者造成的实际损失，如果胜诉的话应该赔偿消费者支付的并且法院认为合理的律师费与相关费用。

（2）责任限制。消费者征信机制建立在金融机构和其他商事主体不断向消费者征信机构提供信息的基础之上。但是，根据美国各州的法律，无论是金融机构还是商事主体，如果其向消费者征信机构提供消费者的信贷和其他信息发生错误，将可能影响消费者信用分数，影响消费者获得相应的金融服务，从而造成消费者损失，并因此而承担侵权责任。即便这些机构向消费者征信机构提供真实和准确的信息，也可能构成对消费者隐私权的侵犯。为了解决上述问题，《公平信用报告法》免除了消费者征信机构和信息提供方在这些方面的责任。按其规定，除上面提到的消费者救济途径之外，消费者不得以诽谤、侵犯隐私或者信用报告中所包含的错误信息而向消费者征信机构、信息的提供者、信息的使用者提起诉讼，除非这些法律主体恶意或者故意侵害消费者权益。质言之，消费者只能基于美国各州的法律，以这些主体恶意或者故意侵害其权益而提起诉讼。

（二）《金融服务现代化法》（*Gramm – Leach – Bliley Act*）

1.《金融服务现代化法》的制度理念基础

1999 年，美国国会通过了《金融服务现代化法》（*Gramm – Leach – Bliley Act*）。该法修正了 1933 年大萧条时期颁布的《格拉斯—斯蒂格尔法》（*Glass – Steagall Act*）中有关限制金融控股公司的内容，开始允许各类金融机构通过组建金融控股公司从而为消费者提供一站式的各类金融服务。在金融控股公司的框架内，不同类型的关联金融机构若要相互协作，为客户提供综合性的金融解决方案，就必然触及与金融信息的分享和使用相关的消费者隐私保护问题。为此，《金融服务现代化法》专门规定，在控股公司下的关联金融机构之间，以及在不同金融机构之间，可以分享消费者的金融信息。但是，与此同时，法案也要求各监管部门基于其法定权力颁布适当的隐私保护规则。

2. 金融隐私信息的保护范围

该法并非保护一切个人金融信息，将通过公开渠道可以获得的个人金融信息排除在法律规制的范畴之外。消费者为获得金融产品或者金融服务而向金融机构提供的信息（包括姓名、住址、收入、社保账号或者申请表上的其他信息）、消费者进行金融交易过程中金融机构获得的信息（包括消费者为某金融机构的客户、账户号码、支付历史、账户收支情况、信用卡或者借记卡的消费记录等），以及金融机构获得的其他信息（包括法院的记录和消费者信用报告等），只要这些信息无法通过公开渠道获得并且能够具体到确定的个人，就属于《金融服务现代化法》覆盖的范围。

3. 关联公司与非关联公司的信息共享规则

（1）关联公司之间的信息共享。《金融服务现代化法》允许关联公司之间共享消费者非公开的个人信息。这里所说的关联公司是指任何控制其他公司、被其他公司控制或者与其他公司共同被另一公司控制的公司。上述规定，可以有效打破金融控股公司下各金融机构之间的信息孤岛，促进个人非公开信息在集团下相关金融机构之间有效流通，提升金融服务的水平。金融机构有义务告知消费者存在关联公司之间共享非公开信息的情况，具体操作上可以在隐私通知中加以规定。在这样的情况下，消费者没有权利禁止信息的共享。

金融机构向消费者发出的隐私通知应明确该机构如何收集、披露和保护消费者的非公开信息，具体应包括以下内容：一是信息收集的种类，如申请获得金融服务表格上填写的信息或者消费者信用报告；二是信息披露的种类，如申请表上的信息、姓名、住址、电话号码、社保账号等；三是涉及信息披露的关联方或者第三方金融机构的种类，包括各种金融机构，如担保机构、保险公司等，也包括非金融机构，如杂志社、零售商等；四是基于《公平信用报告法》披露信息；五是如何保护非公开信息的隐秘和安全。

（2）非关联公司之间的信息共享。金融机构可以将这些非公开的个人信息分享给与其不具有关联关系的金融机构，但是必须首先赋予消费者退出权。为此，金融机构首先应通过书面、电子或者监管部门允许的其他方式告知可能存在将非公开信息披露给第三方的可能；其次，在信息与第三方共享之前，消费者应该可以发出指令拒绝进行披露；最后，为了保障消费者能够切实行使上述权利，金融机构有义务为消费者提供行使拒绝权的合适方式，并且给予消费者合理的期限。

但是，上述规定并不妨碍金融机构委托第三方以其名义或者以第三方自己的名义提供相关服务，包括第三方为金融机构提供市场营销，以及多个不具有关联关系的金融机构之间通过协议共同销售金融产品或者提供金融服务。在这种情况下，金融机构应该向消费者如实披露信息，并要求与其合作的第三方金融机构做好保密。第三方金融机构不得自己或者通过自己的关联公司再将非公开的个人信息分享给其他法律主体。

同时，金融机构应该在隐私通知中明确存在联合营销的情况，向非关联第三方披露信息符合法律规定的情况，以及赋予消费者退出权的情况。即便如此，《金融服务现代化法》仍然规定，对消费者的账号、与账号类似的信用卡、存款账户、交易账户等信息给予特殊保护，禁止披露给第三方金融机构。

4. 法案有关隐私保护的争议

（1）反对。金融业普遍认为，《金融服务现代化法》加强保护消费者隐私的措施，很难取得实际效果。金融机构结合业务模式，为满足相关合规要求，需要发出大量的隐私通知，为此承担了高额的成本。但是，从实际效果看，消费者很少阅读这些隐私通知，从成本与收益的角度进行分析，《金融服务现代化法》并未解决多少实际问题。消费者组织认为《金融服务现代化法》对消费者隐私保护并不充分，由于相关退出机制往往在隐私通知的结尾才会出现，导致消费者实际上很少注意到这些规定。这实际上剥夺了大量消费者的退出权。

（2）支持。乐观者认为，《金融服务现代化法》实际上有效平衡了促进金融服务发展与加强消费者隐私保护之间的利益冲突。一方面，这些新的规定增强了金融机构在隐私保护方面的合规意识；另一方面，机构考虑到成本与收益，减少了对第三方非必要金融隐私信息的披露。同时，就法律位阶而言，各州有关金融隐私方面的立法优先于《金融服务现代化法》适用。这包含两个方面的含义：一方面，除非各州立法相关规定或者解释与《金融服务现代化法》存在冲突，各州的立法规定或者解释原则上不予改变。另一方面，如果各州立法为消费者提供了相对于《金融服务现代化法》更充分的隐私保护，则这些立法可以优先于《金融服务现代化法》而适用。这意味着，各州具有很大的回旋余地，可以结合相关情况决定在多大程度上和多大范围内保护金融消费者的隐私权。

（三）美国各州的消费者金融隐私立法

根据《金融服务现代化法》，消费者如果不想将个人信息分享给与金融机构不存在关联关系的第三方，则消费者可以根据金融机构提供的隐私通知，主动选择退出机制。这相当于法律原则上允许金融机构基于特定事由，而向其他第三方分享消费者的个人金融信息，除非消费者明确表达了异议。有观点认为，这种做法无形中增加了消费者的负担，应该将这一成本分摊给具有信息优势和经济能力的金融机构。基于此，美国加利福尼亚州、佛蒙特州等在消费者金融隐私方面的立法中规定，金融机构向非关联企业分享消费者金融隐私，应该事先取得消费者的同意，否则不得向第三方披露上述信息。

三、权力制衡：美国金融隐私与国家安全的冲突与协调

（一）和平年代：美国公权机关获取个人金融信息的法律规制

美国 20 世纪 70 年代颁布了《隐私权法》（*The Privacy Act*），作为典型的行政法律文件，该法规定了联邦政府机构对其信息系统中所包含的个人信息数据的收集、处置、接受公民个人查询等方面的原则。

1.《金融隐私权法》的立法动因

美国相当长一段时间不承认存在金融隐私权，银行没有义务通知客户个人金融信息被披露给了公权机关，银行客户无权挑战公权机关获取个人金融信息的行为。在美国政府诉米勒（United States v. Miller）一案中，美国联邦最高法院判定金融机构维护的金融信息记录属于金融机构所有，银行客户对其银行账户不具有法律上承认的隐私权，不能限制公权机关获取个人金融信息。上述判决相当于宣布有关账户的个人金融信息不属于受宪法保护的隐私权范围。为解决上述问题，美国国会通过了《金融隐私权法》（*The Right to Financial Privacy Act of* 1978），确立了公权机关获取个人金融信息的基本要求。

2.《金融隐私权法》的调整范围

《金融隐私权法》的适用范围主要由以下 4 个核心概念确定的边界构成。一是客户（Customer）。《金融隐私权法》所保护的金融机构客户涵盖了所有享受或

者曾经享受金融机构服务的个人客户或者该个人客户的合法授权代表人。同时，客户的范围也涵盖了少于5个成员的合伙。超过上述成员数量的合伙、信托、协会、公司等不属于《金融隐私权法》保护的范围。二是公权机关（Government Authority）。《金融隐私权法》针对向联邦政府各部门及其雇员、管理人员或者代理人披露个人金融信息的行为。由此，美国各州的公权机关及其雇员、管理人员和代理人不属于《金融隐私权法》调整的范围。三是金融机构（Financial Institution）。《金融隐私权法》涵盖的金融机构包括银行类金融机构、发卡机构、信托公司、消费金融机构、货币服务商、美国邮政服务商、证券期货机构、赌场等。四是金融信息（Financial Record）。金融信息是指任何记载并由金融机构保存的其与客户关系的信息原件、复印件或者从这些原始信息中提炼出的信息。在多诺文诉阿拉斯加国民银行（Donovan v. National Bank of Alaska）一案中，联邦地区法院进一步明确，不能确定到特定客户的金融记录，不属于本法调整的对象。此外，还包括监管机构为履行对金融机构的监管职责而获取个人金融信息、联邦法律授权公权机关获取个人金融信息、公权机关通过刑事或者民事诉讼规则获取个人金融信息、公权机关持有行政法院法官发出的传票获取个人金融信息、根据大陪审团程序（Grand Jury Proceedings）披露个人金融信息、针对内幕交易的刑事犯罪调取个人金融信息、美联储依职权进行的个人金融信息调查等情况。

3. 公权机关获取个人金融信息的一般程序

除非《金融隐私权法》另有规定，公权机关不得从金融机构取得客户的金融信息。即便公权机关通过下列方式依法取得个人信息，也应该向金融机构出具遵守《金融隐私权法》的书面证明，并由金融机构事先通知客户，从而保证其能够通过司法手段获得救济。

（1）获得客户的书面授权。客户同意披露其金融信息应向金融机构和意图获得该信息的公权机关出具包含下列五项内容的授权：一是授权披露期限不超过3个月；二是声明客户可以在信息披露至公权机关前撤回授权；三是明确授权披露的金融信息范围；四是明确披露的目的和披露的对象；五是申明客户基于《金融隐私权法》拥有的权利。

（2）持有行政机构的传票。公权机关通过向行政机构发出传票的方式取得金融机构客户信息应确保有理由相信，其意欲获得的金融信息与合法的执法调查行为之间应存在相关性。同时，行政机构的传票应该在其发送给金融机构之前或者同时，发送给该金融机构的客户，并申明与该传票相关并且由金融机构保存的金融信息因特定目的而被要求提供给本公权机关，如果客户不同意披露，可以通过向相关法院提交动议的方式，申明本人该金融信息与正当的执法行为请求不相关，或者存在其他拒绝披露的法律基础。金融机构客户应向法院提交上述动议，并寄送给公权机关一份。随后做好上法庭陈述的准备。尽管客户可以聘请律师代理，但是法律并不要求客户必须通过律师表达动议。

（3）持有合法的搜查令。公权机关在根据《联邦刑事诉讼规则》（*Federal Rules of Criminal Procedure*）获得搜查令后，有权力获取客户的个人金融信息。公权机关应当在获得搜查令 90 日内通过邮寄方式将附有搜查令的书面通知发送给金融机构的客户，并申明："由搜查令所指向金融机构保存的相关交易记录或者信息已被本公权机关为实现［某］目的而在［某］日期获取。你可能享有《金融隐私权法案》赋予的权利。"根据公权机关的申请，如果法院发现存在需要在法定期限外延迟通知的情形，可以批准暂不通知金融机构的客户，并禁止金融机构向其客户披露已向公权机关披露信息或者收到搜查令，但是总期限不得超过公权机关获得搜查令后的 180 天。在上述延期结束后，附有搜查令的有关获取个人金融信息的书面通知应寄送给金融机构的客户。

（4）持有法院传票。如果法律赋予公权机关可以通过申请法院传票的方式获取个人金融信息，并且法院有理由认为获取上述信息与公权机关正当执法活动请求相关，在满足公权机关向金融机构发出法院传票之前或者同时向金融机构客户发出附有传票的书面通知后，公权机关才有权力获得个人金融信息。该书面通知应该申明："［某］公权机关为了［某］目的根据《金融隐私权法》正试图获取搜查令针对的金融机构保存的相关交易记录信息，如果你不希望这些信息被披露，则应该采取法律手段。"金融机构客户可以采取类似对抗行政机构传票的方式，自行或者聘请律师向法院提交反对向公权机关披露金融信息的动议，并上庭陈述理由。

（5）公权机关作出书面请求。如果公权机关没有权限通过发出行政传票的方式获取金融机构客户的个人金融信息的方式进行正当的执法查询，则该公权机关可以在满足其行政首长所颁布规则具有授权效力的前提条件下，通过发出书面请求，实现类似于通过行政机构传票获取个人金融信息的功能。类似地，行政机构的书面请求应该在其发送给金融机构之前或者同时发送给该金融机构的客户，并申明与该请求相关并且由金融机构保存的金融信息因特定目的而被要求提供给本公权机关，如果客户不同意披露，可以通过向相关法院提交动议的方式维护自身权益。

4. 公权机关获取个人金融信息的特殊程序

（1）联邦调查局的反间谍程序。《金融隐私权法》规定，授权进行反间谍工作或者国家安全工作的公权机关，为履行其职责而获取个人金融信息可以适用特殊程序。具体而言，此类公权机关应向金融机构提交由该部门最高行政长官授权的监管官员签署的书面证明。任何金融机构及其雇员、管理人员、代理人都不得向任何人透露此类公权机关试图或者已经取得了客户的个人金融信息。此类公权机关每年都要将其适用特殊程序的情况汇编成册。

在实际操作中，美国联邦调查局（Federal Bureau of Investigation）局长（或者其指定的其他人）可以向金融机构提供的书面凭证指出获取个人金融信息是为了实现反间谍目的，并且有具体的或者可描述性的事实让联邦调查局认为个人金融信息所针对的客户属于外国势力或者外国势力的代理人。联邦调查局只有在符合司法部部长（Attorney General）批准的有关联邦调查局外国情报收集和反间谍调查操作规程的情况下，才可以向与履行法定职责相关的美国政府的其他部门分享上述信息。美国司法部部长每半年要向参议院和众议院相关部门报告所有使用特殊程序的情况。

（2）紧急情况下的特殊程序。提早通知可能导致嫌疑人潜逃、危害证人、伪造证据或者危及他人人身或者财产安全，则公权机关可以直接取得金融机构的个人金融信息，但是应提交公权机关部门首长指定的紧急状态下负责人签发的权力证明。在取得个人金融信息之后的5天内，公权机关应向相关法院提交由部门首长指定紧急状态下负责人签发和宣誓的声明，载明紧急获取个人金融信息的原因。随后，除非法院授权进一步延迟通知，否则应该尽可能快地履行对金融消费者的通知义务。公权机关应每年将其适用此特殊程序的情况汇编成册。

（二）反恐岁月：《爱国者法》下金融隐私让位于国家安全

“9·11”事件后，美国为应对国际反恐怖主义活动的新趋势，时任美国总统布什于2001年10月26日签署通过了《以提供截获和阻止恐怖主义所需的合理手段团结强国法》（*Uniting and Strengthening America by Providing Appropriate Tools Required to Intercept and Obstruct Terrorism Act of 2001*，简称《爱国者法》，*Patriot Act*）。该法确立了公权机关通过金融犯罪执法网络（Financial Crimes Enforcement Network，FinCEN）从金融机构取得其客户个人金融信息，打击恐怖融资和洗钱活动的新途径。

1. 基本要求

根据《爱国者法》第314（a）条，美国财政部应该在法案实施后的120天内建立公权机关和金融机构之间的信息共享机制。财政部最终建立了以金融犯罪执法网络为核心的信息共享体系，使得联邦执法机关可以通过这一中介性机构，要求金融机构上报特定的个人、企业或者组织是否（1）当前在该金融机构拥有账户；或者（2）在之前的12个月内在该金融机构拥有账户；或者（3）在之前的6

个月内通过该金融机构进行过交易或者资金转账。这相当于在《金融隐私权法》确立的操作规程之外，另行建立起一套涉及反恐怖融资与反洗钱的公权部门通过金融机构获取客户信息的制度。

《爱国者法》确立了金融机构应公权部门反恐怖主义的需要，如果确实存在特定情形，应立即向其披露个人的姓名、银行账号、社保账号、生日或者类似能够确定个人身份的信息。但是，金融机构仍然有权利自主决定是否为该客户开立、关闭、维护特定账户或者辅助完成特定交易。金融犯罪执法网络自己也承认，个人或者机构被列入公权机关获取的涉嫌恐怖活动的个人金融信息查询对象，无论如何在该阶段也仅仅是“涉嫌”而已，并不排除之后洗清嫌疑、终止调查或者被宣告无罪的可能。

2. 信息交换的范围

基于《爱国者法》确立的金融机构根据公权机关要求，向其披露个人金融信息的对象涵盖了所有《银行保密法》（*Bank Secrecy Act*）定义的金融机构类型，包括商业银行、信托公司、私人银行、位于美国的外国银行分支机构、信用合作社（Credit Union）、证券期货经纪人、投资银行或投资银行家、货币兑换处、信用卡网络经营者（Operator of A Credit Card System）、保险公司、贵重金属或珠宝交易商、贷款公司、旅行社、货币支付商（Money Transmitter）、电信公司、美国邮政服务商、赌场，或者美国财政部认定其货币交易对刑事、税务、监管具有重要性的其他机构。尽管上述定义涉及面十分宽泛，但在实际操作过程中，金融犯罪执法网络主要针对《银行保密法》规定的具有可疑活动报告义务的那些金融机构。此外，“账户”和“交易”两个核心概念的涵盖范围也十分有限。“账户”是指与银行或其他金融机构之间，业已建立起来的体现一般性的金融服务或者交易关系的载体，如活期存款、储蓄存款或者其他财产账户、信用账户等。类似地，“交易”是指通常与银行、信用合作社、证券期货经纪商相关的活动。

3. 程序流程

（1）联邦执法机构向金融犯罪执法网络发出请求。只有联邦层面的执法机构才能基于《爱国者法》第 314（a）条与金融机构进行个人信息交换。此外，联邦执法机构无权擅自从金融机构获取信息，金融犯罪执法网络是联邦执法机构对接的唯一渠道。《爱国者法》第 314（a）条旨在借助金融机构的配合为反恐、反洗钱提供引导性信息，并不是在《金融隐私权法》规定的传票、搜查令等途径之外，确立的其他替代性手段。如果联邦执法机构意图从金融机构获取具体的文件，则应遵循其为获取该文件所采取法律手段的具体程序要求。

联邦执法机构在调查恐怖主义或者洗钱活动过程中，如果需要金融机构提供信息配合，应请求金融犯罪执法网络，以联邦执法机构的名义，从某特定金融机构或者某些金融机构处获得信息反馈。这些请求是由各联邦执法机构分别发起，但是最终由金融犯罪执法网络向金融机构提出。金融机构的信息也是在向金融犯罪执法网络反馈后，转交至发起请求的联邦执法机构。

为了提高金融信息交换的安全与效率，金融犯罪执法网络通过建立安全信息交换系统（Secure Information Sharing System）向金融机构提出联邦执法机构的最新请求。金融机构的指定联系人可以通过系统及时了解最新的信息。

（2）金融犯罪执法网络具有一定的过滤功能。联邦执法机构能够通过金融犯罪执法网络向金融机构获取的信息仅限于与调查恐怖主义和洗钱相关的范围。发出请求的联邦执法机构要向金融犯罪执法网络提供书面证明，说明其有可靠证据或者基于可靠证据有合理理由怀疑，以及其意欲获取信息的个体或者机构从事恐怖主义或者洗钱活动。此外，联邦执法机构提供的材料应包括能够具体到某个个人或者组织的信息（如生日、住址、社会保险账号等），从而让金融机构能够从大量类似信息中进行必要的筛选和摘除。

为了保证权力的正当使用，防止被滥用，联邦执法机构在向金融犯罪执法网络提交请求前应该确保其已经进行了充分调查。金融犯罪执法网络应要求联邦执法机构提供书面材料证明案件的规模和影响、相关犯罪的严重性、案件对于执法机构的重要性，以及其他能够证明案件重要性的事实。

对于涉及的洗钱案件，联邦执法机构必须向金融犯罪执法网络证明已经穷尽了所有传统的调查手段，或者无法使用这些传统调查手段。为此，联邦执法机构应向金融犯罪执法网络提供证明材料。

金融犯罪执法网络判断联邦执法机构是否提供了充足的证明，并据此决定是否予以批准并将相应请求转交给金融机构。由此，金融机构就不必考虑联邦执法机构是否有权向其要求披露客户的金融信息。

（3）金融机构通过金融犯罪执法网络反馈信息。金融机构在通过金融犯罪执法网络获悉联邦执法机构的请求之后，应立即核查金融信息。如果金融机构在非工作时间收到请求，则至少应该在随后的第一个工作日开始核查信息。金融机构核查的内容包括，嫌疑人当前在本金融机构是否拥有账户、嫌疑人在之前12个月内在该金融机构是否拥有账户，或者在之前的6个月内是否通过该金融机构直接或者通过其代理人进行过交易或者资金转账。如果金融机构在核查嫌疑人金融信息的过程中发现了法律要求的期限之外的账户信息，或者未要求查找的账户与交易，或者联邦法律或监管规则并不要求金融机构保存的金融信息，金融机构仍应通过金融犯罪执法网络进行报告。但是，法律并不要求金融机构报告在完成金融信息核查之后新增的个人金融信息。

如果在完成金融信息核查之后，金融机构发现了联邦执法机构要求的账户或者交易信息，则金融机构应该立即作出回应。反馈报告中的信息包括嫌疑人姓名或者机构的名称、账户数额以及交易的类型、社保账号、护照号码、生日、地址或者嫌疑人的其他身份信息。需要强调的是，金融机构提供的仅仅是有利于联邦执法机构开展反恐怖主义或者洗钱活动的引导性信息，旨在尽快确定涉案的账号和交易情况。上述途径并不能替代传票及其他法律手段。金融机构在提供引导性信息之后，可能收到其他要求披露个人金融信息的请求，包括《金融隐私权法》中规定的大陪审团传票、法院传票、行政性传票，包括国家安全函等。如果不存在吻合的金融信息，则金融机构无须进行反馈。

（三）天平失控：斯诺登事件与欧美数据交换互信关系的崩塌

2013 年 6 月，斯诺登曝光了美国利用网络技术大规模进行全球监视活动的行为，内容包括电子邮件、网站信息、搜索和聊天记录等，监视对象甚至包括德国总理默克尔等欧盟国家首脑。美国与欧盟国家在个人数据信息分享与交换方面的互信被打破，信息安全问题日益凸显。2013 年 11 月，欧盟委员会发布了针对欧美之间数据安全问题的评估报告，并制定了《重塑欧美数据流动信任》战略报告。具体内容包括：迅速采纳《欧洲数据保护改革》的建议；提升信息安全港的安全性；加强执法过程中的数据保护措施；要求美国使用现有的共同法律援助协议和部门协议来获取数据；督促美国进行数据安全改革，回应欧洲关切；促进隐私标准的国际化。

四、欧盟立场：统一立法下的金融消费者个人信息保护

《一般数据保护条例》（*General Data Protection Regulation*，GDPR）是欧盟应对美国利用网络技术大规模监视全球活动的核心抓手，并深刻影响了个人数据保护规则体系。根据 GDPR，所谓数据是指涉及确定的或者可确定的自然人（数据主体）的所有信息。所谓可确定的自然人是指直接或者间接通过如人名、身份证号码、位置数据、在线标识，或者特别针对自然人的身体、心理、基因、精神、经济、文化、社会身份的一个或者几个因素构成的标识可被确定的自然人。据此，针对个人的金融隐私可以被归入针对具体自然人的经济因素而受到 GDPR 的规制。

GDPR 第 48 条规定，法院判决、仲裁庭裁决、其他国家行政决定，要求数据控制人或者数据处理人转移或者披露个人信息的，应满足存在国际条约（包括同时约束各方的多边司法协助公约等）的前提条件方可实施。这意味着，GDPR 实

际上限制了美国超出司法协助等国际公约范围之外，不符合 GDPR 有关规定单方面获取欧盟个人信息的行为。据此，如果不存在双边或者多边协议，信息控制人或者信息处理人只能在符合下面规定的情况下，向外国执法机构提供个人信息。

（一）一般数据保护指令的新要求

1. 处理个人信息的合法性要求

GDPR 第 6 条规定，只有在满足如下至少一项条件，并且在其范围内处理数据，处理个人数据才具有合法性，具体而言，包括：（1）数据主体已经同意基于一个或者多个目的而对其个人数据进行处理；（2）为履行数据主体参与的合同而有必要处理数据，或者在签订合同前基于数据主体的请求而进行处理；（3）控制方为履行法律义务而处理数据；（4）为保护数据主体或者另一自然人重要利益而有必要处理数据；（5）控制方为公共利益或者基于官方授权履行某项任务而有必要处理数据；（6）控制方或者第三方为追求正当利益而有必要处理数据，但这不包括数据主体的利益或者其基本权利与义务优先于上述利益，并应对个人数据进行保护的情形，特别是当数据主体为儿童时。

据此，金融机构至少可以因以下情况，合法处理个人数据：一是金融机构作为数据控制方获得作为数据主体的客户的明确同意，能够证明客户同意金融机构处理其个人信息。根据 GDPR 第 7 条第 1 款的规定，如果金融机构想同时获得在涉及其他事项的领域处理个人信息，应该以一种容易理解的方式取得客户同意，特别是使用清晰和平白的语言，确保各事项之间要能够相互区别。二是金融机构提供的金融服务有赖于客户提供其个人信息，或者在签订合同前数据主体请求金融机构处理其个人信息。后一种情况特别适用于银行基于客户请求评估其个人信用信息的情况。三是金融机构为履行反恐怖融资和反洗钱等法定义务时，也有权处理个人信息。同时，金融机构基于履行金融监管部门设定的配合义务，在对个人信息进行处理后向监管部门披露这些信息，也不能视为违反 GDPR 有关保护个人信息的要求。

金融机构基于数据主体的明确同意而获得处理个人信息的权利，可以因为客户的撤回而丧失。根据 GDPR 第 7 条第 3 款的规定，数据主体有权随时撤回自己向数据控制方作出的授权。数据主体撤回这一授权，并不影响在此之前金融机构处理客户个人信息的合法性条件。数据控制方有义务在数据主体授权其处理个人信息前就告知对方有撤回的权利，并且保证数据主体行使撤回权向其作出授权许可时一样容易。此外，金融机构在处理低于 16 周岁客户的个人信息时，还应该取得其监护人的书面同意，因为高于或者等于 16 周岁的客户才有权通过明示同意来授权金融机构处理其个人信息。

2. 责任与透明

根据 GDPR 的规定，数据控制方有义务采取有效措施保护个人信息，并且要承担证明自己的数据处理行为符合个人数据保护方面规定的责任。此外，数据控制方要准确记录上述活动，以供监管部门审查。基于上述规定，在个人客户与金融机构就信息保护问题产生争议的时候，金融机构有证明其满足 GDPR 相关要求，并提供有效证明的义务。如果金融机构无法举证，将在争议处理环节处于非常不利的地位。同时，在监管部门对金融机构个人数据保护情况进行审查时，金融机构也有义务证明自己履行了 GDPR 的相关要求，并且提供相应的记录作为佐证。

除有数据控制方承担个人数据保护的责任之外，GDPR 还要求控制方在获取个人数据时，采取合理和必要的措施，并且应该做到足够透明，包括但不限于：数据控制方应提供其身份与联系方式（包括数据保护官的联系方式）、处理个人数据的目的与法律基础、个人数据储存的期限及其标准、个人数据是否会被转移至第三方或者流出欧盟等。此外，数据控制方应告知数据主体所拥有的权利，包括可以要求控制方允许数据主体访问其个人数据、数据主体的更正或者擦除权、数据主体有限制或者反对处理其个人信息的权利、数据主体的数据携带权等。实际上，金融机构在处理个人信息时，无论是自己处理还是委托第三方处理，都需要履行对个人客户的通知义务，确保个人客户能够基于 GDPR 的相关规定，获取充分而透明的信息，进而有效行使和维护自身的权益。

如果某种类型的数据处理行为，特别是在应用新技术处理个人信息，而可能会对自然人的权利和自由带来风险时，数据控制方在考虑了处理的性质、范围与目的后，应当在处理个人信息前对该行为给个人数据保护所带来的影响进行评估。评估之后认为如果控制方不采取措施，那么个人信息可能会存在高风险，则控制方就有义务咨询监管机构并提供相关信息之后，对该个人信息予以处理。金融机构运营和人力成本高，在应用大数据、云计算和人工智能等方面具有相对于传统产业更大的积极性和主动性。如果这些新技术和新工具的应用涉及处理个人信息的问题，就应当根据 GDPR 第 35 条的规定，做好相关的风险评估工作。

3. 通过设计的数据保护与默认的数据保护

GDPR 第 25 条规定，无论是在决定个人数据的处理方式时还是在进行个人数据处理时，都应该采取合适的旨在落实个人数据保护的技术和组织措施。这些措施应该有效率，在数据处理过程中要能够整合各种保护措施，能够满足 GDPR 相关要求，能够保护数据主体权利。

据此，金融机构有义务在数据处理的全生命周期考虑个人数据的保护问题。

在商业流程的设计阶段，数据控制方就要考虑 GDPR 在个人数据保护方面的相关规定。如果意识到某新型金融产品或者服务涉及个人数据保护问题，就要在设计环节嵌入适当的个人数据保护措施，满足合规要求。

立法者意识到，应该寻求个人数据有效保护与促进正常商业活动之间的平衡。在判断数据控制方是否采取了适当的保护措施方面，GDPR 第 25 条规定，数据控制方应该考虑当前的技术水平、实施成本、处理的范围、处理的环境和处理的目的，考虑可能给自然人权利和自由带来危害的可能性和严重性等因素。金融机构收集、控制和处理的个人信息种类多样，处理这些信息可能给个人权利与自由带来危害的可能性与严重性差异极大。为此，金融机构可以采取差异化的措施，针对不同类型的信息，采取不同的措施。

默认的数据保护进一步要求数据控制方尽量减少收集个人信息的数量、处理的范围、储存的期限。这就意味着金融机构处理个人信息时，应该基于具体目的收集个人信息，从而减少数据收集的范围。数据控制方应该确保未经本人同意，这些个人数据不得向不确定的自然人开放。此外，数据控制方应仅在服务于具体日的期限内，储存个人信息，否则不应再存有客户的个人信息。但是，如果具有管辖权的监管部门对于金融机构留存部分个人客户信息有特殊要求，则金融机构还应将监管要求纳入考虑的范围。

4. 假名化

GDPR 所称的假名化是指对个人信息进行处理使其在没有其他信息辅助的情况下，不能指向特定数据主体。对个人信息进行假名化处理有助于提高个人信息保护水平，满足 GDPR 对于数据控制方和数据处理方的要求。GDPR 为了鼓励数据控制方对个人信息进行假名化处理，一方面要求数据控制方采取有效的技术和组织措施履行相关法定义务；另一方面也允许数据控制方在假名化处理的基础上仍能够对数据进行一般性分析。考虑到在对个人信息进行假名化处理之后，借助其他信息，仍然有可能确定固定的数据主体，GDPR 要求应该将其他信息与假名化处理之后的信息分开储存。相对来说，匿名化处理去除了所有可能指向数据主体的特征，即实施处理程序的数据控制方或者处理方都无法通过匿名化处理后的数据确定数据主体，对于个人信息的保护更为充分。但是，匿名化处理在很大程度上将降低数据的经济价值。

为此，不难理解除了在极端情况下只能通过对数据进行匿名化处理来满足 GDPR 要求外，金融机构往往在假名化和匿名化选择同时存在时，倾向于对个人信息进行假名化处理。尽管无法单独利用这些信息确定明确的数据主体，假名化仍然为金融机构对这些数据进行一般性分析，获取有价值的分析结论创造了条件。在实际操作环节，金融机构最常用的假名化技术为“标记化”（Tokenization）。例如，在支付领域，国际芯片卡标准化组织 EMVCo 于 2014 年发布了支付标记化技术，由其取代银行卡号进行交易验证，避免银行卡号等支付信息泄露。在中国，中国人民银行于 2016 年 11 月 9 日发布了《中国金融移动支付支付标记化技术规范》这一行业标准。支付标记化技术的普遍运用，有助于在有效保护用户金融隐私的前提条件下，促进对相关数据的分析和使用。

5. 数据主体的权利

（1）访问权。根据 GDPR 第 15 条规定，数据主体有权从数据控制方处获悉是否处理了其个人信息。如果存在上述情况，数据主体有权利访问其个人信息，并了解如下内容：一是处理个人信息的目的；二是相关个人数据的类型；三是个人信息可能被或者已经被披露的对象或者该接收方的类型；四是个人数据将被储存的期限，如果尚无法确定，有权了解确定储存期限的标准；五是数据主体要求控制方纠正或者擦除个人信息，限制或者反对处理数据主体相关个人信息的权利；六是向监管部门申诉的权利；七是如果个人信息并未从数据主体那里收集，有权利了解信息来源；八是如果存在自动化决策的情况，数据主体有权了解相关逻辑以及处理个人信息的预期后果。

如果金融机构的个人客户提出上述要求，金融机构应根据 GDPR 的要求，对其处理客户个人信息的情况提供一份说明。如果客户在此之外，另行要求提供多份说明，则金融机构可以收取基于管理费支出情况的合理费用。个人客户如果基于数据电文的方式请求提供说明，金融机构也应该以通用的数据电文方式向客户提供反馈。

（2）携带权。如果对于数据主体个人信息的处理基于合同或者合意，并且通过自动化手段进行，则数据主体有权从数据控制方那里获得其个人信息，数据控制方提供的这些个人信息应具有经过整理、普遍使用和机器可读的特征。此外，数据主体有权利将在一个数据控制方处的个人信息转移至另一个数据控制方，前者不得为数据的转移设置障碍。当金融机构的个人客户基于 GDPR 第 20 条主张个人信息携带权时，金融机构有义务将其获取的个人信息告知该客户，或者转移给客户指定的其他金融机构或者非金融机构。

但是，如果在此之前，金融机构已经对客户的个人信息进行了匿名化处理，已经无法分离出用户的个人信息，则个人客户无法实现上述权利。上述情况不适用于数据控制方仅对数据主体的个人信息进行假名化处理，通过技术手段依然能够将用户的个人信息与其他信息区分的情况。

（3）被遗忘权。GDPR 第 17 条规定，数据主体有权利要求数据控制方擦除其个人数据。在满足下列条件的情况下，数据控制方应该满足数据主体的要求：①对于收集或者处理数据的目的而言，数据主体的个人信息已经没有必要；②已经不再满足于收集和处理个人信息的合法性基础；③处理个人信息所追求的利益已经不足以高于个人的基本权利和自由；④存在违法处理个人信息的问题；⑤为满足合规要求而擦除个人信息等。

在金融领域，需要特别注意的是，监管部门在特定情况下要求金融机构存留个人信息。为此，金融机构应考虑 GDPR 赋予个人的被遗忘权与其自身要履行的合规义务可能存在冲突。在这种情况下，金融机构可以基于履行合规义务保存个人客户信息而对抗数据主体主张的被遗忘权。GDPR 承认金融监管机构履行欧盟或者成员国合规义务而拒绝擦除相关信息的合法性。

6. 数据保护官

根据 GDPR 第 37 条的规定，当存在如下情况时，数据控制方或者处理方应委任数据保护官：一是公共机构或者公共实体进行数据处理，法院履行审判职责除外；二是数据控制方或者处理方核心处理活动天然性地需要大规模地对数据主体进行常规和系统性的监控；三是数据控制方或者处理方的核心活动包括 GDPR 规定的对某种类型数据的大规模处理，或者对与定罪和违法相关的个人数据进行处理。对于金融机构而言，基于监管要求、提供服务或者自身运营的考虑，难免涉及大规模的数据处理行为，并可能被认定为属于常规性和系统性的监控。为此，包括德意志银行在内的多家商业银行，均设置了数据保护官或者首席数据官。

数据保护官的工作职责包括：一是对控制方或者处理方及履行 GDPR 义务的雇员进行告知和提供建议；二是确保遵守 GDPR 和其他相关数据保护规则及政策；三是对数据保护影响进行评估和提供建议；四是与监管机构进行合作；五是在特定事项中充当监管机构的联系人。

为了确保数据保护官能够有效履行工作职责，控制方和处理方应该确保在所有涉及个人数据保护的事项中，数据保护官都能以恰当和及时的方式介入。同时，数据控制方和处理方应为数据保护官履行职责、访问个人数据、进行处理操作、维持专业性知识提供必要的资源。此外，数据保护官应该能够独立履行职责，不受其他方关于如何履行职责的指示，也不会因为完成其工作任务而被处罚或者解雇。在具体实施环节，数据保护官既可以从内部选任，也可以委托其他第三方担任。

7. 报告与处罚

GDPR 第 33 条规定，处理方在获悉个人数据信息泄露后，应及时告知控制方。如果可行，控制方在知悉后应该及时（不超过 72 小时）将个人数据泄露的情况告知监管部门，但是个人数据泄露对自然人的权利和自由不太可能会带来风险的除外。报告形式根据 GDPR 的规定，应包括个人数据泄露的性质、主体类型、大致数量、可能后果、已经采取或者计划采取的措施等信息。如果个人数据信息的泄露可能给自然人的权利和自由带来高风险，控制方有义务及时向数据主体告知其个人数据泄露，但是控制方通过采取措施导致数据主体面临的高风险已经消除，或者泄露的个人信息已经加密处理，或者未经授权无法访问该信息除外。

违反 GDPR 相关规定，可能面临严厉的处罚，最高可达 2 000 万欧元或者相当于企业上一年全年总营业额 4% 金额的罚金，两者取其高。在具体案件中，监管部门会考虑多种复杂因素，最终确定处罚措施与处罚金额，这些因素包括：处理个人信息的性质、范围、目的，基于被影响的数据主体数量和损害程度确定的违法性质、严重性和持续时间，故意或者过失，采取减轻数据主体损害的措施，基于控制方或者处理方根据监管规则要求所采取技术和组织措施认定的责任程度，控制方或者处理方之前的违法行为记录，为纠正行为或者减轻危害而与监管机构合作的程度，违法行为所影响的个人数据类型，监管机构得知违法行为的方式（包括是否及时、全面报告）等。

（二）个人数据跨境流动

1. GDPR 有关数据跨境的基本法律框架

（1）有效保护原则及其适用。根据 GDPR 第 45 条规定，当欧盟委员会认定第三国，或者第三国中的某区域、一个或多个部门提供了个人数据方面的充足保护，方可进行个人数据的转移。此类转移无须监管部门特别授权。在对个人数据保护是否满足充足条件进行评估时，欧盟委员会特别考虑以下条件：一是法治程度、对人权与基本自由的尊重、基本法与部门立法（包括关于公共安全、国防、国家安全、刑法和公共机构访问个人数据的规定）及其实施情况、数据保护规则、职业规则和安全措施、判例法、有效可执行的数据主体权利、对个人数据跨境转移的司法救济；二是国内实际存在并且独立有效运行的一个或者多个监管机构，保障数据保护规则能够有效实施，包括充分地实施权力以及在数据主体行使权利时和与成员国的监管机构合作时提供帮助和建议；三是已经作出的国际承诺，或者承诺履行基于有法律约束力的条约、法律文件或者加入多边或者区域性的有关数据保护体系所产生的义务。

当欧盟委员会对第三国或者第三国中的某区域、一个或多个部门进行了评估之后，可以根据实际情况，通过制定实施性法规，确定该第三国或者第三国中的某区域、一个或多个部门是否对个人信息提供了充足的保护。如果欧盟委员会不认为其满足了法定条件，除非GDPR另有规定，禁止向不满足或者尚未被认定满足充足保护条件的第三国或者第三国中的某区域、一个或多个部门转移个人数据。

（2）基于采取适当有效措施。即便不满足上述国家、区域或者领域层面的条件，GDPR仍然为通过其他方式对个人数据提供充足保护的情况，开辟了允许数据跨境转移的合法路径。如果控制方或者处理方能够提供适当的保障措施，包括为数据主体提供可执行的权利与有效的法律救济措施，以及存在有约束力的公司规则，仍可以将个人数据转移到第三国。

（3）充足保护的例外。当存在如下情况，即便不满足充足保护的条件，向第三国转移个人数据仍符合GDPR的要求：①数据主体被告知不存在充足保护或者适当的安全措施，预期的数据转移存在风险，但数据主体仍然明确表示同意数据转移；②转移对于履行数据主体与控制方之间的合同，或者履行数据主体在签订合同前所提出的要求存在必要性；③控制方和另一自然人或者法人之间签订或者履行的合同涉及跨境转移数据，其对于实现数据主体的利益存在必要；④基于实现公共利益转移数据；⑤数据转移对于确立、行使或者辩护法律主张存在必要；⑥数据主体因为身体或者法律原因无法表达同意，为保护数据主体或者其他人的重要利益有必要跨境转移数据等。

据此，GDPR框架下个人金融信息的跨境转移只能在满足上述条件的情况下才可以展开。如果相关国家、区域或者部门由于无法达到GDPR层面上的对于个人数据方面的保护标准，而无法被列入白名单的话，则金融服务机构更多要从自身角度出发，积极提供适当的保障措施，包括为数据主体提供可执行的权利与有效的法律救济措施，以及存在有约束力的公司规则，从而满足GDPR有关充足保护的要求。同时，金融机构应该充分利用例外情况下GDPR对于个人信息跨境转移的豁免，实现个人金融信息的跨境交互。

2. 欧美之间的妥协与争议：从安全港到隐私盾

欧美之间有关个人信息跨境流动方面的安全港协议，开创性地实现了个人信息不同保护标准之间的妥协。尽管受限于美国的行政管理体制，安全港协议并不直接适用于金融机构之间的个人信息流动，但是其折射出的法律问题，特别是欧美之间在个人信息保护法律领域理念和制度的冲突与协调，对于我国未来金融隐私跨境法律机制的设计极具参考价值。

（1）安全港。长期以来，欧洲的立法者一直致力于为个人信息保护提供充足的法律保障。然而，随着网络时代的到来，个人信息的跨境流动成为常态。如果其他国家对个人信息保护存在不足，就会导致个人信息在流出欧盟之后，很难获得像在欧盟时一样有效的法律保障。随着互联网技术与服务的普及，美国大型互联网企业在全球迅速崛起，这导致大量个人数据从欧盟转移到美国本土进行处理。相对于欧盟的个人信息保护水平，美国在个人隐私保护方面存在明显的不足，即便在相对成熟的金融领域，仍然难以达到类似欧盟的保护标准。为此，亟待通过其他手段解决这一突出的矛盾，实现在跨大西洋两岸的数据流动中，欧洲民众能够获得个人信息的有效保障。

从 1998 年开始，美国商务部开始与欧共体委员会就缔结安全港协议进行谈判，推动美国企业满足当时欧盟的个人信息保护要求，从而解决个人信息跨境处理的问题。2000 年 7 月，双方正式缔结了安全港协议。美国公司可以公开申明自愿遵守安全港协议，并在美国商务部网站上进行公示。当时的欧共体委员会认为，加入安全港协议，并且自觉遵守相关要求，属于满足对个人信息提供充足保护的要求，这些美国公司可以将个人数据从欧盟转移至美国进行处理。

安全港协议签订后，美国企业无须等待美国国会或者监管部门通过全面立法提升个人信息保护水平后再进行跨境数据转移。它创造性地从企业实施层面入手，弥合了美国和欧盟在个人信息保护方面存在的巨大鸿沟。尽管安全港协议要求的内容仅适用于欧盟和美国之间的数据转移及其保护，不涉及其他方面，但是仍然有大量美国企业基于统一内部数据管理标准的需要，在公司内部自行升级了整体的个人信息保护标准。

（2）欧洲法院在 Schrems 案上的态度。奥地利公民 Max Schrems 自 2008 年开始使用脸书（Facebook）。根据使用协议，像其他欧洲用户一样，Max Schrems 在用户注册环节，直接与脸书在爱尔兰的子公司缔约，根据协议其个人信息将从欧盟转移至脸书在美国的服务器上进行处理。Max Schrems 认为，斯诺登事件暴露出美国公权机关（特别是国土安全局）对欧洲公民个人数据进行监控，相关法律未对个人数据提供充足的保护，要求爱尔兰的数据保护机构禁止脸书在爱尔兰的子公司将欧盟个人数据转移至美国处理。爱尔兰数据保护机构认为其无权质疑欧共体委员会已经通过缔结安全港协议作出的决定。

为此，Max Schrems 向爱尔兰最高法院请求裁决争议。爱尔兰最高法院在收到案件材料后，经过分析认为本案涉及数据保护机构基于欧盟法在个人数据方面审查和评估第三国法律的权限和欧共体委员会作出安全港决议的有效性问题，这部分内容属于欧盟法院管辖范围，为此将争议提交至欧盟法院裁决。

欧盟法院于 2015 年作出终审判决，对这两个问题，欧盟法院给出了终局性的解答。针对数据保护机构的权限问题，欧盟法院认为在欧共体委员会已经作出决议的情况下，成员国数据保护机构的独立性具有非常重要的价值，但是其权力并不涉及评估数据在第三国进行处理的问题。在欧共体委员会已经作出决议，认为第三国对个人数据进行充足保护的情况下，成员国数据保护机构无权作出与此相反的决定。

但是，欧共体委员会的决定并不排除个人可以在第三国未能对个人数据提供充足保护的情况下，而向欧盟成员国数据保护机构请求法律救济。在这种情况下，无论是欧盟成员国数据保护机构还是欧盟成员国法院，都有权在收到个人请求之后，考虑第三国是否对个人数据进行充足保护，但是最终决策只能由欧盟法院作出。

针对安全港协议的有效性问题，欧盟法院认为第三国对个人数据提供了充足的保护，是指第三国在事实上基于其国内法或者国际承诺，对于基本权利和自由提供了和欧盟实质上等同的保护水平。欧盟委员会在对第三国保护水平进行评估时，要充分考虑与个人数据转移至第三国时相关的各种环境因素，并周期性地复核第三国是否仍然满足充足水平保护的要求，包括考虑每次复核后发生的各种新情况。

具体到安全港协议，欧盟法院认为安全港协议属于自我认证的个人数据保护系统，其本身并不因此而不满足欧盟法的要求，只要上述系统建立了有效的发现与监督机制，保证违反保护个人基本权利（特别是在私人生活与数据保护领域的基本权利）相关规定的行为能够被发现和处罚。在实际操作过程中，安全港协议中涉及保护个人数据相关原则的适用，可能因为执法部门履行国家安全或者公共利益的职责而受到影响。在两者发生冲突的情况下，出现了美国法优先于欧盟公民基本权利适用的问题，无论涉及欧盟公民的个人信息是否具有敏感性，以及相关数据主体是否因此遭受严重后果。但是，在作出安全港协议的决议时，欧盟委员会未对美国公权机关是否对干预基本权利进行了限制的问题加以考虑。

欧盟法院认为，美国公权机关在个人数据转移至美国本土之后，无论该转移基于何种目的，都对欧盟个人数据信息进行监控，并且没有在监控行为是否具有必要性，以及公权力的干预是否符合比例原则的问题上加以限制，也没有提供给个人获得、纠正和删除与其相关的个人信息方面的救济权利。相反，欧盟法为有效保护个人信息防止滥用个人信息规定了明确和详细的规则，对于公权机关干预个人基本权利的实现进行严格限制。欧盟法院认为，安全港协议未能对基本权利的保护提供与欧盟实质相同的水平，欧盟委员会作出的安全港决议无效。

（3）隐私盾。Schrems 案在很大程度上揭开了美国与欧盟之间在个人数据保护方面的裂痕，并将矛头直接指向美国执法机关长期以来监控个人信息的问题。一方面，欧盟作为个人数据的流出方，依赖欧盟的立法决策机制，有效实现了欧盟内部个人信息保护方面基础性规则的统一，并试图将此项规则的触角伸向海外。另一方面，美国基于反恐等方面的政治考虑，站在数据流入方的立场上，既不愿意对本国企业施加过多的个人信息保护方面的合规负担，更不愿意过度限制执法部门获得个人信息，以便实现全球反恐和其他政治目的。

由于协调这种冲突的安全港协议被欧盟法院宣告无效，双方迫切需要寻求替代方案。在法院判决宣布不久，欧盟与美国便开始了针对新框架协议的谈判，到 2016 年 7 月，欧盟委员会批准了隐私盾协议，标志着在斯诺登事件之后，双方终于在跨境数据保护方面达成了共识。相对于安全港协议，隐私盾协议部分地吸收了 GDPR 已经确立的一些基本原则，赋予数据主体更多的权利（如访问、更正、修改或者删除的权利），提供了更为充分的保护，并完善了权利受到损害后的救济机制。

安全港协议下的救济机制，包括一般性的实施机制与针对美国安全部门的特殊规定。在一般性实施机制下，数据主体可以选择向加入安全港协议的美国企业直接投诉、向该国数据保护机构投诉、启动双方约定的争议解决方式、利用安全港协议下的仲裁解决机制等。为了解决斯诺登事件暴露出美国执法部门监控个人信息的问题，隐私盾协议特别设计了督察专员这样的职务。督察专员独立于美国的情报部门，负责处理个人针对其信息被美国国家安全部门滥用的投诉。同时，企业也有义务告知数据主体公权机关（包括国家安全部门）合法请求其提供个人信息的情况。

五、中国道路：金融消费者隐私保护的未来路径

欧美个人金融信息保护法律制度的不同演进路径在一定程度上展示了金融消费者隐私保护问题的复杂性。中国未来金融领域隐私保护法律制度的设计和实施应该重点处理好以下五大关系。

（一）统一立法与分散立法的关系

在个人信息保护立法领域，长期以来就存在相互争论的两种声音。一种观点认为，美国的《公平信用报告法》和《金融服务现代化法》都是从一个行业或者一个侧面加强金融领域的个人信息保护。这种做法虽然看似分散，实际上对于多数人而言，至少在金融服务领域，保护强度已经足够，值得在中国推广。另一种观点认为，考虑到欧盟在个人隐私保护立法领域的领先地位，以及欧盟与中国在成文法传统方面的近似性，应采用法典化的个人信息保护立法间接规制金融消费者隐私保护问题。

相对而言，后一种思路更具有说服力。一方面，分散性立法虽然可以更多地

考虑不同行业的特点，但是这种“头痛医头、脚痛医脚”的办法，难免存在立法方面的大量重复，影响整体立法进程，难以从根本上解决个人信息保护领域系统性的法律资源欠缺问题。另一方面，集中性的立法，具有妥善处理一般性规则与细分行业特色关系的空间，具有在立法的整体框架内，集中解决重点问题的能力，并不妨碍针对特殊行业设置特色条款。例如，在 GDPR 之外，欧盟就通过新的《支付服务指令》赋予支付机构在获得客户明示同意后，有权访问客户的银行账户及数据，以便提供个性化和多样性的支付服务。

《个人信息保护法》列入第十三届全国人大常委会立法规划，意味着在个人信息保护方面的一般性问题将通过基本法加以解决，将进一步明确学界长期探讨应该引入的众多个人信息权利，例如，信息决定权、信息保密权、信息查询权、信息更正权、信息封锁权、信息删除权、信息可携权、被遗忘权等。但是，立法者仍应为金融领域个人信息保护留下空间。

《个人信息保护法》承载的首要任务是解决目前分散性立法导致的法律体系混乱，影响法律适用稳定性和法律结果可预见性的问题，合理提升中国整体的个人信息保护水平。但是，《个人信息保护法》的一般法性质，也就决定了它不可能从根本上解决金融领域个人信息保护方面的一些深层次问题。例如，在国家层面讨论金融控股公司监管规则的时候，金融控股公司内部基于服务客户需求的信息交互问题应该被列入需要重点讨论和解决的问题。同时，随着百行征信开始开展个人征信业务，是否应适应实践需求升级《征信业管理条例》，制定一部中国版的“公平信用报告法”，也应被列入立法者的议程。

（二）形式法制与实际落地的关系

立法者通过统一立法可以解决当前个人信息保护方面法律体系驳杂混乱的问题，并兼顾金融领域个人隐私保护方面的特殊需求。但是，法律制度形式上的统一并不能掩盖金融隐私保护在实施层面的孱弱。侵犯个人金融隐私的行为往往具有极强的隐蔽性，金融消费者无法及时察觉。同时，很多行为情节相对轻微，大多尚不构成刑事犯罪，金融消费者难以借助公安机关通过刑法维权。另外，金融隐私权受侵害的个人主体对于侵权行为的危害性缺乏足够的感知，大多情况下产生的损害难以量化，在考虑维权成本后，没有足够的动力借助民事权利救济途径主张损害赔偿，坐视不法行为的滋生与蔓延。

为此，在《个人信息保护法》等相关法律中设计切实可行的法律救济机制，是解决长期困扰金融隐私保护措施落地问题的关键。考虑到金融行业的特殊性，可以在《个人信息保护法》确立的个人信息行政保护机制之外，另行确定金融监管部门对于金融隐私保护的特别实施机制，包括明确授权金融监管部门结合《个人信息保护法》的基本原则，在金融消费者保护方面制定隐私保护规则的权力，明确监管职责。金融监管部门应考虑将隐私保护工作作为对于金融机构日常监督和考核的有机组成部分，包括根据《个人信息保护法》和金融隐私保护领域的特别立法逐项对金融机构的隐私保护工作进行打分，通过一定的惩戒措施，提升金融隐私保护的实际成效。

此外，行业协会可以通过促进核心企业缔结金融隐私保护自律公约等方式，鼓励金融机构提供高于法律标准的金融隐私保护。为了避免自律公约流于形式，行业协会可以在自律公约中加入相关企业自愿接受协会监督检查，考核各金融机构隐私政策的落实情况，并向社会公布检查结果的条款，提高自律公约和隐私政策落实情况的透明度，从而对金融机构提升隐私保护水平形成舆论压力。

（三）保护强度与产业发展的关系

尽管美国和欧盟的立法模式存在天然差异，但是在保护强度上，欧盟远超美国并无争议。需要讨论的问题是，对于个人信息如此强的保护，是否可能扼杀金融机构合理利用信息资源，提升金融服务水平的积极性与创造力，进而导致在国际化产业竞争中处于不利地位。

欧盟之所以在个人信息保护领域采取高标准的立法，除了与其一直以来注重个人基本权利与自由保护的传统有关，还与其在数据收集、储存、处理等方面长期处于被动地位密切相关。斯诺登事件暴露出美国安全部门利用个人信息进行全球监控的事实，直接促成欧盟各国通过 GDPR 所构建的高水平个人信息保护体系的诞生，但是，GDPR 引发的高额合规成本也一直被诟病。

相反，美国的判例法体系虽然非常早地承认了隐私权，并提供了有力的法律保障。但是，一直未在个人信息保护方面进行大规模的一般性立法活动。即便在其重点发力的金融领域个人隐私保护方面，也仅赋予数据主体非常有限的权利。《金融服务现代化法》实际上有效平衡了促进金融服务发展与加强消费者隐私保护之间的利益冲突，为促进美国金融机构的发展和国际竞争力的提升，提供了非常广泛的回旋空间。

个人信息领域并不存在所谓高水平保护必然优于低水平保护的问题。每个国家采取的立法策略都与其国内产业环境与国际竞争策略密切相关，包括加利福尼亚州出台的所谓全美最严的消费者隐私保护法——*The California Consumer Privacy Act of* 2018，也未完全对标欧盟的 GDPR。类似地，纽约州金融服务局在 2017 年通过的《金融机构网络安全条例（NYCRR500）》也直接针对防范针对金融机构的网络攻击，提升金融机构网络安全的需求建立相应的保护机制。

鉴于此，中国未来在金融领域进行的个人信息保护，应该充分考虑行业发展特点与当前市场环境，吸取当年新《劳动合同法》起草过程中过度强调单一价值，忽略社会发展环境与企业承受能力的立法教训，防止单纯照搬欧盟或者美国经验，导致金融消费者数据保护不充分或者影响金融机构参与国际竞争的问题。

（四）个人权利与国家权力的关系

各国普遍认为，国家安全具有相对于个人隐私保护更高的位阶。在实体法层面对国家安全与隐私保护冲突的问题进行深入讨论已经没有必要。但是，这并不意味着隐私保护总要让位于国家安全。法律适用者必须在具体案件的审理过程中，结合各种相关情况，在隐私保护与国家安全之间进行权衡。美国对于国家安全机关借助于国家安全函而大肆侵害公民个人隐私的极度容忍，实际上与其国家安全利益紧密相连。即便如此，美国的国家安全机关仍然需要在满足程序法的约束后，方可根据规定获得金融机构收集、储存和处理的个人金融隐私信息。

据此，国家权力介入个人金融隐私领域应该保持足够的克制，借助程序性手段，防范公权力在个人金融信息领域的滥用。考虑到公权力获取个人信息问题具有一般性特点并且直接涉及个人基本权利的保护问题，未来的《个人信息保护法》应通过专门的章节对此加以规定。原则上，国家机关仅能在其权限范围内获取公民个人信息，不应收集与其履行职权不相关的个人信息。同时，国家机关获取公民个人信息应该符合比例原则，避免超过必要限度获取与履行公共职责不相关的信息。个人信息作为公民基本权利与自由的一部分，国家机关非为必要，不应要求公民向其提供或者从其他国家机关渠道获得公民个人的隐私信息。公权力获取公民个人信息不仅应该贯彻最小化原则，还应履行对于数据主体的告知义务。相关立法也应对国家机关处理和利用个人信息的行为加以规定。

为了防止国家机关过度收集、使用或者不当处理公民个人信息，《个人信息保护法》应该对于国家机关介入个人信息的行为进行程序化的约束。例如，在金融领域，国家机关基于履行行政职责的需要意图获取金融机构收集的个人金融信息，应该履行必要的法律程序，并只能要求金融机构提供特定客户的个人金融信息。具体而言，应该考虑整合《最高人民法院关于网络查询、冻结被执行人存款的规定》《最高人民法院、中国证券监督管理委员会关于试点法院通过网络查询、冻结被执行人证券有关事项的通知》等司法解释和《金融机构协助查询、冻结、扣划工作管理规定》《关于银行业金融机构协助人民检察院公安机关国家安全机关查询冻结工作规定的通知》《关于查询、冻结从事证券交易当事人和与被调查事件有关的单位和个人在金融机构账户的通知》等部门规章和规范性文件，形成一个完整可控的操作流程，包括在中央银行下建立类似美国金融犯罪执法网络

（FinCEN）下的安全信息交换系统（Secure Information Sharing System）的个人金融信息流转系统，确保行政执法机构可以在合法合规的情况下，及时获得个人金融信息。

（五）国内立法与国际协调的关系

长期以来，各国对于金融隐私保护一直难以达成共识。欧盟个人信息保护立法所具有的超国家特征，为在隐私保护领域推动国际立法创造了有利的条件。但是，法律的发展无法脱离各国的本土文化，这在隐私保护领域表现得尤为突出。欧盟仅仅承认非常有限的国家在个人信息保护领域达到了与欧盟本质上相等的高水平，其余国家均因或多或少的原因，在数据跨境问题上，都只能从企业层面采取特殊措施，以便达到欧盟有关提供充足保护的要求。金融消费者隐私保护机制在美国形成了相对完善的制度基础，但是在具体制度的构架上，与欧盟推行的高标准仍然存在一定差距。

从实际效果看，美国的金融隐私保护制度在提升本国金融机构竞争力的同时，并未出现金融机构滥用个人金融隐私、明显损害金融消费者利益的情况。根本原因在于，金融机构的盈利模式严重依赖于与个人客户建立的长期合作关系。无论是吸收存款、信用卡发放还是提供其他个人金融服务，都是建立在个人客户对金融机构充分信任的基础上的。金融机构不仅不想泄露或者滥用客户个人金融信息，甚至愿意为了维护与客户的长期信任关系，而采取先进的技术手段保护客户的金融隐私信息。

其他国家可以结合自身情况，在欧盟个人信息保护标准与美国金融隐私保护规则之间作出取舍。但是，各国在金融领域个人信息保护制度方面的差异，将极大地增加跨国金融机构的合规成本。为此，有必要通过国际协调机制确定跨国金融隐私保护的基本框架。经合组织《关于保护隐私和个人数据跨国流通指南》（*OECD Guidelines on the Protection of Privacy and Transborder Flows of Personal Data*）和《亚太经合组织隐私权保护框架》（*APEC Privacy Framework*）确立了个人信息保护的一些原则性规定，已经成为相关国家和地区个人信息保护理念的基础。随着中国银行卡支付标准和第三方支付机构在东南亚和“一带一路”沿线国家的拓展，推动相关地区个人金融信息保护框架在国际协商的基础上实现进一步统一，已经具备了一定基础。

参考文献

[1] 何颖．金融消费者权益保护制度论［M］．北京：北京大学出版社，2011.

［2］郭丹．金融服务法研究——金融消费者保护的视角［M］．北京：法律出版社，2010.

［3］陈文君．金融消费者保护监管研究［M］．上海：上海财经大学出版社，2011.

［4］世界银行．金融消费者保护的良好经验［M］．中国人民银行金融消费权益保护局，译．北京：中国金融出版社，2013.

［5］张斌．金融消费者保护理论与判解研究［M］．北京：法律出版社，2015.

［6］谢宗晓．信息安全管理体系实施案例［M］．北京：中国质检出版社，2012.

自由贸易港的金融立法豁免问题研究

王　鑫

自由港一般被认为是自由度最大的特殊经济区域，其最为明显的特点就是“境内关外”和“进出自由”。国际自由港的本质特征之一就是货物、金融、人员和服务的自由流动，而相对自由政策可以认为是自由港的核心原则。聚焦在金融领域，可以说是在控制风险的前提下，进一步放开外汇管制，构建发达的离岸金融业务，金融市场利率的市场化和跨境投融资的自由化等。

上海自由贸易港的建设可以说是上海自贸试验区全面发展的延续与深化。它们之间是一种前后贯通、相互承接、继往开来的关系。上海自由贸易港的建设是在自贸区实践已有的改革成果的基础上，进一步发展创新、突破“瓶颈”，以期能够更高程度地与国际接轨，追求的目标是能够最终实现完善投资自由、贸易便利和金融开放的优质营商环境，因此可以说，上海自由贸易港是“自贸区中的自贸区”。毋庸置疑，上海自贸试验区自设立以来，在自贸区的金融立法和制度创新方面已经取得了巨大成就，但仍存在一些较为明显的问题：一是与自贸区金融改革有关的制度法律的位阶均较低。各金融监管部门所颁行的制度举措与改革意见以及上海市人大常委会及市政府所发布的《自贸试验区条例》以及《自贸试验区管理办法》等均属于部门规章或地方性法规，法律效力层级是比较弱的。二是部分创新性举措与上位法律规定之间仍然存在冲突。我国许多金融领域的法律规定严重滞后于现实，亟须修订。但对于已经定型的全国性的法律法规，上海自贸试验区的金融改革很难进行突破，因为不能违反、也不能绕过，而单凭地方政府或某一部委的努力是很难逾越固有的障碍，来持续推动国家行政法规乃至法律修订的。三是当前针对自贸区综合经营业态的金融立法与监管协调还有待进一步完善。自贸区内的金融政策的制定实施和监管仍有赖于中央金融管理机关的驻沪机构的监管协调，并逐级上报、审批和会签，某些政策还可能会来回反复，耗时而低效。

与原本自贸试验区“可复制、可推广”的标准要求不同，上海自贸港的建设核心应为特定的“自由”区域，而不是全面实践与铺开，其目的是促进国内特定的市场领域与国际通行自由港标准的高度接轨，可以说是新的与国际自由港高度对标的“经济特区”，是改革开放的新高地。故而，在有关金融立法与豁免的制度设计的原则层面，我们需要更具创新性和突破性，勇于打破既有立法体制和法律障碍的限制。因此，在我国自由贸易港建设伊始，我们就应该突破原有的“试验”思维和模式，与国际惯例高度“对标”和“接轨”，及时制定并颁布“自由贸易港法”，使得我们可以在更高法律位阶层面进行统筹规划、合理布局，从而系统且步骤明确地引领带动中国特色自由贸易港的建设。当前，即使在法律层面的立法尚有难度，也应该由国务院主动制定关于自由贸易港建设的行政法规。

应深入学习国外著名的自由港内所实行的一体化范式的金融立法与监管模式，探索在自由港内将地方金融监管部门与驻自由港的中央金融监管部门的分支机构予以合理有效整合，形成一个统一的且有充分权限的自由港内地方金融立法与监管的主体，该主体能够根据国家法律法规的明确授权与豁免，行使限定于自由贸易港内的地方金融立法、服务与监管职能。这种统一化的安排，可以有效避免“法出多门”“分头监管”以及“反复协调与妥协”的困境，满足自由港内金融业态高度混合，经营高度多元化的市场要求，从而以统一、明确、有序和有效的自由港金融立法与实施的制度安排，为国际化自贸港的建设保驾护航。

一、相关概念的界定与背景介绍

（一）自由区、自由贸易区与自由贸易港

世界海关组织前身——海关合作理事会通过并于1974年生效了《关于简化和协调海关业务制度的国际公约》（即《京都公约》），其附约中涉及自由区的规定，“系指缔约方境内的一部分，进入这一部分的任何货物，就进口税费而言，通常视为在关境之外。”世界贸易组织出版的《贸易政策术语词典》没有专门的“自由贸易港”词条，仅有“自由贸易区”（Free－Trade Zones）词条。可见，学界和实践中并未将自由贸易港与一般的自由贸易区、对外贸易区、出口加工区做严格区分。[1] 可见，对于广义的“自由区”，不同国家和地区的自由区因为功能设

① 龚柏华．“一带一路”背景下上海自由贸易港构建的法治思维［J］．上海对外经贸大学学报，2018（3）．

置、地理位置、经济发展阶段的不同而被赋予了不同的具体称谓。

而关于“自由贸易区”，一般来说有两种含义：一是指由两个或两个以上独立关税区通过谈判并签署自由贸易协定所组成的区域（集团），如中韩自贸区、中国东盟自贸区、中国内地与香港经济伙伴关系协定（CEPA）、北美自贸区（NAF－TA）等都属于这一范畴。二是一国关境内的特别经济区，各国具有给予特殊监管与政策的自主权。为了区别两种不同的含义，通常也将前者称为自由贸易区，将后者称为自由贸易园区（自贸园区）。

自由贸易港并没有像自贸园区那样公认的法定定义。国际上被称为自由贸易港的地区或港区，政策模式和制度框架也不尽相同。自由贸易港一般是指设在一国（地区）境内关外，货物资金人员进出自由，绝大多数商品免征关税的特定区域，是目前开放水平最高的特殊经济功能区，如新加坡、荷兰鹿特丹港、迪拜杰贝阿里港都是公认的比较典型的自由贸易港。

因此，广义自由区可以涵盖自由贸易区和自由港，无论是自由贸易区还是自由贸易港，均属于自由区范畴，而自由贸易港具有比自由贸易区更鲜明的“自由”特征。可以把自由贸易港看作自贸园区范畴的一种特殊形态，既具有自由贸易园区的法定属性，又具有一些区别于一般自由贸易园区的特殊功能和属性：一是多数情况下区域范围内包括了一个或者多个港口；二是具有港城融合型特殊区域的性质；三是便利化自由化水平更高、开放程度更深、开放领域更广。①

（二）国际自由港的特点

总体来说，自由港通常被认为是一国内自由度最大的经济特区，“境内关外”和“进出自由”是其最突出的特点之一，而货物、服务、金融和人员的自由流动是国际自由港的本质特征。当前，全球化的自由贸易港均呈现出复杂型、综合型、多功能、多产业且金融自由化高度发达的特点。具体到金融方面，在控制风险的前提下，进一步放开外汇管制，构建发达的离岸金融业务，推动利率市场化和跨境投融资的自由化等。

（三）我国自由贸易港的发展背景

2017 年 10 月 19 日，习近平总书记在《决胜全面建成小康社会夺取新时代中国特色社会主义伟大胜利》的中共十九大报告中提出，要“探索建设自由贸易港”。2017 年 11 月 10 日，国务院副总理汪洋在《人民日报》第四版上发表题为《推动形成全面开放新格局》的文章中提到，“自由港是设在一国（地区）境内关外、货物资金人员进出自由、绝大多数商品免征关税的特定区域，是目前全球

① 赵晋平，文丰安．自由贸易港建设的价值与趋势［J］．改革，2018（5）．

开放水平最高的特殊经济功能区。中国香港、新加坡、鹿特丹、迪拜都是比较典型的自由港。我国海岸线长，离岛资源丰富。探索建设中国特色的自由贸易港，打造开放层次更高、营商环境更优、辐射作用更强的开放新高地，对于促进开放型经济创新发展具有重要意义。"[①] 2018 年的《政府工作报告》明确指出要全面复制推广自贸试验区经验，探索建设自由贸易港，打造改革开放新高地。

具体到上海，2013 年上海自贸试验区设立，以局部的试验经验促动国家整体的改革开放，探索可复制、可推广的路径。2017 年 3 月 31 日，国务院印发《全面深化中国（上海）自由贸易试验区改革开放方案》，提出"在洋山保税港区和上海浦东机场综合保税区等海关特殊监管区域内，设立自由贸易港区。对标国际最高水平，实施更高标准的'一线放开''二线安全高效管住'贸易监管制度。根据国家授权实行集约管理体制，在口岸风险有效防控的前提下，依托信息化监管手段，取消或最大限度地简化入区货物的贸易管制措施，最大程度地简化一线申报手续。探索实施符合国际通行做法的金融、外汇、投资和出入境管理制度，建立和完善风险防控体系。"而根据最新的报道显示，上海市已经形成了建设自由贸易港的初步方案，并且报送至国家相关部委征求意见。与已有的保税区、自贸区等区域相比，自由贸易港在海关监管、税制安排等方面更为特殊。一方面，开放度最高；另一方面，设立条件最为严格，对监管的精准化要求也更高。[②]

由此可见，上海自由贸易港的建设可以说是自贸试验区全面发展的延续与深化。它们之间是一种前后贯通、相互承接、继往开来的关系。上海自由贸易港的建设是在自贸区实践已有改革成果的基础上，进一步发展创新、突破"瓶颈"，以期能够更高程度地与国际接轨，追求的目标是能够最终实现完善投资自由、贸易便利和金融开放的优质营商环境，因此可以说，上海自由贸易港是"自贸区中的自贸区"。也就是说，自由贸易港的建设并非是要另起炉灶，重新构建，而是要在已有的自由贸易试验区的改革成果基础上进行更高层面的制度改革与创新，力争发展探索出一条既适应我国当前的实际发展情况，同时又可以对接最新国际标准的新路径和新经验，而最终目的则是促进国内市场开放与国际的更高程度的接轨与融合。

（四）上海自贸区的金融立法现状、成就和问题

1. 立法现状

根据当下的发展，金融的高度自由已经是国际著名自由港的典型特征。而目

---

① 汪洋．推动形成全面开放新格局［N］．人民日报，2017－11－10.

② 上海自由贸易港方案呼之欲出，风险管控成最大挑战［EB/OL］．［2018－07－08］．http：//finance.ifeng.com/a/20180708/16374200_0.shtml.

前，按照国家的战略要求，上海自由贸易港的建设目标就是要在自贸区的试验基础上，更进一步对标国际最高水平，探索建立包括金融发展在内的符合国际通行做法的制度体系。目前，上海自贸区建立并实施的某些金融方面的制度规范与行业标准已经与国家整体的金融法律法规有所区别和改变，因此，我们需要对当前上海自贸区的金融立法现状和特色予以简单的梳理和分析。

关于上海自贸区的金融立法可以从三个层面来观察。

第一个层面是在国家层面，2013 年 7 月 3 日国务院通过《中国（上海）自由贸易试验区总体方案》（以下简称《自贸区总体方案》），明确建设中国（上海）自由贸易试验区。同年 8 月 30 日，全国人大常委会以“授权决定”的形式通过《关于授权国务院在中国（上海）自由贸易试验区暂时调整有关法律规定的行政审批的决定》。2013 年 12 月 21 日，《国务院关于在中国（上海）自由贸易试验区内暂时调整有关行政法规和国务院文件规定的行政审批或者准入特别管理措施的决定》发布实施。随后在 2015 年 4 月 8 日，国务院发布了《进一步深化中国（上海）自由贸易试验区改革开放方案》。2017 年 3 月 30 日，国务院又发布了《全面深化中国（上海）自由贸易试验区改革开放方案》。可以说，从 2013—2017 年国务院的三个方案，构成了国家层面上关于上海自贸试验区的主要立法规范。但是一方面，从法律性质上而言，出台的《自贸区总体方案》是由商务部、地方政府所联合拟订的，并经过国务院批准生效的，其法律效力似高于通常意义上的部门规章或地方政府规章，但这仍不能算作真正意义上的国务院行政法规。也有人认为，这一方案由商务部联合上海市政府制定，并由国务院批准，因此，该方案的性质就是商务部与上海市政府联合制定的规章。但是这一方案是经过国务院批准的，因而与通常意义上的规章又有不同。另一方面，对于金融改革，在人民币资本项目可兑换、金融市场利率市场化、人民币跨境使用以及金融服务开放等方面，这些国家层面的方案和决定已经提出了一些指导思想和宏观要求。

第二个层面是中国人民银行、证监会以及合并之前的银监会、保监会等通过正式文件或者在其官方网站中所发布的金融支持上海自贸试验区的诸多政策措施和实施意见。如证监会发布的《资本市场支持促进中国（上海）自由贸易试验区若干政策措施》，合并前的银监会与保监会分别发布的《中国银监会关于中国（上海）自由贸易试验区银行业监管有关问题的通知》《保监会支持中国（上海）自由贸易试验区建设》等，包括 2013 年中国人民银行发布的《中国人民银行关于金融支持中国（上海）自由贸易试验区建设的意见》，即著名的“金融 30 条”，以及随后在 2015 年 10 月 30 日，中国人民银行会同商务部、银监会、证监会、保监会、国家外汇管理局和上海市人民政府，正式联合印发《进一步推进中国（上海）自由贸易试验区金融开放创新试点加快上海国际金融中心建设方案》，又被称为“金改40条”。一方面，从法律位阶上来看，这些部门意见或决策应该属于部门规章的范畴；另一方面，之所以由各金融监管部门分头出台各类自贸试验区金融改革支持意见，究其原因仍在于我国《立法法》第二章第八条的规定，即金融、税收、海关、经济等基本法律制度本属于国家事权，应由国家进行立法。

第三个层面是地方立法。如2013年9月上海市政府公布的《中国（上海）自由贸易试验区管理办法》，以及上海市人大常委会于2014年7月公布的《中国（上海）自由贸易试验区条例》。其中，在该条例第五章“金融服务”中规定：在风险可控的前提下，在自贸试验区内创造条件稳步进行人民币资本项目可兑换、金融市场利率市场化、人民币跨境使用和外汇管理改革等方面的先行先试；鼓励金融要素市场、金融机构根据国家规定，进行自贸试验区金融产品、业务、服务和风险管理等方面的创新。本市有关部门应当为自贸试验区金融创新提供支持和便利；本市建立国家金融管理部门驻沪机构、市金融服务部门和管委会参加的自贸试验区金融工作协调机制。可见，一方面，这些条例和办法的法律性质属于地方性法规或地方性政府规章；另一方面，由于立法的限制，其中涉及金融方面的规定大多为“鼓励和支持”“经金融管理部门批准”“根据中国人民银行的有关规定”“建立沟通协调机制”等措辞，缺乏实质性的、具体化的举措。

综上所述，我国目前关于上海自贸试验区的金融立法现状可以总结为：一方面，由国务院根据全国人大常委会的授权制定自贸区的总体改革方案（该授权方式的合法性在学界仍有争议），而且，该类方案真正的法律位阶究竟是部门规章还是行政法规也尚未清晰。另一方面，国务院涉及金融发展与监管的各部委纷纷发布自贸区金融改革方面的实施意见与各项具体改革举措，同时，由于地方性立法可以实施“有限的金融立法权”，所以，上海市的地方立法部门通过地方性法规或规章对各金融监管部门的部门规章予以补充和支持。

2. 获得的成就

自由贸易试验区的金融制度改革牵扯着我国金融制度的方方面面，需要肯定的是，自贸区设立以来，金融方面的制度改革与创新取得了非常大的成就和经验。在金融立法方面，从国家到金融监管部门再到地方政府，坚持以集中统一为主、因地制宜为辅的原则，一方面突破性地出台了自贸区改革的总体实施方案，为自贸区金融制度的创新改革打下了制度基础；另一方面，金融监管部门按照“成熟一项，推动一项”的原则出台实施细则，稳步推进政策落地。目前，关于自由贸易账户体系、扩大人民币跨境使用、利率市场化、外汇管理、监测与管理等政策细则已全面落地。自由贸易账户业务启动后，资本项目可兑换也已具备了载体和工具。与此同时，上海市地方立法机构积极行动，及时出台了《上海自贸区条例》，条例的内容涵盖了金融、税收、投资开放、贸易便利以及法治环境等方方面面的重要政策措施，可以说在很大程度上弥补了国家立法与部门规章的缺陷与不足。

同时，在金融的具体制度设计上，也取得了很大突破。如 FTU 与自由贸易账户的创新，用市场化的管理方式取代了行政化、额度管理的专户模式，对宏观审慎管理、风险管理、资金异常流动的监测预警和临时性管制措施作出了具体明确规定并运行良好，它为资本项目可兑换提供了风险可控的工具载体，并为探索本外币一体化管理模式提供了现实的试验田。再如，人民银行上海总部简化跨境贸易和投资人民币结算业务流程、取消境外融资租赁债权审批和对外担保行政审批，企业或银行无须到人民银行办理任何审批核准事项，商业银行可根据人民银行发布的政策来提供跨境人民币服务；支付机构开展跨境人民币支付业务实行事后备案而无须在试验区设立实体公司。国家外汇总局上海分局在试验区试行“负面清单”管理模式，除经常项目、资本项目两大类 11 条外，基本做到“法无明文禁止即可为”。上海银保监局在区内取消分行以下机构设立的行政审批，取消商业银行年度网点计划审批，取消机构高管人员任职资格的行政审批，支持区内设立华瑞银行等民营金融机构，支持申能财务公司等迁址上海自贸试验区。上海银保监局取消区内部分保险分支机构设立、变更的行政审批、取消保险企业分支机构高管人员任职事前审批、允许行业协会成为保险产品的报备主体。上述具体金融制度的设计与改革是转变政府职能、放松金融管制的必要措施，也体现了自贸试验区金融改革的力度和成果。①

3. 自贸试验区金融立法当前存在的一些问题

一是相关法案与制度的法律位阶依然比较低。法治金融是现代金融的特点，制度创新必须具备合法性才能够满足市场稳定性和交易信心等方面的需求。而当前，作为自贸试验区顶层设计的“总体方案”，是由商务部、上海市人民政府提交，而由国务院批准发布的，其法律性质究竟为行政法规还是部门规章目前还是存有争议的。同时，各金融监管部门所颁行的制度举措与改革意见以及上海市人大常委会及市政府所发布的《自贸试验区条例》以及《自贸试验区管理办法》等在法律性质方面均属于部门规章与地方性法规。这些部门规章与地方性法规虽然较好地解决了自贸区金融制度改革的燃眉之急，但其法律位阶较低，司法时的效力层级仅予以“参照适用”，故而其制度权威性不高。

---

① 陈文成．自由贸易账户论：中国（上海）自由贸易试验区金融改革的理论与实践［M］．上海：格致出版社，2015：75.

二是部分创新性举措与上位法律规定存在冲突。例如，《外汇管理条例》第十九条关于对外担保的规定、第十六条关于对外商直接投资的规定、第二十条关于跨境提供贷款的规定都过于严格，不适应试验区内金融改革发展。在上海自贸试验区推进本外币资本项目可兑换，修改《外汇管理条例》是绕不过去的环节。还有，在证券期货业，区内资本市场“国际板”想要建设与国际接轨的规则，培育有国际水准的投行，引入场外交易、做市商制度，需要对《证券法》第四十条、《期货交易管理条例》第三十六条关于集中竞价交易方式的唯一性进行修订，增加“国务院证券监督管理机构批准的其他方式”等。由此可见，我国许多金融领域的法律规定严重滞后于现实，亟须修订。但对于已经定型的法律法规，上海自贸试验区金融改革不能违反、也不能绕过，而单凭地方政府或某一部委的努力很难逾越固有障碍，来推动行政法规、法律的修订。①

三是针对自贸区综合经营业态的金融立法与监管协调还有待完善。一方面，我国金融业的现状是分业监管和综合经营并存，但法律是固守分业的规定。人民银行金融支持上海自贸试验区的《意见》面对客观事实，对所有金融业务的开展主体都是使用“金融机构”字样，包括设立 FTU，提供自由贸易账户服务，经常项下业务、偿还贷款、实业投资，跨境证券投资、融资、国际金融资产交易、风险对冲、汇兑敞口风险平盘等，而不再区分银行业、证券业、保险业等分业下的主体。按照《意见》规定，境内金融机构设立 FTU，在一个风险隔离的环境中，理论上通过自由贸易账户可以从事跨境、交叉性、跨行业金融业务，事实上可在一定程度上进行综合经营。银行业、证券业、保险业监管机关的金融支持试验区改革措施，也鼓励金融机构走出去，提高国际化经营水平。然而，尽管人民银行 FTZMIS 系统采集的是不同类型金融机构 FTU 的跨境金融业务数据，但这并不能构成对混业经营的直接支持。② 虽然当前银保监会的合并拉开了我国金融监管改革的序幕，但在立法上，现行《商业银行法》第四十三条、《证券法》第六条和《保险法》第八条都规定了银行业、证券业、信托业和保险业实行分业经营、分业管理。由于立法层面的“分业监管”格局尚未修改，故而自贸区内的金融政策的制定实施和监管仍有赖于中央金融管理机关的驻沪机构监管协调，并逐级上报、审批和会签，某些政策还可能会来回反复，耗时而低效。

综上所述，当前自贸试验区的金融制度与政策举措已经初具规模，也对自贸

---

① 陈文成．自由贸易账户论：中国（上海）自由贸易试验区金融改革的理论与实践［M］．上海：格致出版社，2015：255－256.

② 陈文成．自由贸易账户论：中国（上海）自由贸易试验区金融改革的理论与实践［M］．上海：格致出版社，2015：25.

区的金融创新改革发挥了很大的支持作用。同时，由于我国金融改革一贯的“自下而上”“先易后难”“先试验后立法”的路径依赖，使当前的自贸试验区金融立法呈现出法律地位与效力层级较低、上位法变革缓慢与下位法创新突破的冲突，以及分业监管与混业经营的碰撞和多层监管协调的困境等问题。当前，我们要在自贸试验区的建设基础上更进一步，建设能够对接国际最高标准的自由贸易港，那么金融业法律制度体系的突破创新就刻不容缓，这就需要我们对某些具有借鉴意义的著名自由港的金融业立法特点与体系予以考察和学习。

二、参考借鉴：阿联酋迪拜自由港的金融立法特点与分析①

世界著名的自由港众多，如美国的纽约港、荷兰的鹿特丹港、新加坡和中国香港特别行政区等，关于这些港口的金融立法情况，诸多书籍与研究文献中均有描述，故而在本文中，笔者选择了阿联酋的迪拜这一著名的新兴自由港的金融立法情况予以重点介绍。原因在于，首先美元本为国际货币，美国的自由贸易区本无外汇管制和资本项目兑换限制等问题，而新加坡与中国香港特别行政区均为港口与城市相结合，且新加坡本身为独立国家，而中国香港特别行政区由我国全国人民代表大会授权并依照《基本法》规定实行高度自治，享有行政管理权、立法权、独立的司法权和终审权。两者均可以通过自身的立法完善自由贸易港建设发展所需的金融法律相关制度。另外，阿联酋迪拜自由港的情况与特点与上海自由贸易港的建设有相似之处，如均有特定的地理位置与经济发展优势，均为自由港发展与国际金融中心建设齐头并举的模式，均为在统一的国家法域内探索具有独立特征的法律制定、法律豁免和法律适用的特区等，故而研究迪拜自由港的金融立法模式对我国应该具有一定的借鉴意义。

阿联酋迪拜的杰贝阿里港是公认的典型的自由贸易港，同时迪拜也是亚洲地区新兴的国际金融中心。迪拜国际金融中心自 2004 年建立以来，其发展之迅速令人侧目，《华尔街日报》对“2015 年谁会成为全球第一金融中心”的调查结果让人大跌眼镜：13% 的人看好阿联酋迪拜，而看好纽约的竟不到 10% 。迪拜自由港与国际金融中心的建设不仅得到了阿联酋的经济支持，同时也获得了广泛的立法资源。

（一）阿联酋联邦层面的立法支持

迪拜为阿联酋联邦中的七个酋长国之一，阿联酋联邦法律和迪拜地方法律均适用于在迪拜城市中开展商业经营活动的各类市场主体。然而，为了把迪拜建设

① 虞磊珉，严敏琦．新兴国际金融中心——迪拜法律环境建设研究［J］．上海投资，2008（3）．

成真正的国际金融中心、中东地区的金融核心重镇，阿联酋联邦内阁率先对《阿联酋宪法》第121条进行了修改，该条原本强调阿联酋对其领土内发生的法律事件拥有排他性的司法管辖权，经修改后，该条允许阿联酋联邦为了建设国际金融中心成立法律特区，并允许该法律特区拥有独立的立法与司法权。

在获得宪法支持后，阿联酋于2004年通过《第8号联邦法律》（即《金融特区法》），该法律是迪拜金融中心法律特区得以存在的法理基础。该法第2条允许通过颁布联邦法令的形式在阿联酋境内建立金融法律特区，其具体地点可以由联邦内阁议会决议的形式予以确定。根据该决议建立的金融法律特区内发生的商业活动可以不受任何联邦民事、商事法律规制，但必须遵守其他联邦行政法律，其中包括2002年关于反洗钱规定的《第4号联邦法律》。另外，2004年阿联酋联邦还正式颁布了《阿联酋联邦迪拜国际金融中心建设法令》，这一法令明确将迪拜作为阿联酋国际金融中心建设的中心城市，允许迪拜援引《金融特区法》的规定拥有独立的立法与司法权，此法令是迪拜成为阿联酋金融中心建设目标城市的直接法律依据。

（二）迪拜地方立法与部门立法

2004年颁布实施的《迪拜地方法》（*Dubai Law*）是迪拜国际金融中心法律建设的基本框架法，从微观层面为迪拜金融特区的发展规划了所必需的机构组织和运行框架，是对联邦法律《金融特区法》进行细化的一部地方性立法，并对迪拜境内民事、商事活动法律豁免作出进一步规定。如《迪拜地方法》第15条对迪拜境内进行的跨国金融业务活动作出国有化豁免规定。根据该条规定，迪拜金融中心境内的金融业务活动在任何时候都不得被国有化征收。同时迪拜金融中心对于不同所有权性质的金融机构在法律上没有歧视性规定，放弃扶持本地企业的传统经济政策。

迪拜国际金融中心与自由港的诸多具体法律草拟工作在迪拜金融服务局董事会的领导下由金融服务管理局员工与国际知名律师事务所共同承担，同时主要立法内容将广泛征求相关市场参与者的建议与意见。按照法律规定，迪拜行政部门有权制定部门行政规章并提交迪拜酋长和金融中心主席予以颁布，作为迪拜金融市场的直接监管者，迪拜金融服务局有权制定部门规章，这是现代金融中心监管体制的一个重要特征，它为金融监管当局提供了对市场发展及其引发问题作出快速灵活回应的能力。

总结迪拜自由港与国际金融中心的金融立法经验，可以看到：一是遵循国际上“先立法、后设港（区）”的潮流和惯例，以国家层面的法律确定了迪拜的特殊法律地位，并明确了迪拜法律适用与法律豁免的内容和范围。立法本身具有引导、规范、促进及保障等作用，自由港的立法自然也是如此。而在整个法律框架体系中，法律由于其位阶较高更容易赋予人们一个稳定的合理预期，使人们知道可以从事哪些行为、不可以从事哪些行为。这种稳定性也是相关政策、规章、地方性法规等所无法取代的。二是在联邦法律明确授权的规定下，地方政府和金融管理部门享有充分自主的金融立法权限，迪拜政府负责国际自由港与金融中心的统领性法规，而迪拜金融服务局则系统制定实施各项具体的金融法律制度，这种法律制定与适用模式清晰明了，系统有序，没有“法出多门”“错综复杂”“各管一片”的困惑，这对自由港的吸引力和金融业务的创新突破与快速发展而言都是非常有益的。三是与国际接轨，结合当前国际金融业态发展的特点，充分吸收了国际上先进的金融实体法、程序法和冲突法，实行国际高标准投资准入和金融自由化制度安排，力图制定一个清晰、透明、简约并且具有高度法律预期性的金融法律体系。

三、上海自由贸易港金融立法体系的完善

（一）明确自由贸易港金融立法的原则与精神

上海自由贸易港的建设是在之前自贸试验区改革成果的基础上进一步、更高层次的创新突破，是国家发展战略。故而笔者认为，与自贸试验区的“可复制、可推广”的标准要求有所不同，自由贸易港建设的核心要义应为特定的“自由”区域，而不是全面的实践与铺开。自由贸易港的改革将会成为我国制度创新的新高地，目的就是要向国外著名的自由港靠拢，促进国内特定的市场区域与国际通行标准的高度接轨。因此，在有关金融立法与豁免的制度设计的原则层面，我们需要更具有创新性和突破性，勇于打破既有立法体制和法律障碍的限制，积极探索符合中国实际，并且能够对接国际标准的新制度和新规则。

（二）通过国家层面立法为自由贸易港的金融创新设立顶层法治保障

以法律的形式明示鼓励发展什么和限制发展什么，以便有效发挥优势，控制不利于经济发展的因素，这是金融市场法治化的核心要义。一些国家或地区的自由贸易港之所以有很强的吸引力，不是由于其提供了多少个优惠政策，而是由于具有包括完善法律体系在内的良好投资环境。在自由贸易港建设伊始，我们应该突破原有的“试验”思维和模式，对接国际惯例，及时出台《自由贸易港法》，在更高法律位阶统筹规划、合理布局、引领带动中国特色自由贸易港建设。如果在法律层面的立法尚有难度，也应该由国务院主动制定关于自由贸易港建设的行政法规，在法律位阶上明确自由贸易港建设相关制度改革的法律地位和效力，从而借助“新法优于旧法，特别法优于一般法”的基本法律适用原则来变更实施与

自由贸易港政策创新不相一致的现行法律或行政法规，突破固有法律体制障碍，化解上位法制度“瓶颈”，从而更便于对涉及国家事权的经济、金融、税收、海关等领域实行政策创新，并制定与之相关的市场风险防范措施。

（三）加快自由贸易港金融监管改革，赋予自由贸易港“一线”管理机构更多的自主立法与管理权限

金融业自然发展的状态从一开始就是混业，不仅是金融混业，金融与实业之间亦混业，政府采取的分业干预措施在特定历史条件下起到了应有的作用，但金融业内在发展规律决定综合经营是难以改变的发展趋势，所有针对分业的管制措施都成为金融创新的突破口，并最终在世界范围内回归到混业。从根本上讲，在上海自贸港区内构建市场化、与国际通行规则相衔接的金融环境，需要从金融生态的角度完善行政执法、司法环境、信用建设、投资者保护、税收制度等一系列配套措施。我们既要统筹自由贸易港建设的总体纲领，也要制定具体、精细、透明的法律规章和配套制度，真正做到“有法可依”。故而，我们应当在当前金融监管改革的大背景下更进一步，在国家层面金融立法豁免明确的基础上，授权自由贸易港所在地立法机构制定符合自身功能定位和发展目标的地方性金融法规，为具体的改革创新扫清制度障碍。同时，我们可以学习国外著名自由港的一体化金融立法与监管模式，探索在自由港内将地方金融监管部门与中央监管部门驻自由港的分支机构予以有效结合，形成一个统一的自由港内地方金融立法与监管的主体，该主体根据国家法律的明确授权与豁免，行使限定于自由贸易港内的地方金融立法、服务与监管职能，这种统一化的安排，可以有效避免“法出多门”“分头监管”以及“反复协调与妥协”的困境，并以统一、明确、有序和有效的自由港金融立法与实施的制度安排，为国际化自贸港的建设保驾护航。

参考文献

[1] 刘志云，等. 自贸区金融创新与监管法律问题研究［M］. 厦门：厦门大学出版社，2018.

[2] 刘恩专. 世界自由贸易港区发展经验与政策体系［M］. 上海：格致出版社，2018.

[3] 上海金融学院国购、自贸区金融研究院. 上海自贸试验区金融改革体系构建研究［M］. 北京：中国财政经济出版社，2015.

[4] 陈文成. 自由贸易账户论：中国（上海）自由贸易试验区金融改革的理论与实践［M］. 上海：格致出版社，2015.

上海房地产金融风险防范研究

李雪静

房地产金融是一个开放的系统，为房地产业全过程进行资金融通及其他金融服务。房地产金融发展过程中，存在诸如利率风险、汇率风险、政策风险等多个风险，对国家金融系统的稳定及地方经济的发展都具有重要的影响。加强对房地产金融风险的防范势在必行。上海作为全国重要的经济、金融中心，在金融创新上始终走在全国前列，上海房地产金融市场是否健康发展，不仅关系上海经济、金融的稳定，也对全国房地产金融市场的健康发展具有重要影响。因此，本文从上海房地产市场开发投资增长情况、房地产企业融资情况以及汇率风险等角度分析了上海房地产金融市场的主要风险，并借鉴美国、德国、日本、新加坡等国在房地产金融风险管理领域的经验，有针对性地对上海防范房地产金融风险提出相应政策建议。

一、房地产金融的概念界定及主要风险类型

（一）房地产金融的概念界定

有关房地产金融的概念，具有代表性的观点包括：Davind Gamett 等认为，房地产金融是各类住宅的建设、购买、改善、租赁、维护以及维修的货币信贷运行制度；Terrence M. Clauretie&G. Stacy Sirmans 认为，房地产金融包括房产金融与地产金融两部分；吕洪敏（2013）认为，房地产金融是指在房地产开发、建设、经营、流通和消费过程中，通过货币流通和信用渠道所进行的筹资、融资及相关金融服务的一系列金融活动的总称；李志锋（2014）认为，房地产金融不是一个被动的金融工具或封闭狭窄的概念，是以房地产为载体，囊括金融、经济、社会和生态的一个复杂而巨大的系统；曹全旺（2017）认为，房地产金融是房地产与金融的融合，泛指与房地产领域投资、建设、交易、消费有关的金融活动，以扩大

融资、扩大杠杆为主要特征，实质是信用资本杠杆化循环增值运动，是产业资本和金融资本相结合，是房地产的金融化过程或实物资本虚拟化过程，具体指房地产市场金融的筹集资金、融通资金、清算资金及其他金融服务，包括房产金融和地产金融。

从上述概念界定可以看出，房地产金融是一个开放的系统，是以房产和地产为载体，为房地产行业全过程（包括投资、建设、经营、交易、消费等）进行资金融通及其他金融服务。

（二）房地产金融的主要风险点

1. 利率风险

利率风险是指利率变动对金融系统造成的风险。房地产金融的利率风险则是指利率变动造成房地产金融供需双方损失的可能性，主要是指给商业银行代理带来的风险。

从理论层面来看，一方面，我国实行浮动利率下的房地产贷款政策，利率变动会影响房地产消费者的预期；另一方面，由于房地产开发资金大部分来自银行贷款，利率变动将影响房地产开发资金的成本。

从实践来看，美国次贷危机的爆发原因之一就是放贷机构利率提高使借款者无力偿还贷款而造成违约率上升，进而引发金融机构、投资者等市场主体的连锁反应，最终引发系统性风险。

我国利率波动对房地产金融的影响是非常显著的，这主要是由于我国房地产企业开发资金仍以银行贷款为主。2004 年以后，银行贷款利率与房地产开发资金总额波动率之间的变化趋势几乎相反（郭连强，2017），这意味着贷款利率的变化对房地产开发投资总额变动产生了影响，利率波动对房地产金融带来的风险不可低估。

2. 汇率风险

房地产金融领域的汇率风险主要是指汇率波动给房地产金融系统带来的不确定性。20 世纪 80 年代，日本的房地产金融危机是汇率风险的典型。

我国汇率风险对房地产金融的影响也比较突出。自 2005 年中国实行有管理的浮动汇率制以来，各种原因都导致人民币一直有升值压力。人民币持续升值的过程中，大量热钱流入我国房地产市场，助涨了房地产价格，扩大了房地产的泡沫。一旦出现人民币贬值，热钱将撤出房地产市场，会给房地产市场带来巨大的不确定性。

3. 信用及流动性风险

房地产金融信用风险主要是指房地产开发商或购买者在向金融机构借贷后，

因自身原因不能及时还贷而对金融机构乃至整个金融体系所造成的风险。Bertrand（1995）认为，在金融自由化的前提下，金融机构受到的限制和监管相对较少，从而导致不合理的银行信贷增加，金融风险增大，从而对房地产泡沫的形成与挤压起到推动作用。Mishkin（1997）提出，金融机构特别是商业银行与贷款人在获得信息方面不对等是导致房地产金融风险的重要因素之一。

我国信用风险在房地产金融领域比较突出，因为我国 80% 的房地产开发资金以及购置土地费用均来自金融机构的贷款，且金融机构中超过 20% 的信贷资金贷给了房地产行业。尤其值得一提的是，我国房地产领域的信用风险也将给商业银行带来巨大的资金流动性风险。

4. 市场的投机预期与投机行为

J. M. & P. R. Hendershott（1995）认为，房地产开发商的投机预期、房地产市场中买卖双方的投机行为等重要因素造成了房地产金融风险。

5. 政策环境风险

政策环境风险主要是指国家对房地产市场宏观调控政策发生变化给房地产金融市场带来的不稳定性。我国自 1993 年开始第一次对房地产行业进行宏观调控以来，调控频数及力度近年来都在不断加大。但我国房地产调控政策往往是短期的，当政策环境改变时，将有发生房地产金融风险的可能。

（三）房地产金融风险的防范对策与方式

房地产金融风险防范对策与方式主要包括两个方面：一是风险防范，即在房地产金融风险发生前，采取积极主动的措施避免风险发生，防患于未然；二是风险控制，即在风险发生后采取系统性策略控制风险。目前，国内外研究主要集中在第一方面，即房地产金融的风险防范。房地产金融风险的防范方式主要包括四个方面：宏观调控、金融监管、银行体系及金融创新。

1. 加强宏观调控

相关研究认为，防范房地产金融风险，要建立完善的防范房地产发生周期波动的宏观调控机制，并在此基础上努力解决房地产金融过度依赖银行信贷融资的问题；同时，防范房地产金融风险需要不断完善外部环境，通过法律手段的调控努力降低违法、违规行为。

2. 完善金融监管体系和方法

强有力的金融监管和健全的体系有助于降低信息不对称等道德风险，并稳定金融市场。相关研究认为，可从以下方面完善金融监管体系和方法：一是重视房地产金融监管的指标化要求，引入逆周期监管措施；二是落实房地产金融监管的责任制度；三是建立房地产金融监管的预警机制；四是建立房地产风险应急处置联动机制；五是引入第三方监督评估机制。

3. 银行体系加强风险防范是重要手段

银行体系的脆弱性是影响房地产金融风险的潜在因素之一，防范房地产金融风险要以防范银行体系风险为重要手段，提高银行房地产贷款的流动性和安全性，分散集中在银行体系的信用风险。为此，可考虑：一是健全个人信用监控机制，建立抵押物价值检测系统；二是强化银行房贷风险压力测试。

4. 加强房地产金融创新

房地产金融的很多创新，包括 REITs、MBS、ABS 等，能拓宽房企融资渠道，增加社会福利，只要平衡好金融创新与风险控制的关系，正确运用金融创新产品，把握好金融创新力度，这些创新就可以起到分散金融风险的作用。

二、“沪九条”出台后上海房地产市场的发展及风险分析

2016 年 3 月 25 日，市政府颁布了《关于进一步完善本市住房市场体系和保障体系　促进房地产市场平稳健康发展的若干意见》（以下简称“沪九条”）。10 月 8 日，市住建委和市规土局又联合发布了《关于进一步加强本市房地产市场监管　促进房地产市场平稳健康发展的意见》（以下简称“沪六条”）。11 月 25 日，市住建委、人民银行上海分行、上海银监局联合印发了《关于本市房地产市场平稳健康有序发展　进一步完善差别化住房信贷政策的通知》，同时市住房公积金管理委员会印发了《关于调整本市住房公积金个人贷款政策的通知》，作为“沪九条”“沪六条”的升级版，从严执行商业银行及公积金差别化信贷政策，加强房地产市场的调控。2017 年党的十九大报告重申了“房子是用来住的，不是用来炒的”的基调，房地产市场调控进入深水区。

自“沪九条”等政策出台后，整体来看，上海通过房地产市场的调控效果明显，房价实现了基本平稳或个别城区小幅下跌，并向销售量、资金端及土地市场传导，整个房地产产业链出现降温趋势，调控取得了阶段性成果。但上海房地产从企业端和居民端来看，均存在较高的财务杠杆，容易引发资金链断裂等风险。但基于上海土地资源有限，外来人口大量涌入，以及上海人均可支配收入和经济总量的支撑，上海房地产市场可通过继续保持调控政策不放松，脱虚向实，并通过进一步构建房地产市场政策体系、风险预警体系，同时加大房地产融资渠道的拓宽与金融工具创新，从房地产企业端和居民端共同“挤泡沫”的方式来确保房地产市场风险可控，实现“软着陆”。

（一）“沪九条”出台后上海房地产市场的发展情况

1. 上海房地产开发投资增速稳定下降，低于全国平均水平

中国房地产开发投资增幅虽然自 2010 年开始出现回落，但在 2015 年前，仍一直维持 10% 以上的增幅。2015 年 10 月—2017 年年底，货币政策总体由较为宽松向中性适度转变，出现了 M1 同比增速高于 M2 同比增速的“剪刀差”情况，这在一定程度上体现了去杠杆仍是金融监管的主旋律。与此同时，随着国家对房地产调控的趋紧，房地产开发投资增幅近两年维持在 10% 以下（见图 1、图 2）。

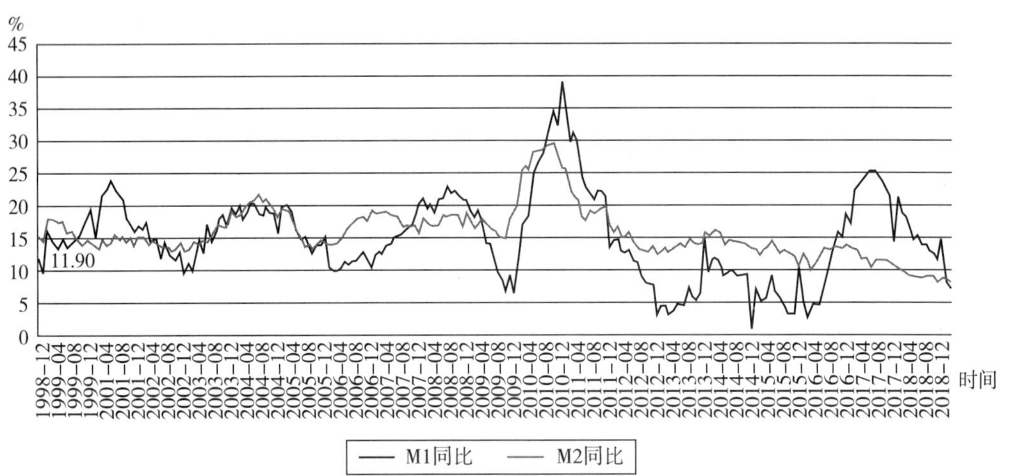

资料来源：Wind。

图 1　我国 M1、M2 余额同比增速月度情况

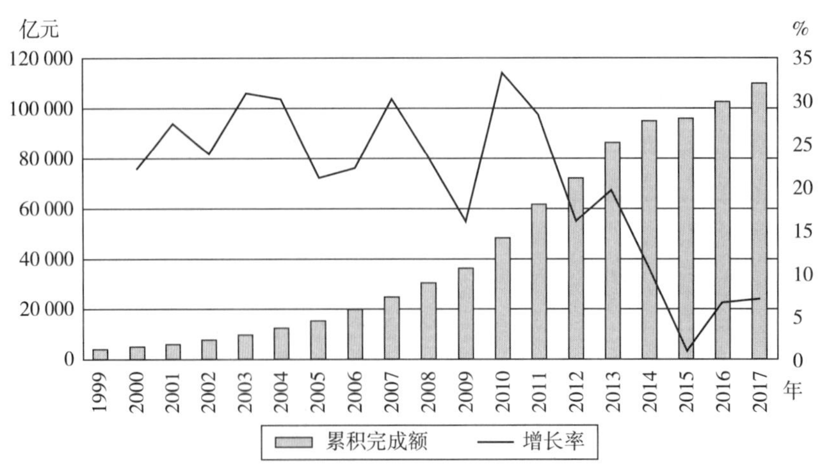

资料来源：Wind。

图 2　中国房地产开发投资累计完成额及同比增长情况

自2009年以来，上海房地产行业GDP占比基本保持稳定。其中，房地产行业GDP占第三产业GDP的比重维持在8%～10%，房地产行业在GDP中的占比维持在4%～6%（见图3）。

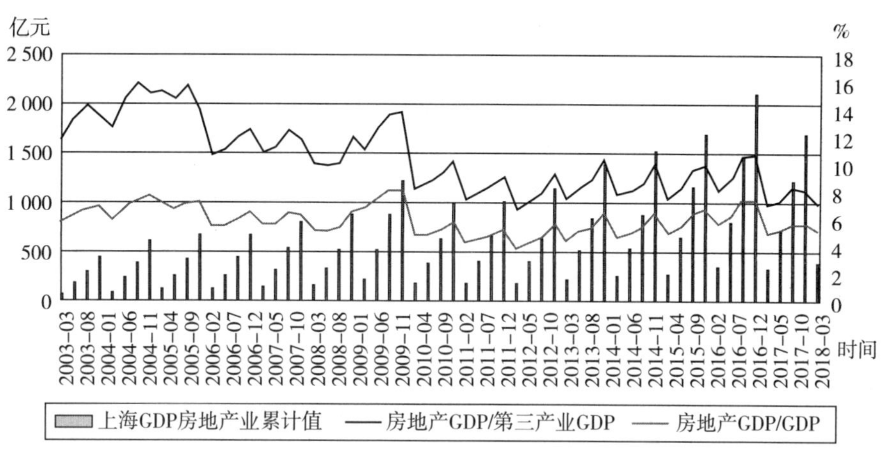

资料来源：Wind。

图3　2003—2018年上海房地产行业GDP占比情况

自1998年以来，上海房地产开发投资增速出现过三次“峰值”，分别是2004年的30.4%、2010年的35.3%和2013年的18.4%。从2015年开始，上海房地产开发投资增速稳定下降，到2017年增速仅为4%。从区域来看，房地产开发投资主要集中在浦东新区、宝山区、闵行区等区域（见图4、图5）。

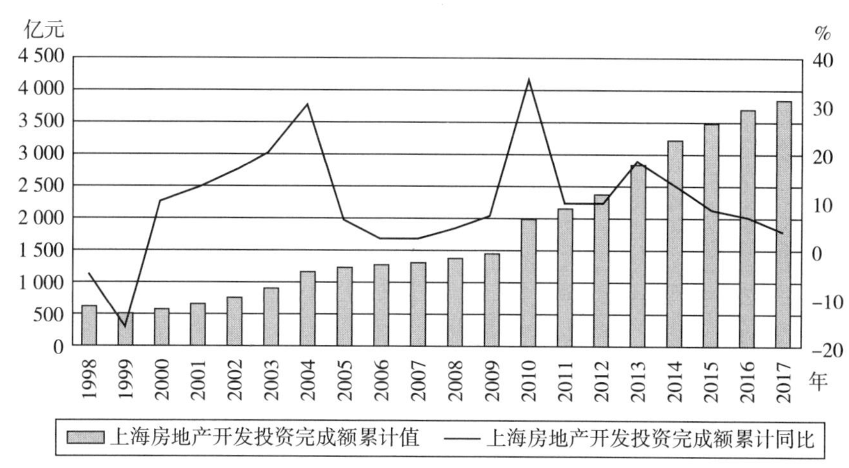

资料来源：Wind。

图4　1998—2017年上海房地产开发投资完成情况

2016年“沪九条”等政策出台以来，上海房地产住宅开发投资一直维持低位

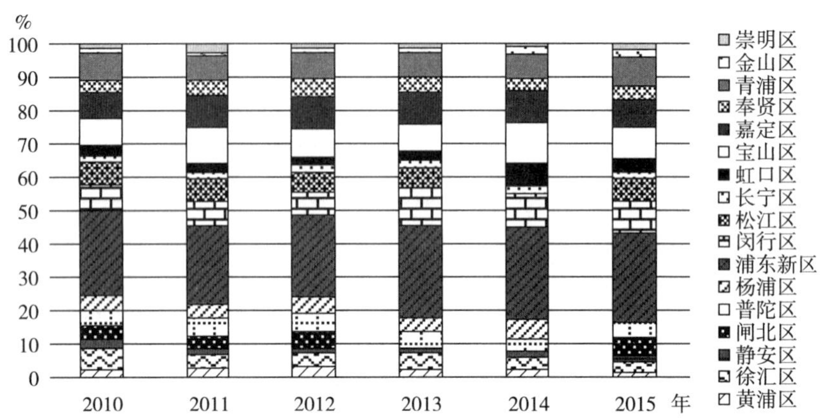

资料来源：Wind，浦东新区统计局。

图 5　2010—2015 年上海各区域房地产开发投资占比情况

运行。从 40 个城市房地产住宅投资开发情况来看，截至 2018 年 10 月，三线城市累计同比增长 11.66%，一线、二线城市分别为 10.44% 和 7.62%，而上海仅为 3.5%，远低于一线城市平均水平。从上海与其他一线城市数据对比来看，“沪九条”等政策出台后，上海房地产市场立即受到政策的影响，出现房地产开发投资额低于其他一线城市的情况，2018 年以来更趋于明显（见图 6、图 7）。

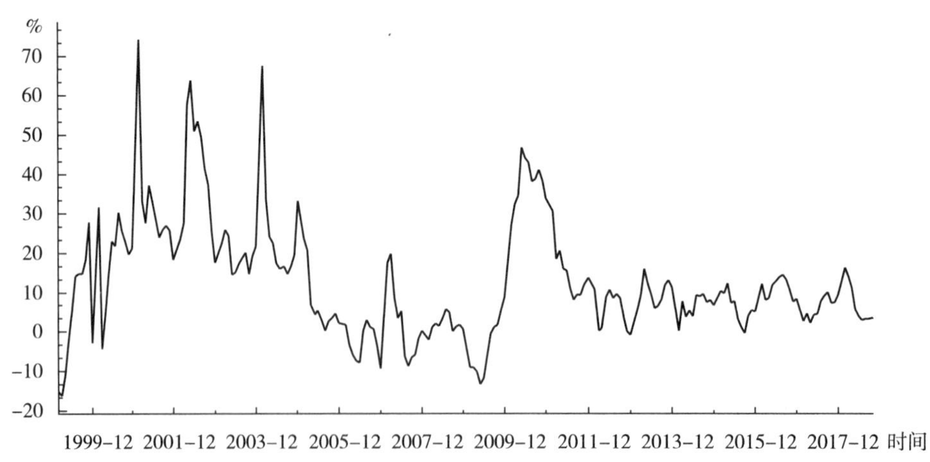

资料来源：Wind。

图 6　上海房地产住宅开发投资额同比情况（累计同比）

2. 成交价格方面，上海房地产市场出现下降，并保持平稳运行

2016 年“沪九条”等政策出台以来，上海新建商品住宅和二手住宅价格均呈现下降趋势。

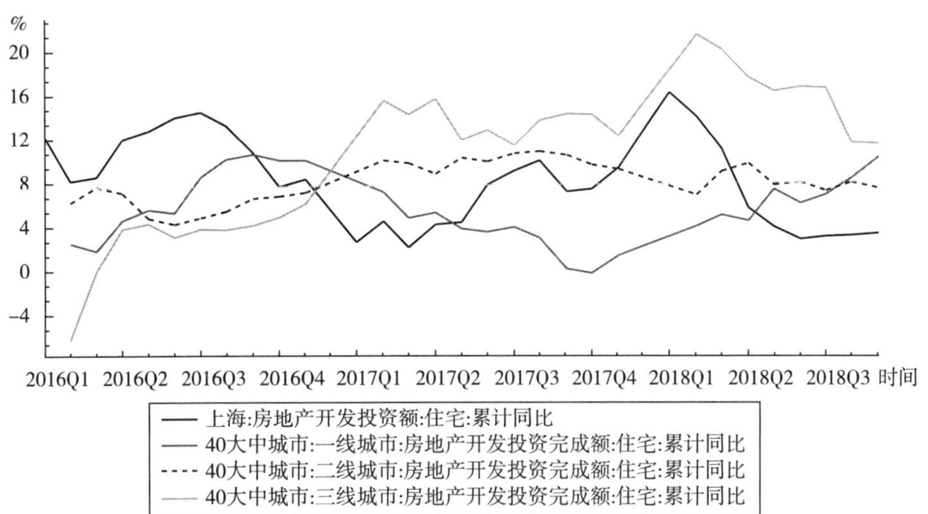

资料来源：Wind。

图7　上海与其他城市房地产住宅开发投资额对比情况

新建商品住宅市场方面，上海新建商品住宅价格指数（当月同比）从“沪九条”颁布的2016年3月的30.5%直线下降到2018年10月的-0.4%，出现大幅下降。同时，从70个大中城市新建商品住宅价格指数来看，一线城市的下降幅度也远远超过二三线城市（见图8、图9）。

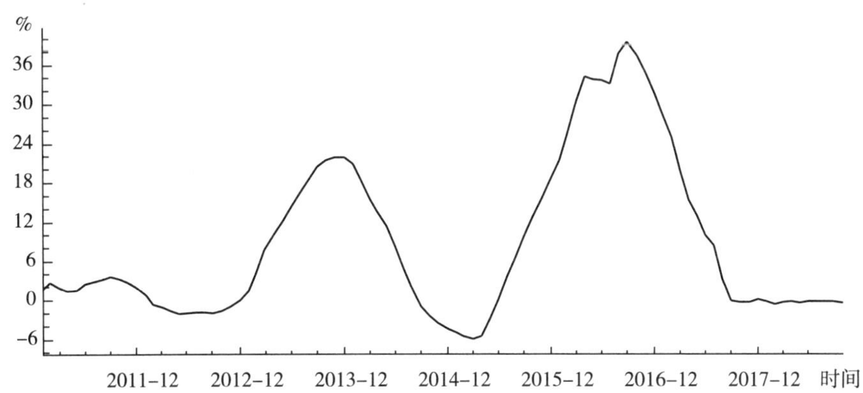

资料来源：Wind。

图8　上海新建商品住宅价格指数情况（当月同比）

二手住宅市场方面，价格拐点出现在“沪九条”等政策升级版颁布之后，二手房价格上涨趋势得到抑制，并保持价格平稳状态。从数据上来看，上海二手房价格指数从2016年11月的4 004点高位一直持续下降到2018年10月的3 903点，并长期保持平稳（见图10）。

3. 成交量方面，上海房地产市场保持低位运行，热度得到控制

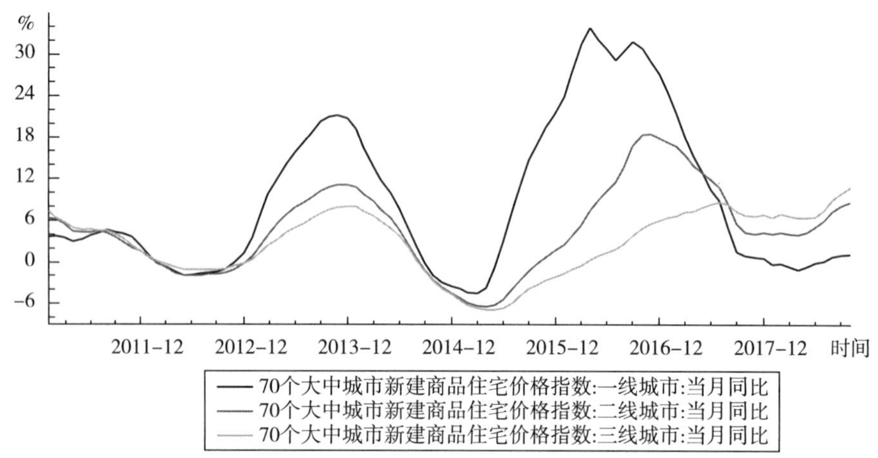

资料来源：Wind。

图 9　70 个大中城市新建商品住宅价格指数情况

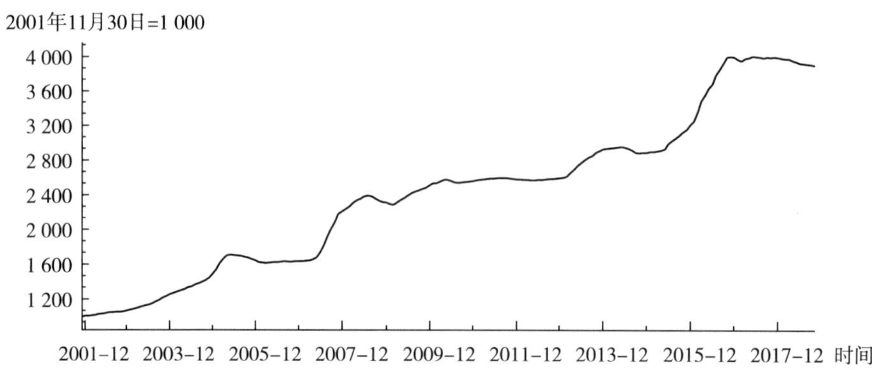

资料来源：Wind。

图 10　上海二手房价格指数情况

2016 年“沪九条”等政策出台以来，上海商品住宅成交保持低位运行。从成交数据上来看，住宅成交面积从 2016 年 3 月的历史高位 2 826 025 平方米/月下降到 2018 年 10 月的 1 023 782. 7 平方米/月，下降了 63. 7%（见图 11）。

4. 土地市场方面，上海住宅类土地溢价率下降

从全国 100 个城市来看，自 2017 年以来，城市住宅类土地溢价率均呈现下降趋势。上海 2016 年调控升级之前，土地溢价率最高达 160% 强。自 2017 年以来，住宅类土地成交溢价出现大幅下降。数据显示，2017 年第一季度上海住宅类土地成交溢价曾反弹至 60. 69%，而自 2018 年以来，上海住宅类土地成交溢价基本处于零附近，住宅类土地基本无升温迹象（见图 12、图 13）。

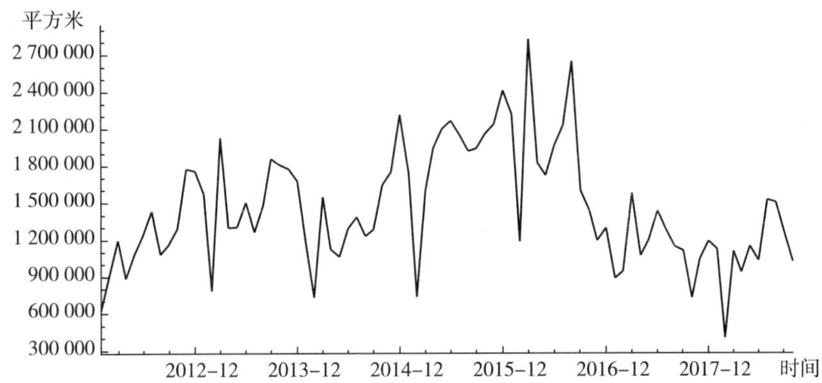

资料来源：Wind。

图 11　上海商品房住宅月成交面积情况

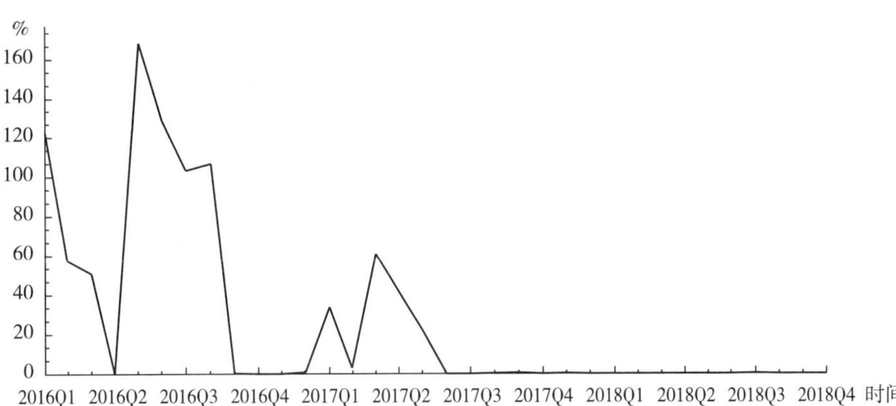

资料来源：Wind。

图 12　上海住宅类成交土地溢价率

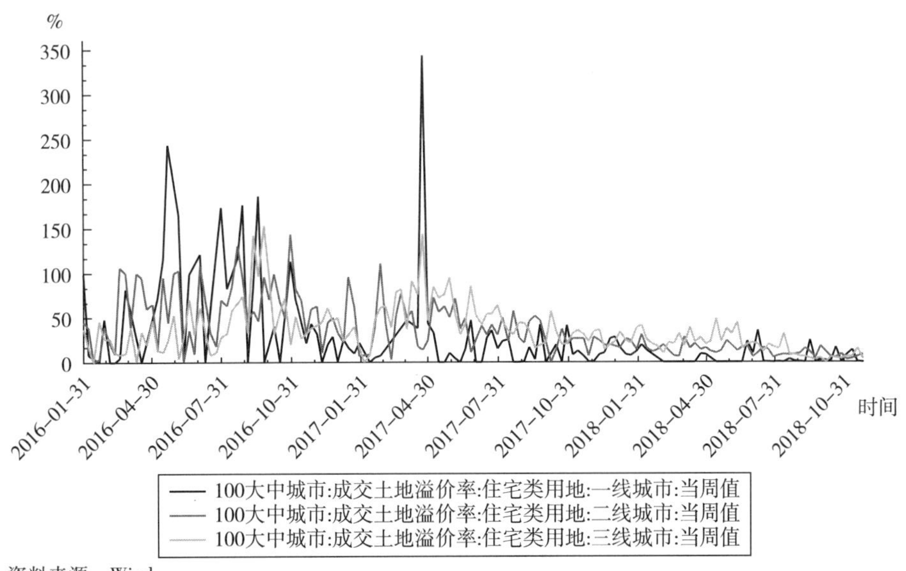

资料来源：Wind。

图 13　全国 100 个大中城市住宅类成交土地溢价率

（二）目前上海房地产市场的风险分析

上海出台“沪九条”等政策以来，制定了房地产金融宏观审慎管理框架，在全国率先实施房地产金融宏观审慎管理，遏制了投机性需求。房地产泡沫总是与金融相互影响和连接。泡沫产生于非理性预期，来源于过高的债务。衡量上海房地产市场泡沫的多少，可以从房地产企业端和居民端分别考量。

1. 上海房地产企业端融资模式有别于全国，银行贷款占比偏低，降低了可能由银行体系引致的系统性风险。

从银行角度来看，虽然近年来我国在房地产市场调控过程中推出了一系列信贷紧缩措施，加大了房地产开发商贷款难度，但商业银行的贷款总额中，房地产贷款占比一直居高不下（见图 14）。同时，从房地产企业资金来源看，虽然近年来定增、公司债、互联网金融、资产证券化等多渠道融资为房企补充流动资金，实现房企转型，但银行贷款一直是最重要的融资来源，占比一直保持在 80% 以上。2017 年，房地产行业国内贷款累计25 241.76亿元，其中，银行贷款累计20 485.29亿元，占比 81.16%（见图 15）。

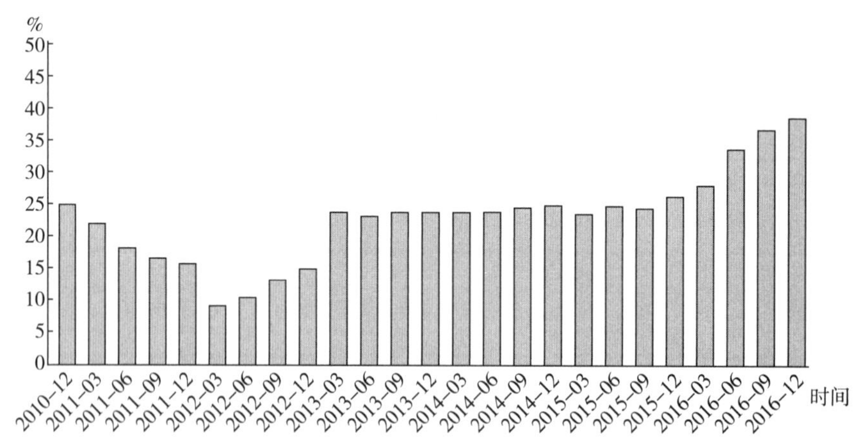

资料来源：中国经济数据库（CEIC Database），仲量联行。

图 14　2010—2016 年银行贷款中房地产贷款占比情况

与此同时，2016 年 2 月，发改委提出继续扩大企业债发行规模，提高直接融资比重，在现有专项债券品种基础上，进一步创新品种，扩大专项债券支持重点领域、重点项目的范围，充分发挥企业债券对实体经济的支持作用。受政策利好因素影响，多家房企公布了发债公告（见图 16）。

发债资金的大幅增加一方面助推房企大规模拿地，带动地价、房价上涨；另一方面由于过度融资和使用，使房企负债率增加，企业信用风险和银行系统性风

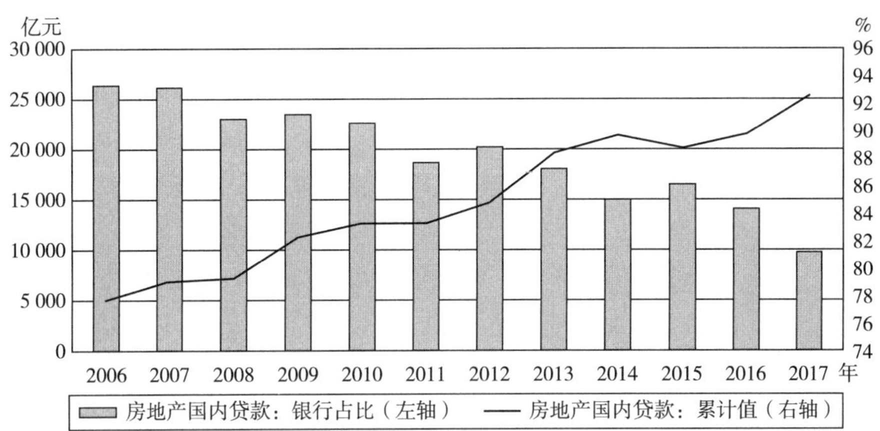

资料来源：Wind。

图 15　2006—2017 年房地产开发资金中银行贷款占比情况

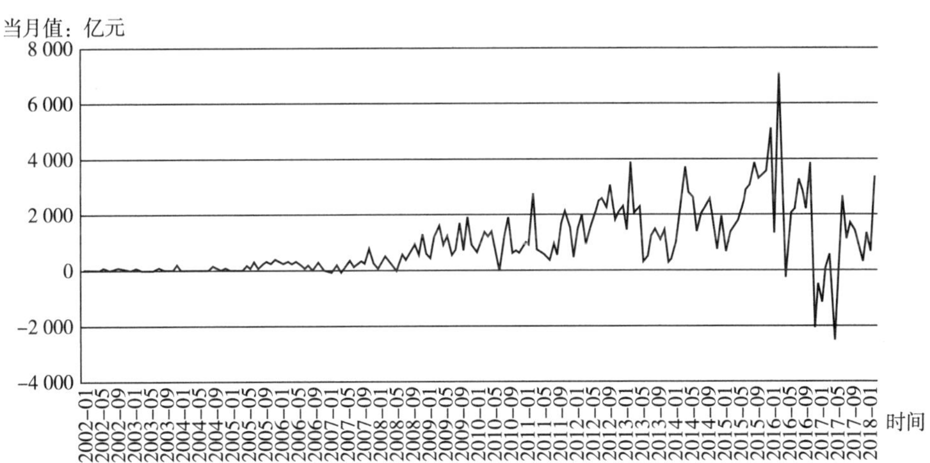

资料来源：Wind。

图 16　2002—2018 年企业债券融资情况

险将继续聚集，不利于市场持续稳健发展。为此，多部门出台相关规定，限制资金流入房地产行业。如证监会和交易所要求对房企发债实施分类，提高企业发债门槛，控制发债规模，定增和发债募集的资金只能用于房地产建设，禁止投入到土地市场；证监会加强对股权、股票交易、新三板挂牌等审核力度，将股权众筹平台、房地产企业、房地产中介以“股权众筹”名义从事非法集资活动等 8 类问题列为重点整治对象（见 2016 年 10 月 13 日，证监会发布的《股权众筹风险专项整治工作实施方案》）。

上海房地产企业融资模式有别于全国。上海房地产企业资金主要来自国内贷款、自筹资金和其他资金来源（包括定金及预付款、个人按揭贷款等）。与全国房地产企业融资模式的不同之处在于，近年来上海房地产企业银行贷款的资金来源占比一直维持在40%以下，远低于全国水平，且随着融资渠道的拓宽及上海房地产企业信贷收紧，银行贷款占比继续下降。数据显示，截至2018年10月，上海房地产企业通过银行贷款融资仅占25.44%，远低于全国水平。

房地产企业通过银行贷款商业贷款占比（25.44%）低于自筹资金占比（36.5%），使房地产企业整体债务负担可控，这在一定程度上有利于整体金融体系的稳定。另外，上海房地产企业融资中其他资金占比最高，自2016年“沪九条”实施以来，虽有所下降，但仍维持在近40%的水平（2018年10月，占比为37.37%）。在其他资金来源中，以定金及预付款为主，占比近八成。自2018年2月以来，上海房地产开发企业其他资金来源中，定金及预付款占比逐渐上升，个人按揭贷款占比基本持平（10%左右），其他到位资金占比大幅下降。数据显示，截至2018年9月，定金及预付款占比达75.82%，个人按揭占比为12.29%，其他到位资金占比为11.89%。可见，在其他资金来源中，定金和预付款占比高，在一定程度上也保证了房地产开发企业的资金来源（见图17、图18）。

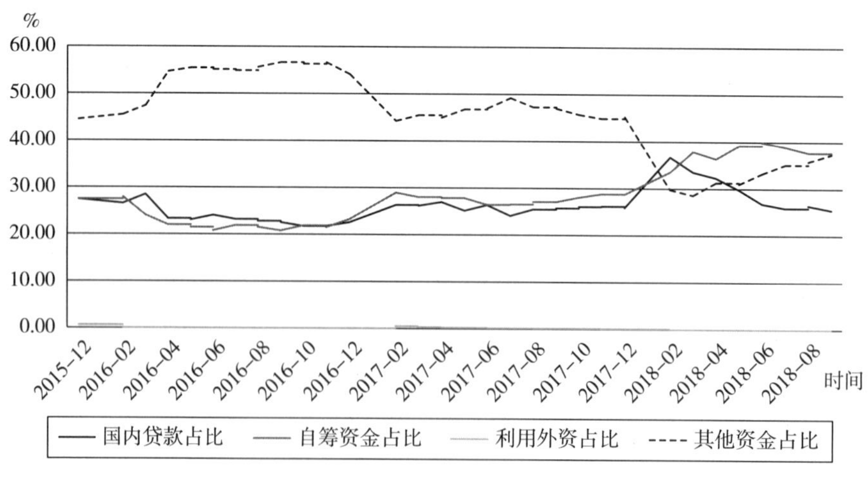

资料来源：Wind。

图17 上海房地产企业资金来源情况

但也应看到，虽然上海房地产企业资金来源相对稳定，融资渠道相对广泛，但也提高了上海房地产企业的杠杆率。从数据来看，上海房地产开发企业资产

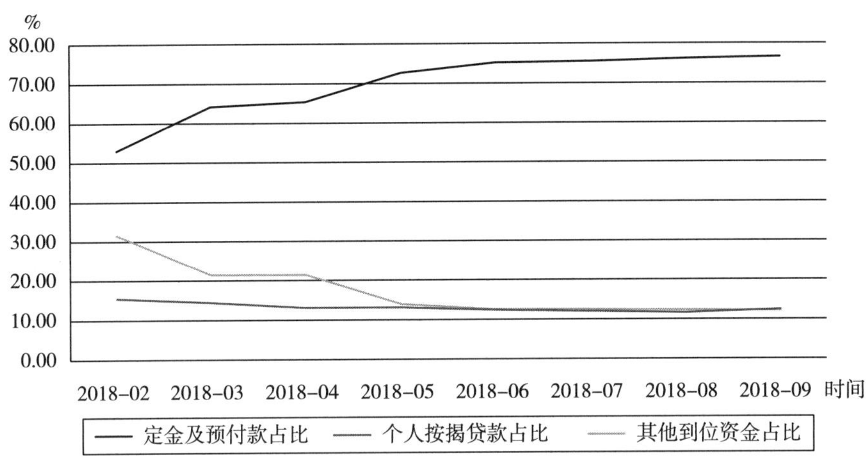

资料来源：Wind。

图 18　上海房地产企业其他资金来源占比情况

负债率 2016 年为 67.4%，2017 年为 68.5%，呈上升趋势，但仍低于全国其他地区。数据显示，2017 年我国房企资产负债率为 78.32%。同时也应看到，上海房地产企业盈利性较低，2016 年上海房地产企业资产利润率仅为 3%，2017 年也仅为 2.996%，反映出其长期偿债能力不强。当外部经济环境发展变化时，容易引发企业资金链断裂风险，尤其是对中小房地产企业而言（见图 19、图 20）。

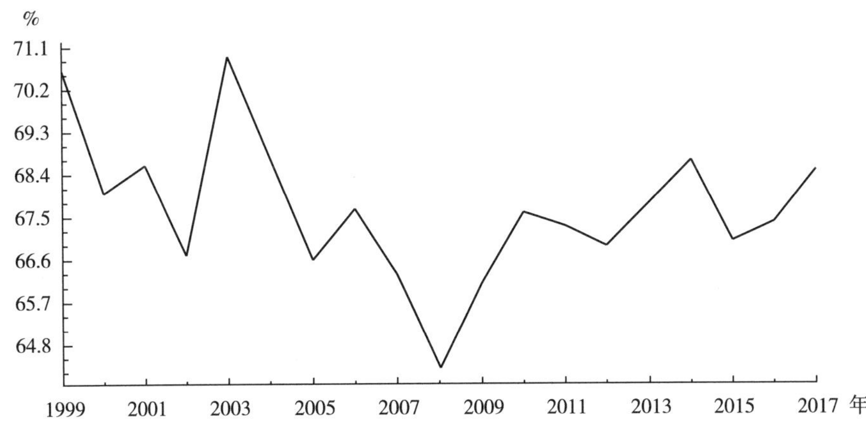

资料来源：Wind。

图 19　上海房地产企业资产负债率情况

2. 上海房地产市场居民端杠杆率虽偏高，但基于上海经济总量、人均可支配收入等因素，总体风险可控。

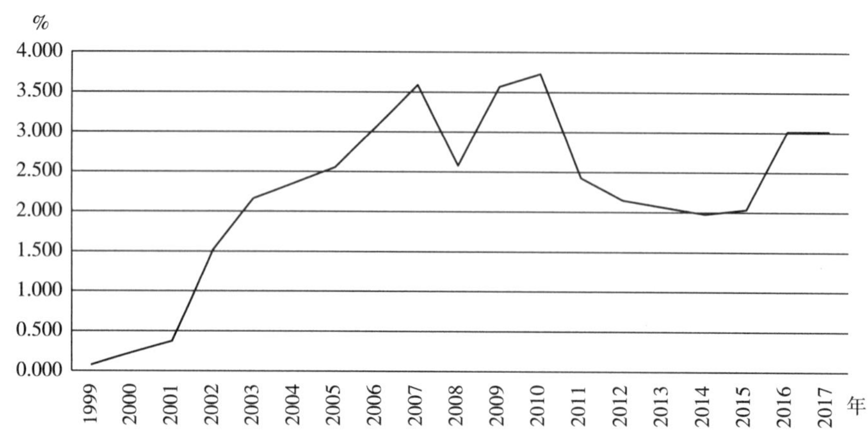

资料来源：Wind。

图 20 上海房地产企业资金利润率情况

从居民端衡量上海房地产市场泡沫，主要是从居民购买意愿、购买力、偿还贷款能力等角度来度量。

居民杠杆率是体现居民债务程度的常用指标，反映居民部门的债务风险状况，包括结构、偿还、可持续性及效率等。自 2016 年以来，上海居民杠杆率整体保持上涨趋势，住房贷款加速增长，与此对应，住户存款增长放缓。整体来看，上海居民杠杆率整体高于全国水平。从数据来看，2018 年 3 月，中国居民部门杠杆率为 49. 30%，上海居民杠杆率接近 80%（2018 年 10 月，上海居民杠杆率为 78. 49%），接近警戒值 85%①。

虽然上海居民杠杆率偏高，但基于上海是全国人口涌入地，且居民人均可支配收入和经济总量不断上涨，这在一定程度上降低了上海房地产市场居民端的风险，整体来看，居民端风险仍可控。如从房价/人均可支配收入比来看，2016 年年底，上海居民人均可支配收入为 54 305 元，上海住宅房屋平均销售价格为 25 910元/平方米，房价/人均可支配收入为 47. 71%；2017 年年底，上海居民人均可支配收入为 58 987. 96 元，上海住宅房屋平均销售价格为 24 866 元/平方米，房价/人均可支配收入比为 42. 15%，存在一定的虚高现象。平均来看，上海居民平均 6 个月能买 1 平方米房子，与北京、深圳等其他一线城市相比偏低。数据显示，2016 年北京房价/可支配收入比为 49. 7%；2017 年房价/可支配收入比为 54. 6%；2016 年深圳房价/可支配收入比为 93. 43%，2017 年房价/可支配收入比

① 根据国际通用的数据，Cecchettietal 曾在 2011 年利用 18 个 OECD 国家 1980—2010 年的数据进行估计，给出了居民部门杠杆率警戒值是 85%。

为91.84%。但同时也应看到，与一些二三线城市相比，房价/可支配收入比仍偏高。如2016年，广州、武汉、长沙等城市居民平均分别只需5.3个月、3.5个月、1.95个月就能买起1平方米房子（见图21、图22）。

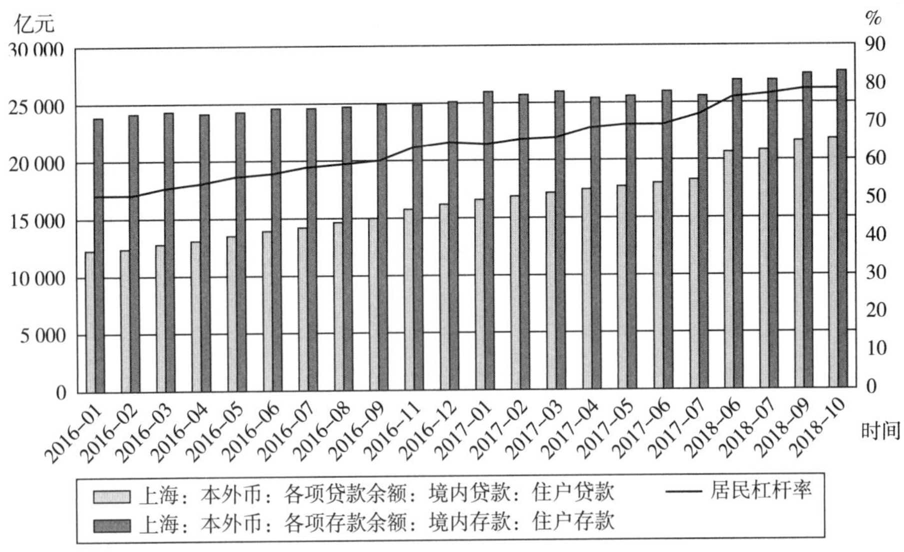

资料来源：Wind。

图21　上海居民杠杆率情况

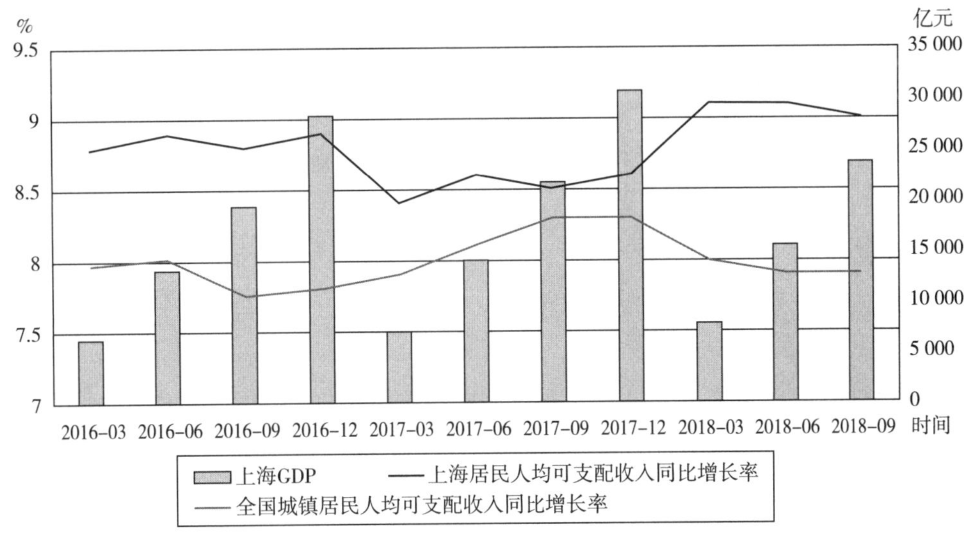

资料来源：Wind。

图22　上海居民人均可支配及GDP增长情况

但“沪九条”等限购政策确实也给本市居民购房带来了一定程度的影响，主要表现在：

一是银行惜贷等因素增加了本市居民购房成本。购房贷款利率持续维持在较高水平，增加了购房者的负担，在一定程度上抑制了市场投机性需求的同时，也增加了首套购房者的负担。从数据来看，上海首套房贷平均利率从 2016 年 3 月的 4.22% 上涨到 2018 年 10 月的 5.19%，涨幅达 22.98%；上海二套房贷平均利率从 2016 年 3 月的 5.39% 上涨到 2018 年 10 月的 5.58%，涨幅为 3.5%。

同时，针对首套房贷款，银行提供优惠贷款的占比也随着“沪九条”等政策的颁布不断下降。数据显示，截至 2018 年 10 月，上海首套房贷优惠占比仅为 16.67%，远低于政策颁布时的 100%。这在一定程度上增加了本市居民首套自住普通商品房的购房者负担，抑制了购房需求（见图 23、图 24）。

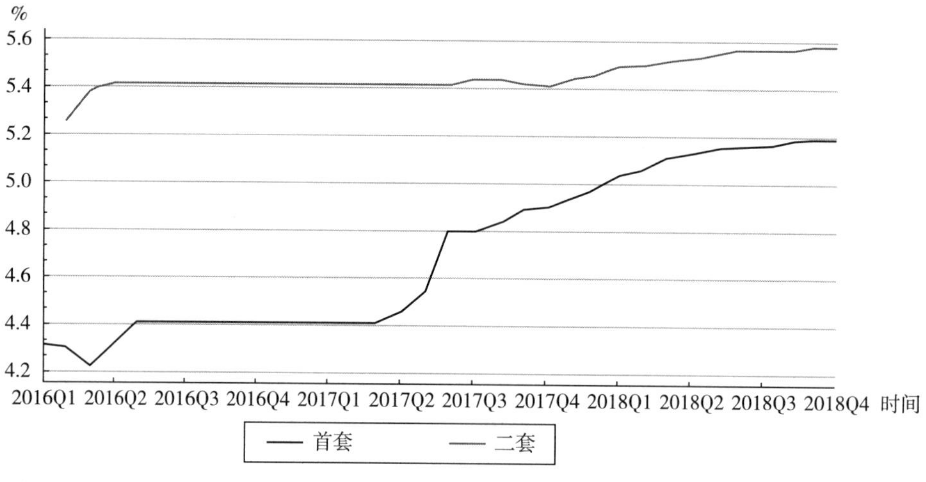

资料来源：Wind。

图 23　上海首套房及二套房贷平均利率情况

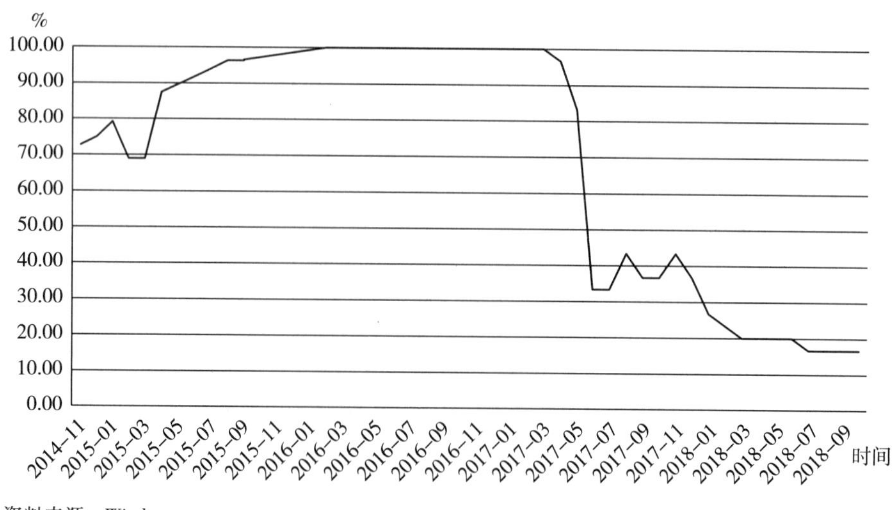

资料来源：Wind。

图 24　上海首套房贷优惠占比情况

二是社保年限等政策限制，抑制了居民购房需求。“沪九条”等限购政策对居民购房起到了抑制作用。从数据来看，本市住房公积金个人贷款发放户数自2016年起发生了大幅下降，从18.30万户降到2017年年底的9.28万户，下降近一半（见图25）。

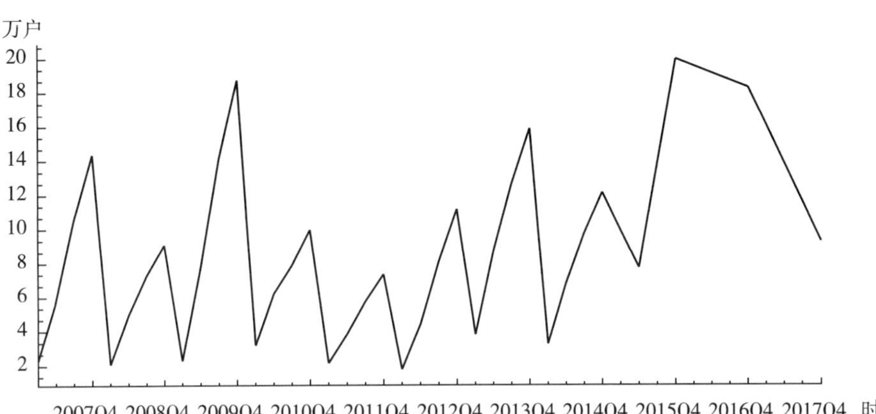

资料来源：Wind。

图25　上海住房公积金个人贷款发放户数

三、国外房地产金融风险管理与防范的经验借鉴

房地产金融风险问题的核心是房地产价格泡沫及相伴随的房地产市场内部的波动性。国际上对房地产金融风险的管理既有成功经验，也有失败案例。借鉴国外成功经验，吸取失败教训，对我国推行经济改革，防范房地产金融风险，具有非常重要的现实意义。

防范和有效管理房地产金融领域的风险，主要集中在如何平衡房地产市场供求，如何抑制投机活动，如何抑制房地产价格泡沫，如何处理风险及危机扩散等问题。且国际历次房地产泡沫破裂都是发生在住房市场和住房金融领域。因此，本部分经验与借鉴内容，主要侧重住房金融领域的风险管理与防范。

（一）日本

日本市场经济模式属于典型的“政府导向市场经济模式”，政府对经济活动的干预通常以产业政策的规划和引导手段为主，行业协会等社团组织也起了很大的作用。虽然日本在20世纪80年代末出现房地产泡沫，但主要是土地价格泡沫，从现有文献中难以找到因住房价格泡沫、住房抵押贷款大面积违约断供而导致金融机构破产的证据，且住房抵押贷款违约率也保持了相对低的水平①。

① 曹全旺. 房地产金融风险管理研究［M］. 北京：中国金融出版社，2017.

1. 成功经验

（1）政府注重发挥规划和产业政策的引导作用，稳定市场预期。日本的政府计划具有诱导性，先后出台了 10 个“住房建设五年计划”。地方政府也制定了本地住房供应的“五年计划”，并通过行业组织对企业进行“行政指导”，对房地产市场施加导向性影响。

同时，政府在制定城区公共交通规划和建设时做到有前瞻性，城市道路、基础设施、公共交通等公共领域建设基本在住宅小区建设前已经到位，从而有效地调节了房地产市场的供应。

（2）政府通过多种手段促进住房供给，维持市场平衡。日本政府在住房供给上，通过多种手段满足住房需求。首先，日本政府注重住宅产业化建设。通过推进住宅产业化，在满足住房消费需求的同时，有效控制住房总体成本，平抑住房价格。其次，通过住房保障政策满足不同群体的住房需求。日本先后制定了《住宅金融公库法》《公营住宅法》《日本住宅公团法》等住宅保障政策，这三大支柱体系分别对高、低、中收入阶层提供住房扶持、救助、资助解决方案，基本做到全覆盖。

此外，由于日本土地是私有化的，为此，日本政府通过对私人土地所有者建设的优质租赁住房给予补助和征购等方式，用于提供给中间阶层租赁居住；运用税收优惠政策支持私人建设住房。如对贷款购买或自建住房的家庭，在五年内每年可以从所得税中扣除年底住房贷款剩余本金的 1%，并对不动产所得税、城市建设税给予减免。同时，为调节土地市场供应，日本以类似土地银行的机构通过市场化方式收购大量土地，建立土地储备制度调节土地市场供给，并以市场价收购或租赁私人土地，以及在新城区开发整理土地，保证住房建设用地的供应。

（3）政府运用政策性住房金融满足住房供给的资金需求。日本政府依靠国家信用金融机构（如邮政储蓄银行体系、国民养老金体系、简易人寿保险体系等）筹集资金与财政预算资金结合的方式，将资金通过政策性住房金融机构（如住宅金融金库）这一独特的住房金融融资体系来满足住房供给的资金需求。伴随着三大支柱的住房保障政策实施，日本形成了以政策性住宅金融公库和商业银行为共同主导的房地产金融体系。在这种房地产金融体系中，政策性住宅金融公库市场份额更高，从而形成了政府对住房贷款市场的主导权，并加之住宅金融专业公司、劳动金库、信用金库、养老金福利信用团、保险公司、信用合作社等其他辅助性金融机构，综合运用国家信用、市场手段筹集低成本长期资金，为三大支柱提供资金支持。近年来，日本市场化投融资有逐渐取代财政投融资的趋势。

2. 存在问题

日本房地产泡沫主要是土地价格泡沫。形成和推动土地价格泡沫的主要原因包括：

（1）土地供求失衡推高土地价格的同时，流动性过多引发房地产市场投机。日本在从外需向内需经济结构转型和升级的过程中，为了拉动国内需求，推出了大规模国土开发计划，大量实施公共工程建设，直接扩大土地需求，但土地供给基本没有变化，这导致土地供求失衡，土地价格上涨，引诱土地投机行为；且在经济高速增长时积累的流动性急于寻求投资渠道，土地投机成了“赚钱效应”最好方式，吸引了过多投机型流动性和金融支持，加剧了土地价格泡沫膨胀。

（2）土地价格泡沫出现后，政府的应对政策失误。这主要表现在以下几点：一是日本房地产税收呈现持有税率低、流转税率高的特点，为抑制投机，政府提高了交易税，但持有税没有提高，没有起到抑制投机的作用。二是实施了土地交易管理措施，导致市场对土地升值预期增加，助推了土地价格泡沫。三是失误的货币政策，加剧土地价格泡沫快速破裂。日本在1989年泡沫膨胀前，长期维持超宽松低利率货币政策①，使银行在流动性过剩压力下不断扩大土地信贷规模，导致地价快速上涨，进而刺激投机需求。泡沫膨胀后，又快速加息②，紧缩土地贷款政策，这种“过山车”的货币政策导致泡沫快速破灭。而且在泡沫形成期间，日本金融监管过于松懈，对土地信贷基本失控。四是失误的财政政策，使实体经济没有及时得到必要的金融支持。日本房地产泡沫破灭时，财政部对资不抵债的“僵尸”银行采取了“宽容管制”措施，造成银行资产负债表健康假象；同时，财政部没有选择为一些健康银行或具有自身存活能力的银行注入流动性，使无论“僵尸”银行还是健康银行，都缺乏流动性，没有能力扩大规模，从而使实体经济得不到必要的金融支持。

（二）美国

美国实行自由市场经济模式，住房规划、建设、分配都强调由市场机制决定。在正常情况下，政府对住房市场的干预都是通过对住房金融市场的干预来实现的。

1. 成功经验

（1）通过市场化模式促进住房供给，保持供求平衡。美国在促进住房供给方面主要通过发挥市场力量来实现政策目标。美国历史上也曾有过政府大力建设公

---

① 从1986年1月至1987年2月，日本央行连续5次降息，利率从5%降至2.5%，并一直维持到1989年泡沫膨胀时。

② 1989年5月至1990年8月，短短一年多，急剧将利率从2.5%提高到6%。

共住房来保障低收入者基本住房需求的时期（20 世纪 60 年代以前），但总体效果不佳。20 世纪 60 年代后，美国通过对开发商建房进行补贴以及鼓励支持房地产信托投资基金（REITs）建设、运营持有型的房地产项目等市场化方式增加住房有效供给。

（2）通过市场化金融手段配置资源，降低房地产市场风险。美国政府主要通过市场化手段对社会资金进行引导，房地产市场的资金来源主要是资本市场和私人机构，市场在资金配置中起着决定作用，政府则在住房金融制度中处于相对隐形的位置。但是，政府会通过市场化金融手段介入房地产金融市场，降低房地产市场风险。例如，在一级市场上，政策性住房金融机构通过对特定房地产贷款担保介入房地产金融市场，降低房地产市场的抵押贷款风险；在二级市场上，通过收购金融机构的住房抵押贷款，按利率、期限等组合包装成资产证券化产品，向社会发行抵押担保证券（如 REITs、MBS 等）。住房贷款证券化运作，不仅拓宽了房地产融资渠道，也使房地产金融收益大众化。房地产金融成为配置房地产市场资源的主导力量。数据显示①，美国房地产资金来源中，银行资金只占 15%，70% 是社会大众资金（其中，35% 是退休基金，35% 是不动产基金）。值得一提的是，美国住房金融二级市场不仅为住房市场提供低成本资金，也在化解银行等金融机构流动性风险方面功不可没。众所周知，银行存在“借短贷长”的期限错配风险，而将长期限的住房抵押贷款证券化不仅可以帮助银行提前收回流动性，减少流动性风险，而且还能避免住房市场波动的扩大。例如，次贷危机时，美国商业银行体系贷款活动几乎全面中断，住房贷款资金来源几乎都是靠二级市场提供，从而避免了住房市场波动的进一步扩大和加剧。

（3）通过多种手段抑制住房投机行为。一是注重运用较重的综合税种对住房投机行为进行抑制。例如，美国政府为稳定房价，征收随市场变化而调整的不动产财产税、个人所得税、遗产税等，加大房屋持有成本、交易成本、传承成本等，从而抑制投机；对不满两年的自住房屋出售征收高额罚金；对投资型房屋出售征收所得税；对非自住型住房，在贷款利率、租金税收等方面实行惩罚性政策等。

2. 存在问题

（1）政府对政策性住房金融机构保障过度。美国以“两房”为代表的政策性住房金融机构作为联邦政府显性担保的民营企业，承担着政策性住房金融职责，通过为低收入者提供住房贷款担保及其他间接扶持实现政府住房政策目标。但与此同时，政策性住房金融机构也存在滥用政府信用进行高风险、高收益投资等道

① 中国房地产业协会金融专业委员会［R］. 中国房地产金融 2012 年度报告.

德风险，当出现风险时，由政府对风险全部兜底则容易导致激励过度。次贷危机就集中体现了政府对政策性住房金融保障过度的弊端。

（2）政府错误地将房地产业作为拉动经济增长的引擎，导致房地产业过热。新经济泡沫破灭后，美国出台了多项政策支持房地产业发展，以政府“有形之手”过多干预房地产市场，让房地产市场过多承担拉动经济的职责，结果导致房地产市场泡沫。例如，1997 出台了《社区再投资法》，引导金融机构加大对消费者支持力度；1999 年出台《金融服务现代化法》，删除了有关金融信贷风险的要求，鼓励金融机构在住房贷款领域开展竞争。政府一方面通过政策诱导市场，另一方面为“两房”发行的抵押贷款支持证券提供担保，这使商业银行不断降低贷款门槛，开展购房贷款的业务创新，鼓励低收入者贷款购房，从而为美国房地产泡沫提供了催化剂。

（3）政府对土地不当管制导致供给不足，推高房价。二战后，美国内部形成了对土地市场管理的“二元结构”，一些城市对房地产开发的土地供给实行了较为严格的政策管制（称为“严格土地供给城市”），一些城市对房地产开发的土地供给管制较松或基本无管制（称为“弹性土地供给城市”）。从次贷危机后的表现来看，当政府对土地实行较为严格的政策管制时，将导致土地供给不足，形成市场投机预期，从而推高房价。数据显示①，在 2000—2006 年，美国“严格土地供给城市”的房价年均涨幅为“弹性土地供给城市”的 2 倍。

（三）德国

德国实行的是“社会法团市场经济”模式，所有经济活动都必须在立法框架下经过社会各利益阶层协商博弈进行。德国房地产金融风险管理的基准是通过强调住房的社会属性和居住属性来抑制其经济属性和投资属性，从而保持房价稳定。

1. 成功经验

（1）通过“混合模式”促进住房市场供求平衡。当住房短缺时，政府通过财政补贴、税收优惠、低息贷款等多种方式，对私人建房（及出租房）及开发商建房（及出租房）给予支持和资助，并以优惠提供土地、资助等方式鼓励社会团体建造住房、合作建房、互助建房等，增加住房供应。当供求基本平衡后，则注重发挥市场的自我调节作用，以市场化机制引导住房建设及市场化房租形成。值得一提的是，德国政府强调住房的居住属性、社会属性和保障属性，弱化并抑制投资属性，通过政府和市场“混合”，多种渠道增加廉租房供应，并提供多种住房

① 王志伟．失衡背景下的房地产市场：泡沫与风险管控［M］．北京：经济管理出版社，2010：113.

救助政策。

（2）发挥“社会法团”作用，通过对房地产价格进行公平的社会估价来稳定房价。德国以住房协会和住宅合作社为代表的社会法团在稳定房价上发挥着特殊作用。一方面，这些社会法团接受财政不同形式资助的同时，也承认了政府对他们在租金和出售价格上的约束；另一方面，社会法团连同其他组织或个人（如房地产公共评估委员会、私人估价师等）对房价和地价作出公正评估，形成市场“指导价”。与此同时，德国法律对房价、地价、房租的暴利行为予以严惩。例如，超过当地“指导价”20%者，违法者面临最高可达5万欧元的罚款；超过“指导价”50%者，则面临最高3年的牢狱之灾。

（3）住房储蓄银行制度确保了住房市场的健康运行。德国的住房储蓄银行体系集政策性住房金融功能、商业性住房金融功能、互助性住房金融功能于一体。特点主要包括五方面：一是固定利率。住房储蓄银行体系中的存贷款利率均不受货币政策和供求关系影响，实行较低的固定利率制度。二是专款专用，封闭运行。住房储蓄银行体系中的资金专款专用全部用于为开发商提供建设贷款及储户住房贷款，直接受托支付给开发商，保证开发商实现订单化建设，在降低开发商风险的同时，也降低了金融机构的风险。三是储户先存后贷。储户先与住房储蓄银行签订协议，规定每月的存款额及总合同额。当存款额达到储蓄合同总额一半时，储蓄银行将为该客户配套与存款额相同额度的贷款，统一交给建房者，彻底消除贷款断供风险及投机。四是承担对低收入群体住房的保障性职能。例如，对低收入群体提供住房储蓄奖励。五是国家规定住房储蓄银行不能开展其他银行业务经营活动，只能专注于住房储蓄贷款领域的业务，受联邦信贷监督局的监管。

2. 存在问题

（1）住房补贴过多导致财政压力过大。德国住房福利很多，包括通过无息贷款等方式直接资助公共住房建设、租金补贴、自有住房补贴、税收优惠等多方面，这导致政府财政压力过大，不利于国家财政安全和金融稳定。例如，德国接近60%的家庭租房居住，政府租金补贴在20世纪70年代就上涨到4.5马克/平方米；在非盈利住房建设中，政府资助无息贷款高达50%～60%；建房、购房费用可以在前8年内折旧40%，相当于每年可以将5%的建房费用从个人所得税中扣除；免征地产转移税和10年的地产税等。

（2）公共住房私有化导致市场不能良性循环。德国的公共住房并非完全意义上的公共产品，而是财政资助、团体或私人经营管理的政府与市场相结合的产物。自1997年以后，由于德国联邦政府及地方政府财政赤字问题严重，德国公共住房私有化加快，同时，德国要求公共住房实行低租金政策，导致公共住房租金入不敷出，后续房屋修缮、经营维护等问题和困难不断暴露，市场难以维持自身的良性循环。

（四）新加坡

新加坡是典型的城市国家，实行自由市场经济体制，政府对国家的社会经济生活进行强有力的干预和调控。在房地产金融管理领域主要体现为两大特点：一是实行高覆盖的公共住房制度；二是实行全覆盖强制性的中央公积金制度。这两大特点使新加坡形成了以政策性住房贷款为主的住房金融格局，低房价低利率的组屋①住房贷款组合是住房金融市场稳定的基石。

1. 成功经验

（1）通过制度及前瞻性规划确保土地供求。新加坡虽然实现土地私有制，但政府实行土地储备制度，有权从私人手里征地用于公共建设和房地产建设需要，并以前瞻性的规划平衡各区域和各阶段的土地供应，依靠高效廉洁的政府体系及国家信息的可获得性，建立公开透明的土地出让制度，减少土地投机，确保土地供求平衡。

（2）组屋制度与中央公积金制度有机组合保障市场健康发展。政府组屋市场在新加坡总体住房市场中占80%以上份额。新加坡建屋发展局是承担政府政策性住房的责任部门，具体负责公共住房建设和分配，为中低收入阶层提供政府组屋，并为受保障家庭提供住房贷款。政府组屋所需土地由政府免费划拨，建屋发展局是非营利组织，不追求利润，因此，组屋成本低、结构齐全，保证了各类中低收入群体能买得起或租得起住房。中央公积金制度则覆盖新加坡所有人群，涵盖包括住房储蓄、养老、医保等所有政府公共服务体系，是强制性储蓄制度，每月由雇主和雇员分别按工资的一定比例存入雇员公积金账户，作为雇员住房储蓄、养老和医疗的保障基金。中央公积金中心通过这种强制性储蓄累积了巨额资金，可为建屋发展局和建筑商提供建房资金，为居民家庭提供购房贷款所需首付款等。组屋制度并不能有效解决低收入者购房能力不足的问题，会导致建屋发展局在建设组屋时需要大量财政补贴，使新加坡财政压力增加，但是中央公积金制度则解决了组屋制度的弊端，可以提供巨额低成本资金。二者的结合有效保障了新加坡住房市场的健康发展。

（3）政府通过制度设计降低房地产市场风险，稳定房地产价格。一方面，政府保障性组屋覆盖了新加坡80%以上的居民，组屋价格保持低位，在一定程度上可以抑制商品住房价格的过快上涨；即使商品住房价格上涨也仅影响风险承担能

---

① 组屋是由新加坡建屋发展局承担建筑的公共房屋，为大部分新加坡人的住所。

力强的少数高收入人群，且商业性住房贷款总量只占全国住房贷款的 40% 左右，占商业银行总贷款的比例更低，使新加坡爆发金融风险的可能性降低，风险可控。同时，新加坡政府组屋属于封闭运行，与商品住房市场隔离运行。组屋一级市场只允许新加坡公民中的中低收入者购买，同一户家庭只允许购买一套，且所购组屋五年内不允许转让，如确需五年内转让，则由政府原价回购；超过五年转让的，则需向政府缴纳费用。组屋二级市场的购买者也必须是新加坡公民或持永久居留权的人。使用公积金支付首付款和月供的，卖房后必须将所有公积金归还到自己的公积金账户等，避免购买多套房子或套取公积金等现象。少数高收入群体和外国人则不能享受组屋待遇，只能依靠完全商业化市场购房。

2. 存在问题

（1）政府组屋制度使新加坡政府投资过大，不利于开放、市场化的房地产金融体系建设。新加坡政府每年用于政府组屋建设的投资约占 GDP 的 9%，政府投资挤占了私人投资，形成了政策性住房金融机构“一家独大”的局面，这使商业性住房金融体系难以发展。

（2）现行中央公积金制度挤占了其他消费。中央公积金制度本身是为解决居民养老、医疗等社会保障而设立。目前，新加坡没有将住房保障与养老、医疗保障分账户管理，住房保障费用过多，将挤占养老、医疗等方面的费用。

（五）启示

房地产市场供求平衡是房地产金融风险管理的保证。各国实践证明，供求平衡的房地产市场是房地产金融市场稳定的前提，各国都非常重视房地产市场的供给调控，通过多种手段平衡供求关系，如对保障性住房、合作建房、住房供给给予优惠政策。同时，为抑制投机，各国通过政策体系稳定市场，例如，无动产财产税、遗产税、土地储备制度等。

房地产金融体系完善是房地产金融风险管理的基石。各国实践证明，无论是市场化金融体系，还是银行主导型金融体系或其他，各国都建立了房地产金融一级、二级市场，形成多元化房地产金融体系。

四、上海防范房地产金融风险的对策建议

2017 年“两会”提出“因城施策去库存”，随着热点城市房价地价的快速上涨，政策分化进一步显现。上海出台了“沪九条”，制定房地产金融宏观审慎管理框架，在全国率先实施房地产金融宏观审慎管理，遏制投机性需求，防范市场风险。虽然总体来看，上海在房地产金融方面的个体风险较小，但当出现系统性风险时，往往也会加大上海在房地产金融上的个体风险。为进一步加强房地产金

融风险的监管与防范，可考虑如下举措。

1. 建立和完善上海房地产市场平衡发展机制，加快上海房地产市场长效调控机制的建立。随着上海“沪九条”等政策效果的不断体现，上海房地产市场快速升温现象得到抑制。从目前上海房地产市场运行情况来看，仍须继续着重建立和完善上海房地产市场平衡发展机制，加快建立房地产市场的长效调控机制，从而确保上海房地产市场的长期健康稳定发展。为此可考虑：首先，根据上海人口流动情况、居民收入变化情况、家庭结构变化情况等因素，合理制订房地产市场供给计划，促进供求平衡。重点履行保障性住房供给及租赁经营市场的专业化建设，打击投机行为，及时公开信息，最大限度保持房地产市场和金融市场的稳定，从根本上遏制房地产金融风险发生。其次，坚持调控政策的稳定性，通过供给调控和需求调控相结合的方式，以政策的稳定性来稳市场预期。我国房地产调控经验证明，我国房价上涨容易下跌难。这主要是由于我国房地产调控政策多次摇摆不定，往往在经济下行时放松调控拉动经济，房价上涨过快时通过限购、限贷等措施加强调控，致使房价“越调控越高”，市场形成只涨不跌的预期。这将不利于调控效果，危害房地产市场健康发展。因此，上海必须坚持调控政策不动摇，继续保持对居民的限购和限贷政策，通过供给和需求两端调控来控制住房价而非打压房价。最后，建立基于足够信息支撑和沟通的长效政策体系。要建立覆盖土地、房屋、资金和人的信息管理系统，利用庞大的数据支持系统和海量数据库，为房地产市场长效机制的建立提供软硬件支撑。同时，要有充分的信息沟通，建立规划和土地管理部门、住房和城乡建设管理部门、财政和金融部门相互协调、系统化的联动和信息沟通机制。

2. 加大房地产金融市场的创新力度，多元化拓宽房地产市场资金来源，有效防范和化解房地产企业资金链相关风险。房地产行业是资金密集型行业，其发展必须有充足的资金作为基本保障。随着调控政策的出台，房企普遍面临销售回款放缓、融资渠道受限等不利因素，特别是中小房地产企业。因此，应提高房地产企业，尤其是中小房地产企业资金链管理水平，加速其资本流动，提高其资金使用效率。除了传统的加速销售资金回流，企业应创新租赁资金回流方式，加快资金回流。

同时，还应积极探索新的融资渠道。房地产金融产品或工具创新是房地产金融创新的末端环节和最终表现。目前，我国房地产金融创新存在产品单一、匮乏的问题，除了面向企业的贷款和面向消费者的按揭贷款，证券、信托、基金和债券等房地产金融创新产品发展严重滞后，且关于房地产金融创新的融资产品不但数量少，而且大多门槛较高、风险较大且缺乏配套的金融避险工具，市场需求有限，规避风险作用较小。因此，应在适度创新房地产金融产品、大力开发房地产金融避险工具的同时，尽可能解决一些规模和市场活跃度的问题。例如，虽然自2015 年 4 月我国放宽了对 MBS 和 ABS 的限制，REITs 使投资者在获得房地产资产的所有权和经营权的同时，也在多元化、可负担性、流动性、税收优惠和透明度等方面具有诸多优势，也使 REITs 成为优于 MBS 和 ABS 的低风险投资选择。但目前 REITs 在国内获得市场认可，仍存在不小的阻力。例如，租金收益率较低，缺乏税收激励，缺少 REITs 和资产的专业管理人才，因此上海可加强对 REITs 的试验与创新，加大房地产金融市场创新力度，减少房地产市场对银行信贷的依赖。

3. 建立制度化的危机处理机制。金融风险的出现往往是超预期的，危机发生过程中也常常出现超预期的急剧恶化情况。因此，上海应未雨绸缪，建立完善的危机应急预案。可借鉴美国在金融危机中的经验和教训，结合上海房地产金融市场实际情况，形成适合上海的房地产金融危机应急处置体系。所涉及的诸如财政、税务、金融、司法、土地和房地产产权登记主管部门、新闻舆论、社会救济等部门，也应建立良好的部门间日常协调机制和危机协调机制，分工协作，避免政策矛盾等问题。

4. 进一步完善信用评级机制，把好房地产金融创新的市场准入关。信用风险是房地产贷款的主要风险之一，有效判断信用级别和预防信用风险是有效预防房地产金融风险的有效途径。虽然上海已建立房地产信用评级机构，且个人信用评级体系也在逐步完善，但仍存在房地产信用评级中信用数据库缺乏、不完整、规模不大、公开度不高等问题，很难对房地产企业及个人进行公正、真实、客观的信用评级，很难将房地产企业贷款风险与住房抵押贷款风险控制在一定的范围之内，更无法把好房地产金融过度创新的市场准入关口。因此，上海应进一步建立和完善房地产业信用评级体系，充分发挥政府调控资源的优势，建立权威、信息化的房地产信用评估系统性平台，并加强监督和立法支持。

5. 进一步推进和规范房地产中介机构的发展。房地产中介机构是房地产领域的桥梁和纽带。我国房地产中介市场发展较晚，目前仍存在超范围经营、执业不规范、缺少专业的估价制度等问题，造成买卖双方信息不对称、市场低效率等问题。因此，需要有针对性地采取措施规范其发展。可考虑：（1）建立和完善监管机制，定期进行专项检查和整治，并联合工商、监察等部门着手建立多部门联动的长效监管机制，规范行业行为，提高中介机构诚信执业水平。（2）积极制定房地产中介机构信用采集和评定管理办法，利用互联网平台动态监管房地产中介机构，建立房地产中介机构网络监督管理机制，改进日常监管方式。（3）积极为房地产中介机构搭建培训和行业自律平台。利用行业协会的优势，积极开展对房地产中介机构的业务培训和行业自律，规范中介市场秩序，促进经纪行业健康发展。

6. 建立和完善房地产金融风险预警机制。房地产金融风险预警机制对房地产金融和房地产市场的健康发展十分重要。建立和完善房地产金融风险预警机制对保障房地产金融领域安全，防范金融风险至关重要。因此，应利用互联网技术和金融电子化的发展和普及，建立海量、多样和高速的房地产金融大数据库，加强资源整合，建立金融机构、政府部门、房地产企业、房贷用户共享的信息网络，实现网络化监控。尤其要尽可能全面整合各银行的大数据资源，强化对房地产企业资金流及房地产企业信用的收集、统计、挖掘，预判房地产企业的最新变动及房地产金融创新风险，及时规避和化解风险。

参考文献

［1］吕红敏．房地产行业金融风险与防范［J］．房地产导刊，2013（6）：20.

［2］中国指数研究院．2016 年中国房地产金融发展趋势研究报告［R/OL］. http：//fdc. fang. com/news/2017 －02 －22/24465887. htm.

［3］余兆．中国房地产金融发展及风险防范研究［D］．长春：吉林大学，2017.

［4］曹全旺．房地产金融风险管理研究［M］．北京：中国金融出版社，2017.

［5］2017 年房地产金融行业研究报告［R/OL］．https：//wenku. baidu. com/view/1922a6a0760bf78a6529647d27284b73f2423633. html.

［6］郭连强．中国房地产金融创新与风险防范研究［M］．北京：社会科学文献出版社，2017.

金融开放新形势对上海国际金融中心建设的机遇与挑战

于卫国

我国正在进行新一轮的金融对外开放，这对上海国际金融中心建设来说，既是机遇又是挑战。资本流动的逻辑主要是信任和私有财产保护制度、流动性和灵活性、增值能力，这是上海建设国际金融中心面临的主要挑战。

一、新一轮金融开放

2018 年 4 月 10 日，中国国家主席习近平宣布，中国将大幅放宽包括金融业在内的市场准入。

4 月 11 日，中国人民银行行长易纲在博鳌亚洲论坛表示，中国人民银行将遵循以下三条原则推进金融业对外开放：一是准入前国民待遇和负面清单原则；二是金融业对外开放将与汇率形成机制改革和资本项目可兑换进程相互配合，共同推进；三是在开放的同时，要重视防范金融风险，要使金融监管能力与金融开放度相匹配。

以下金融领域的开放措施将在未来几个月内落实：

1. 取消银行和金融资产管理公司的外资持股比例限制，内外资一视同仁；允许外国银行在我国境内同时设立分行和子行。

2. 将证券公司、基金管理公司、期货公司、人身险公司的外资持股比例上限放宽至 51%，三年后不再设限。

3. 不再要求合资证券公司境内股东至少有一家是证券公司。

4. 为进一步完善内地与香港两地股票市场互联互通机制，从 5 月 1 日起把互联互通每日额度扩大 4 倍，即沪股通及深股通每日额度从 130 亿元调整为 520 亿元人民币，港股通每日额度从 105 亿元调整为 420 亿元人民币。

5. 允许符合条件的外国投资者来华经营保险代理业务和保险公估业务。

6. 放开外资保险经纪公司经营范围，与中资机构一致。

在 2018 年年底以前，还将推出以下措施：

1. 鼓励在信托、金融租赁、汽车金融、货币经纪、消费金融等银行业金融领域引入外资。

2. 对商业银行新发起设立的金融资产投资公司和理财公司的外资持股比例不设上限。

3. 大幅扩大外资银行业务范围。

4. 不再对合资证券公司业务范围单独设限，内外资一致。

5. 全面取消外资保险公司设立前需开设两年代表处要求。

2019 年 6 月 17 日，中国证监会和英国金融行为监管局发布联合公告，原则批准上海证券交易所和伦敦证券交易所开展沪伦通业务，沪伦通正式启动。

此前宣布的各项开放措施均在顺利推进，中国人民银行已经放开了银行卡清算机构和非银行支付机构的市场准入限制，放宽了外资金融服务公司开展信用评级服务的限制，对外商投资征信机构实行国民待遇。

为促进金融业开放相关工作顺利实施，中国人民银行还将做好配套措施，在扩大金融业开放的同时加强金融监管。在放宽外资准入和业务范围的时候，依然要按照相关法规对各类所有制企业进行一视同仁的审慎监管。通过加强金融监管，中国人民银行可以有效防范和化解金融风险，维护金融稳定。

2018 年 7 月 10 日，上海市公布了《上海市贯彻落实国家进一步扩大开放重大举措　加快建立开放型经济新体制行动方案》，简称“上海扩大开放 100 条”。与国际金融中心建设相关的具体措施有 32 条，改善营商环境的具体措施有以下 10 条。

（一）大幅放宽银行业外资市场准入

1. 取消在沪银行和金融资产管理公司外资持股比例限制，支持外国银行在沪同时设立分行和子行，支持外商独资银行、中外合资银行、外国银行分行在提交开业申请时一并申请人民币业务。

2. 支持商业银行在沪发起设立不设外资持股比例上限的金融资产投资公司和理财公司。

3. 支持在沪外商独资银行、中外合资银行、外国银行分行开展代理发行、代理兑付、承销政府债券（含外国政府在中国境内发行的债券）业务。

4. 支持设立多家分行的外国银行将管理行获准开展的人民币业务、衍生产品交易业务拓展至其他分行；支持外国银行向中国境内分行拨付的营运资金合并计算。

5. 鼓励在沪信托、金融租赁、汽车金融、货币经纪、消费金融等银行业金融领域引入外资。

（二）放宽证券业外资股比及业务范围限制

6. 支持外资在沪设立证券公司、基金公司、期货公司，将外资持股比例上限放宽至 51%，不再要求合资证券公司境内股东至少有一家证券公司。

7. 争取加快取消证券机构外资持股比例限制。

8. 扩大合资券商业务范围，允许其从事经纪、咨询等业务。

（三）进一步扩大保险业对外开放

9. 放开外资保险经纪公司经营范围，允许开展为投保人拟定投保方案、选择保险人、办理投保手续，协助被保险人或者受益人进行索赔，再保险经纪业务，为委托人提供防灾、防损或风险评估、风险管理咨询服务等业务。

10. 支持外资来沪经营保险代理和公估业务，不设股比限制。

11. 降低外资保险公司设立的限制条件，取消外资保险公司设立需开设两年代表处的要求。

12. 支持外资设立合资人身险公司，将外资持股比例上限放宽至 51%。

13. 争取 3 年内，取消人身险公司外资持股比例限制。

14. 以区域性再保险中心、国际航运保险中心、保险资金运用中心建设为抓手，加快上海国际保险中心建设。

15. 以“一带一路”再保险业务为重点，支持上海保险交易所加快发展。

16. 发展离岸保险业务。

（四）推进更高层次的金融市场开放

17. 支持上海证券交易所和相关交易所在上海设立上海国际交易所交流合作中心和“一带一路”交易所联合会，服务“一带一路”建设；研究推进国际金融资产交易平台建设。

18. 支持境外企业和投资者参与上海证券市场，修改完善发行上市等规则，让更多创新企业在上海证券市场发行上市。

19. 扩大沪港通每日额度；争取在 2018 年内开通“沪伦通”。

20. 放开银行卡清算机构和非银行支付机构市场准入限制，放宽外资金融服务公司开展信用评级服务的限制。

21. 进一步丰富银行间外汇市场的境外参与主体，增加银行间债券市场国际投资者数量，扩大熊猫债规模。

22. 丰富市场化的产品设计，完善托管、交易、清算、结算服务，用一流的基础设施吸引各类政府债、企业债在上海金融市场发行、交易。

23. 支持在沪外资银行参与银行间债券市场承销业务，通过市场评价方式取得B类主承销商资格；推动中国外汇交易中心发展成为全球人民币产品交易主平台和定价中心。

24. 扩大合格境内有限合伙人（QDLP）试点，支持外资机构参与。

25. 加快上海国际能源交易中心发展，推出更多的交易品种，支持更多的境外投资者、中介机构等参与上海期货市场交易，争取在上海自贸试验区允许境外机构成为期货交易所会员。

26. 支持大宗商品现货市场开展提单交易、预售交易和信用证结算等试点，研究推进期现联动发展。

（五）拓展自由贸易账户功能和使用范围

27. 将自由贸易账户复制推广至上海市有条件、有需求的企业及长三角和长江经济带的自贸试验区。

28. 在风险可控前提下，为保险机构利用自由贸易账户开展跨境再保险与资金运用等业务提供更大的便利。

29. 对通过自由贸易账户向境外贷款先行先试，试点采用与国际市场贷款规则一致的管理要求。

30. 支持境外投资者通过自由贸易账户等从事金融市场交易活动。

（六）加强国际金融中心精准宣传推介

31. 举办好陆家嘴论坛，打造金融领域国际知名的高端对话平台；加强政策宣传，做好精准营销，主动上门服务，吸引外资来沪，做好保障服务。

32. 加强上海与伦敦、纽约、中国香港、新加坡等国际金融中心城市及“一带一路”沿线国家和地区主要金融中心城市的交流，深化沪港、沪澳、沪台等金融合作。

创造一流的法治化、国际化、便利化营商环境：

（十七）全面深化外商投资负面清单管理制度

91. 落实新版外商投资负面清单，强化自贸试验区改革同全市改革的联动，各项改革试点任务具备条件的在浦东新区范围内全面实施，或在全市推广试验。

92. 根据上海事中事后监管条件，进一步加大上海自贸试验区对外开放压力测试。

（十八）实现审批服务事项“一网通办”

93. 建成上海政务“一网通办”总门户，推进面向群众和企业的所有线上线下服务事项一网受理、只跑一次、一次办成。

94. 年内实现市区两级企业审批事项 90% 以上只跑一次、一次办成。

95. 基本建成电子证照库；基本实现政府部门各类审批信息共享共用。

（十九）深入推进“证照分离”改革全覆盖

96. 深入推进“照后减证”，在全面优化准入管理的基础上，对属于地方事权的 36 项审批事项进一步深化改革，实现“证照分离”改革全覆盖。

97. 推进实施《上海市行政审批告知承诺管理办法》，在更大范围内，实施“事前承诺 + 事后检查”为主的审批管理新方式。

（二十）持续深化营商环境改革

98. 2018 年组织实施上海营商环境改革年系列行动，以打造投资环境最便利、政府服务效率最高、服务管理最规范、法治环境最完善为核心，集中推出一批务实管用的改革举措，表彰一批改革创新项目和内外资优秀企业家。借鉴兄弟省、市营商环境改革有益经验做法，着力提高行政审批和服务的透明度和便利度，大幅提升企业和群众对营商环境改革获得感。

99. 对标国际营商环境表现领先的经济体，在世界银行营商环境报告的重点指标实施系列专项行动，使开办企业、获得施工许可、获得电力、跨境贸易、财产登记等领域，企业平均办事时间缩短一半，手续环节平均减少 40% 。

100. 主动争取国家营商环境改革试点举措在上海先行先试。

二、资本流动的逻辑

国际金融中心，关键是“国际”两个字。上海必须要能够吸引足够多的外资机构和海外投资者，才能称得上“国际金融中心”。

金融业市场准入放开后，这意味着上海将允许外资机构和海外投资者进来，但是，资本流动有自己的逻辑，只有上海自身具备了吸引力和竞争力，外资机构和海外投资者才会进来。资本流动的逻辑，主要有三个：

第一，信任和私有产权保护制度。外资进入的第一个前提，是信任。如果没有信任的话，资本是不会流入的，所以，必须先有信任，才会有资本的流动。信任，源于私有产权保护制度，即私人财产不会被剥夺，私有产权不会被侵犯。国际资本能够在美国和欧洲之间自由流动，是因为美欧经历了数百年的私有产权保护制度，投资者确信自己的私有财产不会被剥夺，私有产权不会被侵犯。

第二，灵活性和流动性。外资进入的第二个前提，是资本一定要灵活，有风险的时候，随时可以转移和流动。资金不能出去，或者出去比较困难，资金就会不愿意进来。

第三，增值。外资进入的第三个前提，是能赚钱，不能增值或者增值的程度没有吸引力，资本就不会进来。汇率和投资回报率，是影响资本增值的主要因素。

上海现在面临的情况，一是人民币有贬值的压力；二是中国的上市公司的整体盈利能力，并没有明显的优势。

首先，人民币有贬值压力。自2018年3月27日开始，人民币对美元开始一波快速贬值，美元兑换人民币汇率从6.25，快速贬值到8月15日的6.95（见图1）。

资料来源：Wind。

图1　离岸人民币汇率：USDCNH即期汇率

人民币走弱的主要原因是美元指数的强势上涨，美联储一方面对于美国经济的预期向好，另一方面为了预防未来的通胀，在2018年会有多次加息。此外，中美贸易争端引发的对未来进出口的担忧也对汇率产生影响。但是，6—7月贬值幅度明显较美元指数的升值幅度大，这主要是因为贸易争端扩大和市场的宽松预期。贸易争端形势的恶化也引发了人民币汇率的大幅波动。人民银行6月24日实施定向降准，增加货币供给，并未跟随美联储加息，使中美利差收窄，人民银行结构性偏松的货币政策和美国的货币政策方向相反，人民币贬值压力进一步加大。

长期汇率，取决于国家根本经济能力。这些年，我国货币供应量M2，从2008年1月的41.8万亿元，增加到2018年7月的177.6万亿元。房地产是人民币资产中最大的组成部分，房价越高，汇率的压力越大。如果控制不好房价，人民币也很难稳定（见图2）。

其次，中国上市公司的整体回报率并无优势。

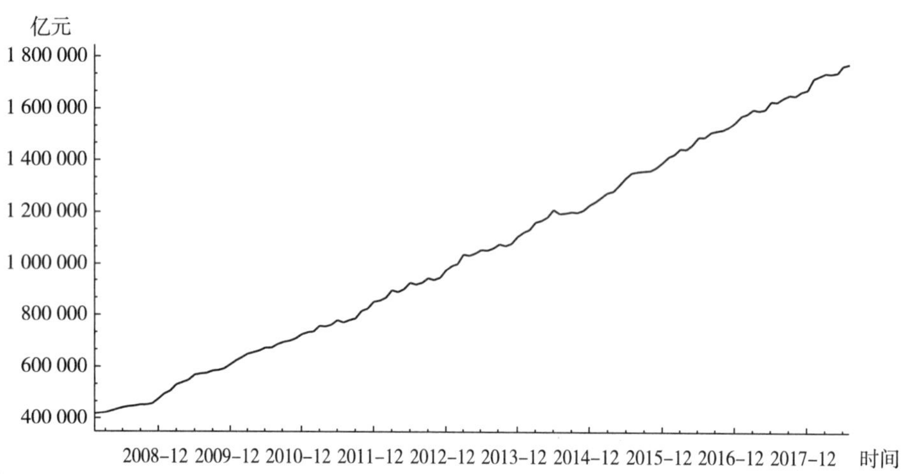

资料来源：Wind。

图 2　中国的货币供应量 M2

2013—2017 年，中国 A 股上市公司整体 ROE 的平均值为 10.7%，略低于英国的 10.9%，与中国香港的 10.3% 几乎持平，仅略高于美国的 9.9% 和新加坡的 8.7%。但是，中国 A 股中，金融业上市公司的盈利能力，显著高于非金融上市公司，所以，如果剔除金融业，中国 A 股的整体 ROE，2013—2017 年的平均值仅为 7.7%，为各主要市场中最低（见表 1、表 2）。

表 1　　全球各主要股市整体 ROE

年份	A 股	A 股（非金融）	美股	LSE	港股	新加坡
2013	12.6	8.9	11.9	10.3	12.0	10.5
2014	11.7	8.1	10.4	12.3	11.6	9.1
2015	9.8	6.1	8.0	11.6	9.1	8.0
2016	9.1	6.9	8.6	8.9	8.6	6.7
2017	10.3	8.5	10.8	11.5	10.3	9.1
均值	10.7	7.7	9.9	10.9	10.3	8.7

资料来源：Wind。

表 2　　2005—2017 年非金融股及金融股整体 ROE

年份	全部 A 股（非金融）	Wind 金融
2005	12.8	15.8
2006	15.4	13.4
2007	19.1	17.8
2008	8.9	16.5

续表

年份	全部 A 股（非金融）	Wind 金融
2009	9.7	17.6
2010	12.4	19.0
2011	11.3	19.1
2012	8.6	18.0
2013	8.9	18.1
2014	8.1	16.7
2015	6.1	14.8
2016	6.9	12.3
2017	8.5	13.0
均值	10.5	16.3

资料来源：Wind。

三、金融开放新形势对上海国际金融中心建设的挑战

进一步金融开放后，上海金融业将面临国际金融资本的竞争。

目前，我国金融业的盈利能力略高于中国香港，显著高于美国，2005—2017年，中国金融业上市公司的整体 ROE 平均值为 16.3%，略高于中国香港的 14.6%，显著高于美国的 7%。

这说明，我国金融业较高的盈利水平，一方面有利于吸引国际金融资本进入；另一方面，这也意味着我们的金融业缺乏竞争，没有很好地服务实体经济（见图 3、表 3）。

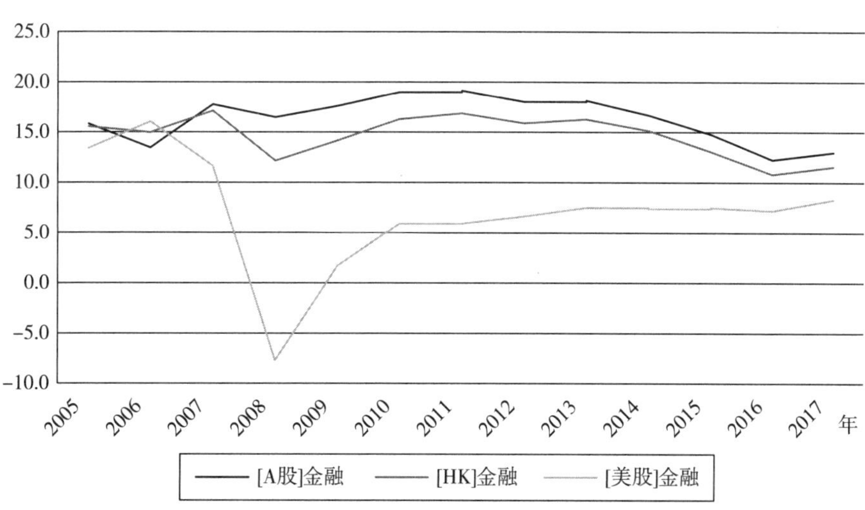

资料来源：Wind。

图 3　金融业整体 ROE

表 3　　中国、美国、中国香港金融业上市公司整体 ROE

年份	［A 股］金融	［HK］金融	［美股］金融
2005	15. 8	15. 5	13. 4
2006	13. 4	15. 0	16. 0
2007	17. 8	17. 1	11. 7
2008	16. 5	12. 2	-7. 7
2009	17. 6	14. 2	1. 7
2010	19. 0	16. 3	5. 9
2011	19. 1	16. 9	5. 9
2012	18. 0	15. 9	6. 6
2013	18. 1	16. 3	7. 5
2014	16. 7	15. 1	7. 4
2015	14. 8	13. 0	7. 5
2016	12. 3	10. 8	7. 2
2017	13. 0	11. 6	8. 3
均值	16. 3	14. 6	7. 0

资料来源：Wind。

2005—2017 年，中国银行业上市公司的整体 ROE 平均值为 17. 5%，高于中国香港的 15. 4%，显著高于美国的 6. 5%（见图 4）。

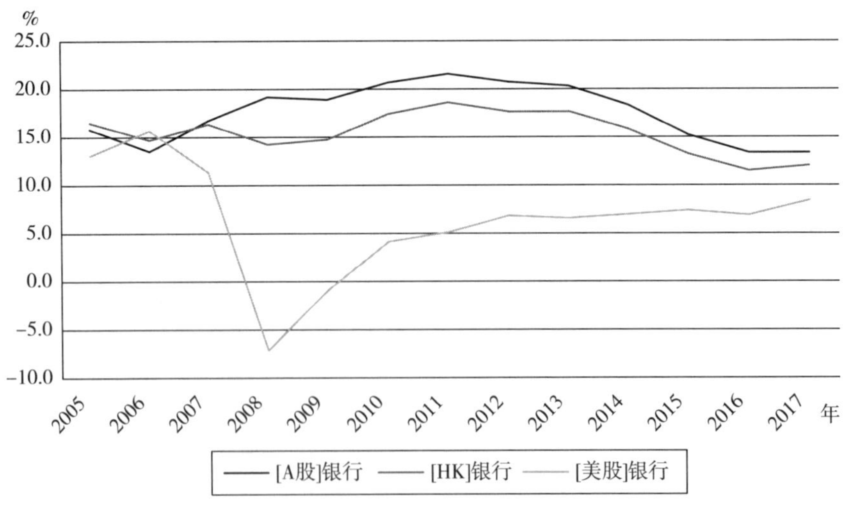

资料来源：Wind。

图 4　银行业整体 ROE

2005—2017 年，中国保险业上市公司的整体 ROE 平均值为 13. 1%，高于中国香港的 12. 3%，显著高于美国的 7. 2%（见图 5）。

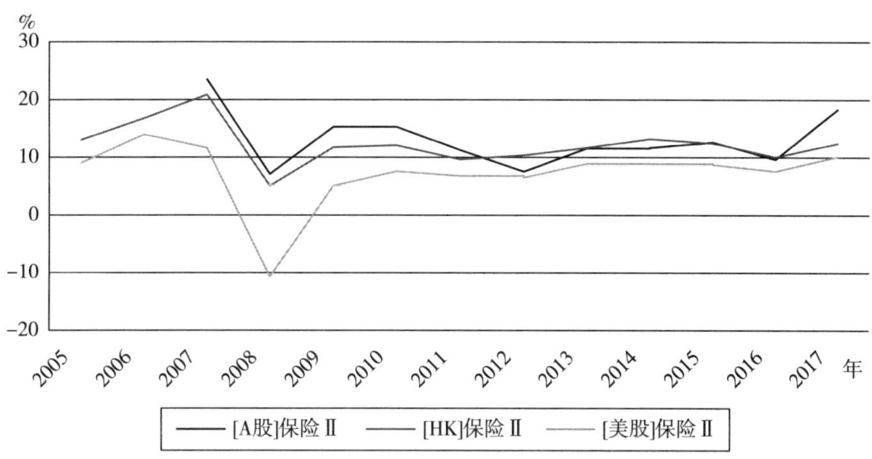

资料来源：Wind。

图5　保险业整体 ROE

2005—2017 年间，中国多元金融业上市公司的整体 ROE 平均值为 10.7%，略高于中国香港的9.1%和美国的8.7%（见图6、表4、表5）。

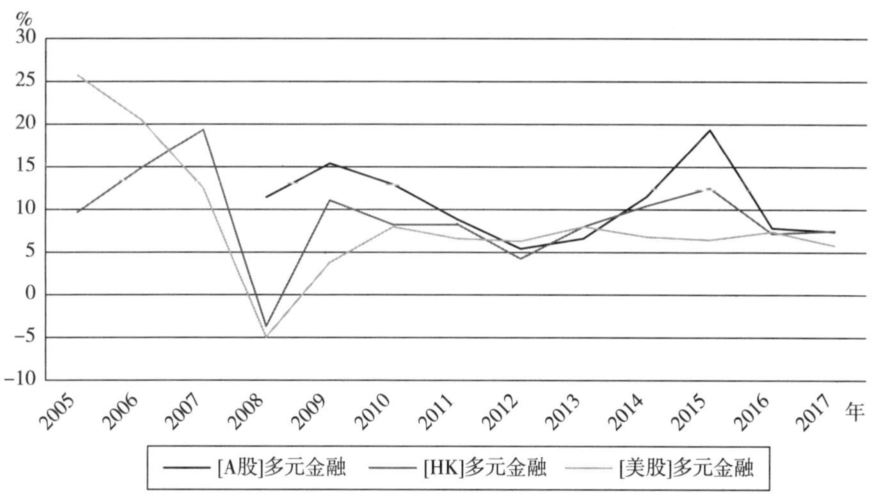

资料来源：Wind。

图6　多元金融业整体 ROE

表4　　中国、美国、中国香港金融业和银行业上市公司整体 ROE

年份	[A股] 金融	[HK] 金融	[美股] 金融	[A股] 银行	[HK] 银行	[美股] 银行
2005	15.8	15.5	13.4	15.8	16.5	13.1
2006	13.4	15.0	16.0	13.5	14.7	15.7
2007	17.8	17.1	11.7	16.7	16.4	11.3
2008	16.5	12.2	-7.7	19.2	14.2	-7.1

续表

年份	[A股] 金融	[HK] 金融	[美股] 金融	[A股] 银行	[HK] 银行	[美股] 银行
2009	17.6	14.2	1.7	18.9	14.7	-0.9
2010	19.0	16.3	5.9	20.7	17.4	4.1
2011	19.1	16.9	5.9	21.6	18.6	5.1
2012	18.0	15.9	6.6	20.7	17.6	6.8
2013	18.1	16.3	7.5	20.3	17.7	6.6
2014	16.7	15.1	7.4	18.3	15.8	7.0
2015	14.8	13.0	7.5	15.2	13.2	7.4
2016	12.3	10.8	7.2	13.4	11.5	6.9
2017	13.0	11.6	8.3	13.3	12.0	8.4
均值	16.3	14.6	7.0	17.5	15.4	6.5

资料来源：Wind。

表5　　中国、美国、中国香港多元金融和保险业上市公司整体 ROE

年份	[A股] 多元金融	[HK] 多元金融	[美股] 多元金融	[A股] 保险Ⅱ	[HK] 保险Ⅱ	[美股] 保险Ⅱ
2005		9.7	25.7		13.0	9.0
2006		14.8	20.6		16.8	13.9
2007		19.3	12.5	23.5	20.9	11.6
2008	11.4	-3.7	-5.0	7.1	5.1	-10.7
2009	15.4	11.1	3.8	15.3	11.7	5.1
2010	12.9	8.2	8.0	15.3	12.1	7.6
2011	8.9	8.3	6.6	11.3	9.6	6.8
2012	5.4	4.3	6.3	7.5	10.4	6.5
2013	6.6	8.0	8.0	11.6	11.7	8.9
2014	11.5	10.4	6.8	11.7	13.2	8.9
2015	19.4	12.5	6.5	12.6	12.5	8.7
2016	7.8	7.2	7.4	9.6	10.0	7.6
2017	7.4	7.5	5.8	18.3	12.4	10.1
均值	10.7	9.1	8.7	13.1	12.3	7.2

资料来源：Wind。

四、上海如何迎接金融对外开放

当前，上海市的金融业增加值已占到地区生产总值的17.7%，在稳增长、促升级、增财税和拉动就业、提高居民收入等方面发挥着日益重要的作用。但与此同时，上海市金融业的发展也面临着新的问题和挑战，迫切需要各级政府顺应时代发展大趋势，大力推进各项改革，为全市金融业加快发展创造更好的条件。

我国推进新一轮高水平对外开放，是推进上海国际金融中心建设的重大机遇。对外开放，是解决我们自身问题的一个非常好的契机。没有外部压力的改革，在历史上是不存在的。任何组织天生具有官僚化倾向，只有危机，才能推动改革。

上海可以在以下几个方面加大力度：

（一）转变思想观念，形成有利于国际金融中心建设的政商环境

要加快转变思想观念，健全各类监督制度，确保政商关系的“亲”与“清”。

切实增强与外资金融机构的紧密联系。推广建立各级政府与外资金融机构的联络制度，健全对各类外资金融机构的定期走访制度，充分了解外资金融机构的真实诉求。

健全相关奖惩机制。真正以群众满意为首要目标，将外资金融机构的满意度列入政府考核指标，建立完善奖勤罚懒的具体制度。

（二）防范金融风险，维护金融系统稳定

2017 年，上海金融业增加值占地区生产总值的比重达到 17.7%，金融业对上海具有举足轻重的作用，金融业若出现问题的话，对全市各行各业都会产生严重的影响。金融业开放之后，必然会加大上海金融业的竞争，金融风险的产生、蔓延和传递都可能出现新的特征，所以，加强金融监管，强化金融风险监测，就显得更加重要。

2018 年下半年以来，股市已经大幅下跌，上证指数下跌超过 900 点，跌幅超过 25%；人民币汇率也出现了较大程度的贬值，离岸人民币汇率，在 4 个多月的时间里，从 6.25 贬值到 6.95。房地产是人民币资产中最大的组成部分，房价越高，汇率的压力越大。如果控制不好房价，人民币也很难稳定。

加强对 P2P、房租贷等金融创新的监管，对金融风险的苗头要早发现，早处置，防止其演变为大型金融风险事件。

对突发性大型金融风险案件，要妥善处置，防止演变为系统性金融风险。

（三）警惕“脱实向虚”，提升金融业服务实体经济的质效

从 2015 年开始，我国金融业增加值占 GDP 的比例超过了美国和英国，中国经济“脱实向虚”的迹象越发明显。2016 年中国金融业增加值占 GDP 的比例为 8.2%，超过了美国的 7.5% 和英国的 6.6%（见图 7）。

2017 年上海金融业增加值占地区生产总值的比例，首次超过北京，为全国第

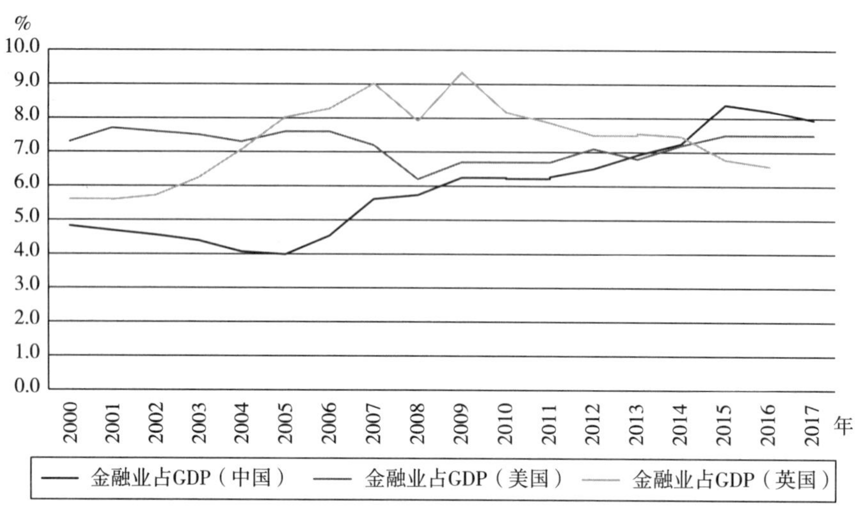

资料来源：Wind。

图 7　各国金融业增加值占 GDP 的比例

一。上海、北京和天津位居全国前三，而经济比较发达的江苏、浙江和山东的金融业增加值占地区生产总值的比例却并不高，2016 年江苏为 7.9%，浙江为 6.6%，山东仅为 4.9%，均低于全国平均水平 8.2%（见图 8、表 6）。

然而，金融业发达的地区，其整体上市公司的 ROE 却并没有比金融业不发达的地区高，尤其是山东，2016 年金融业占地区生产总值的比例仅为 4.9%，但省内上市公司整体 ROE 的均值（2006—2017 年）却高达 10.2%，略高于上海的 10.1%。这说明，上海的金融业在支持实体经济方面作用有限（见图 9、表 7）。

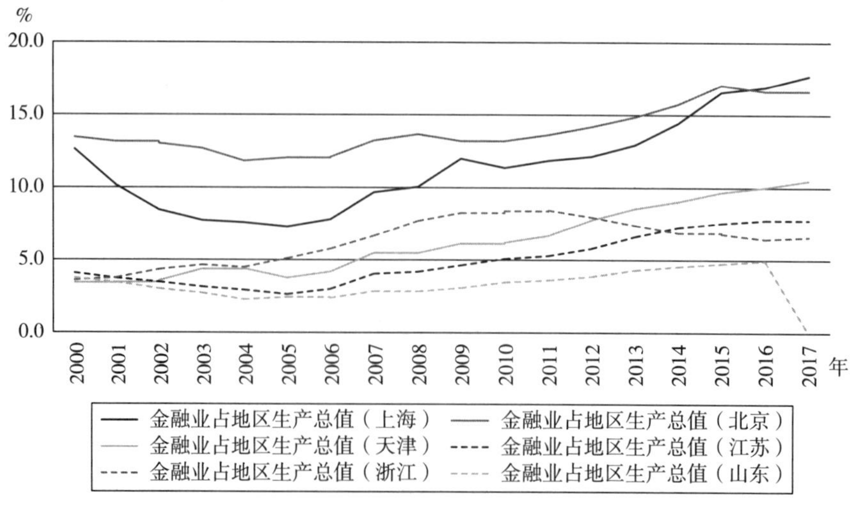

资料来源：Wind。

图 8　各省金融业增加值占地区生产总值的比例

表 6　主要省市和国家金融业增加值占地区生产总值的比例　单位：%

年份	金融业占地区生产总值（上海）	金融业占地区生产总值（北京）	金融业占地区生产总值（天津）	金融业占地区生产总值（江苏）	金融业占地区生产总值（浙江）	金融业占地区生产总值（山东）	金融业占 GDP（中国）	金融业占 GDP（美国）	金融业占 GDP（英国）
2000	12.6	13.4	3.4	4.1	3.6	3.8	4.8	7.3	5.6
2001	10.2	13.1	3.5	3.7	3.8	3.5	4.7	7.7	5.6
2002	8.5	13.0	3.6	3.5	4.3	3.0	4.6	7.6	5.7
2003	7.7	12.7	4.4	3.2	4.7	2.7	4.4	7.5	6.2
2004	7.6	11.8	4.4	2.9	4.5	2.3	4.1	7.3	7.1
2005	7.3	12.1	3.8	2.6	5.1	2.4	4.0	7.6	8.0
2006	7.8	12.1	4.2	3.0	5.8	2.4	4.5	7.6	8.3
2007	9.7	13.2	5.5	4.1	6.7	2.9	5.6	7.2	9.0
2008	10.1	13.7	5.5	4.2	7.7	2.8	5.7	6.2	7.9
2009	12.0	13.2	6.1	4.6	8.3	3.1	6.2	6.7	9.3
2010	11.4	13.2	6.2	5.1	8.4	3.5	6.2	6.7	8.2
2011	11.9	13.6	6.7	5.3	8.4	3.6	6.3	6.7	7.9
2012	12.1	14.2	7.8	5.8	8.0	3.9	6.5	7.1	7.5
2013	12.9	14.9	8.6	6.6	7.4	4.3	6.9	6.8	7.5
2014	14.4	15.7	9.0	7.3	6.9	4.6	7.2	7.2	7.5
2015	16.6	17.1	9.7	7.6	6.8	4.8	8.4	7.5	6.8
2016	16.9	16.6	10.0	7.8	6.5	4.9	8.2	7.5	6.6
2017	17.7	16.6	10.5	7.9	6.6		7.9	7.5	

资料来源：Wind。

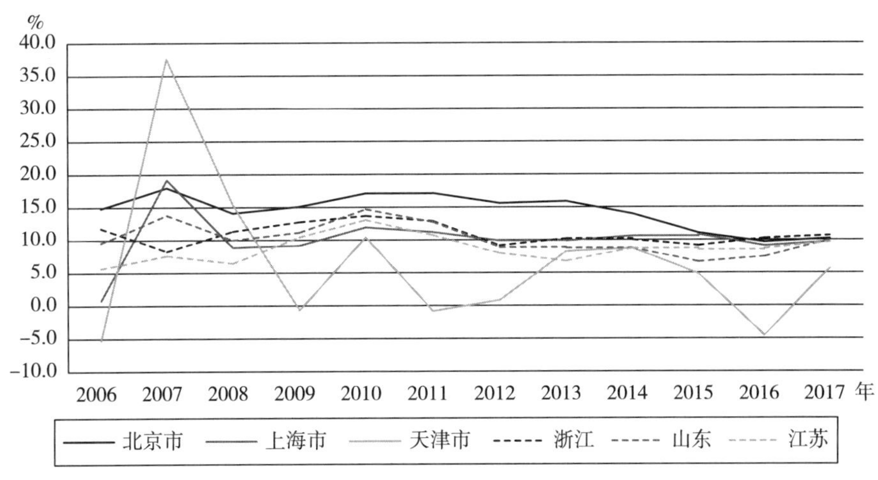

资料来源：Wind。

图 9　各省市上市公司整体 ROE 水平

表 7　　主要省市上市公司整体 ROE 水平

年份	北京	上海	天津	浙江	山东	江苏
2006	14.8	0.8	-5.2	11.8	9.6	5.7
2007	18.0	19.2	37.6	8.3	13.8	7.6
2008	14.1	8.9	15.4	11.3	10.0	6.5
2009	15.1	9.2	-0.7	12.8	11.2	10.5
2010	17.1	11.9	10.5	13.7	14.7	13.1
2011	17.1	11.2	-0.8	12.9	12.7	10.7
2012	15.6	9.9	0.8	9.2	8.9	8.0
2013	15.9	9.9	8.3	10.2	8.8	6.8
2014	14.0	10.6	8.8	10.0	8.8	8.7
2015	11.1	10.8	4.8	9.1	6.6	8.5
2016	9.7	9.1	-4.6	10.2	7.5	8.7
2017	10.2	9.7	5.6	10.7	10.0	9.7
均值	14.4	10.1	6.7	10.9	10.2	8.7

资料来源：Wind.

（四）不断优化营商环境，促进金融业健康发展

优质的企业和完善的市场将增强城市核心竞争力，与此同时，城市必须更努力营造法治化、国际化、便利化的营商环境，为包括外资企业在内的各类市场主体创造更大的发展空间。

营商环境，决定了一个金融中心的效率、成本和商业机会。营商环境主要包括税收、政府效率和法律环境等制度性因素，以及人力资本、交通、基础设施等非制度性因素。

1. 减税降费，降低营商成本，提高政府效率

上海乃至全国，都不是税收“洼地”，而是税收“高地”，外资是不会愿意流入税收高地的。2016 年，上海财政收入占地区生产总值的比例达到 23.32%，为全国最高[①]。

近几年，上海的房价、地价不断攀升，劳动力和各种营商成本持续走高，严重损害了企业的盈利能力（见图 10、表 8）。

① http://baijiahao.baidu.com/s?id=1575695119295129&wfr=spider&for=pc.

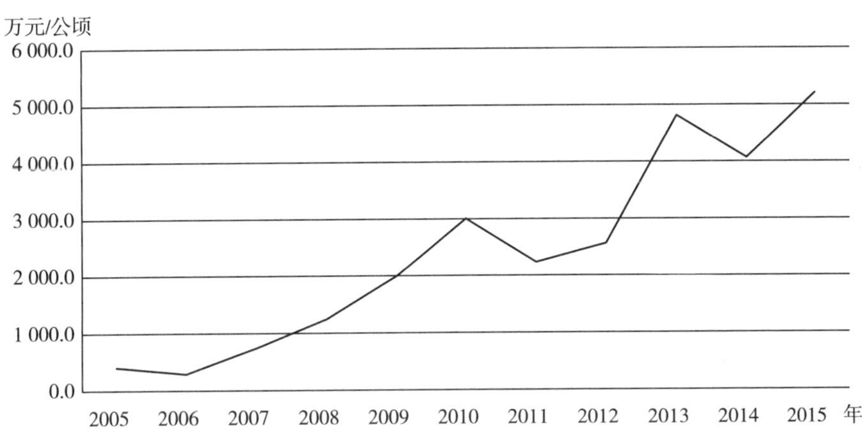

资料来源：Wind。

图 10　上海地价

表 8　　历年上海平均地价

年份	上海国有建设用地供应面积（公顷）	上海国有建设用地出让成交价款（万元）	上海地价（万元/公顷）
2005	9 598.2	3 897 536.0	406.1
2006	13 074.1	3 787 796.1	289.7
2007	5 127.6	3 804 672.1	742.0
2008	4 573.8	5 702 615.1	1 246.8
2009	4 897.3	9 756 621.2	1 992.2
2010	2 926.1	8 800 940.1	3 007.7
2011	4 238.9	9 481 261.5	2 236.8
2012	2 343.2	6 016 721.0	2 567.7
2013	2 265.6	10 905 194.6	4 813.4
2014	3 655.8	14 863 603.2	4 065.8
2015	3 090.4	16 088 143.3	5 205.9

资料来源：Wind。

2. 金融监管政策要加强透明性、稳定性和可预期性

金融监管当局要依法监管，部门规章不能凌驾于法律法规之上，不能行政意志战胜法治逻辑。例如，中国证监会为了推动“独角兽”和 CDR 落地，修订了一系列与独角兽和 CDR 相关的监管文件，证监会强调，这些文件是“根据《证券法》和《国务院办公厅转发证监会关于开展创新企业境内发行股票或存托凭证试点若干意见的通知》”而制定的。然而，文件中“创新试点企业不再适用有关盈利及不存在未弥补亏损的发行条件”，涉嫌违反现行《证券法》第十三条明文

规定的，公开发行新股，必须“具有持续盈利能力、财务状况良好”。

3. 政策制定要符合市场的实际情况

2018 年 3 月 30 日，中国证监会公布了《证券公司股权管理规定（征求意见稿）》，要求“证券公司控股股东的净资产不能低于人民币 1 000 亿元，最近 3 年主营业务收入累计不低于人民币 1 000 亿元，主业净利润占净利润比例不低于 50%”。

这么高的门槛，实际上使大多数民营和外资机构都没有资格成为证券公司的控股股东，能达到这一要求的外资券商只有寥寥几家。以 A 股上市公司为例，满足“2016 年净资产不低于 1 000 亿元”的上市公司不足 40 家，且超过九成都是“中字头”的大型央企或国企。在整个 A 股市场，净资产过千亿元的非金融上市公司也只有 9 家。

4. 做深做细外资金融机构落地配套服务，推进开放项目尽快落地和业务开展

在本轮对外开放中，上海将优化营商环境也当作战略布局的重点，不只希望“引进来”，还要服务好，让其落地生根。不断优化金融发展营商环境，主动靠前，做深做细外资金融机构落地配套服务，推进开放项目尽快落地和业务开展。除了资金支持，同时在改善服务环境、加大服务力度上下工夫。

组织在沪外资金融机构开展调研，了解各家机构对进一步扩大对外开放的看法和规划，对其进行政策宣讲。

5. 深化金融改革，争取更多扩大开放举措的先行先试

在开放金融领域方面，上海一直先行先试。截至目前，上海聚集了股票、债券、期货、货币、外汇、黄金、保险等各类金融要素市场。2017 年上海金融市场交易总额达 1 428 万亿元，直接融资总额达 7. 6 万亿元，占全国直接融资总额的 85% 以上。外资金融机构占本市所有持牌金融机构总数近 30%。

上海有基础、有条件率先探索开放型经济新体制，加快发展更高水平的开放型经济，这又促使上海要在更大范围、更广领域、更深层次上进一步扩大开放，深入参与和推动经济全球化。最终改革开放与高质量发展形成良性循环。

监管科技与地方金融监管研究

吴建刚

云计算、人工智能、大数据、生物识别等技术在金融业中应用的兴起给金融监管部门提出了新的挑战。同时，自 2008 年国际金融危机以来，金融监管政策逐步加强，利用先进技术进行监管的需求逐步增大，各国纷纷提出监管科技的概念。在此背景下，2017 年中国人民银行金融科技委员会成立，明确声明“强化监管科技应用实践，积极利用大数据、人工智能、云计算等技术丰富金融监管手段，提升跨行业、跨市场交叉性金融风险的甄别、防范和化解能力”。如何打造中国特有监管科技，将成为未来金融科技业与监管界共同关注的话题。同时，由于地方金融监管部门更容易掌握金融创新活动，地方金融监管在利用监管科技方面也变得越发重要。本文旨在分析监管科技与地方金融监管的结合点。研究在分析相关概念和发展现状的基础上对监管科技如何运用于地方金融监管提出了建议。

一、监管科技、地方金融监管：含义、内容与现状

（一）监管科技的含义和内容

监管科技的英文为 RegTech，由监管（Regulatory）和科技（Technology）组成，是指金融监管中所使用的科技。监管科技可以归类于金融科技（FinTech）的一个分支，是美国次贷危机之后发展起来的。国际金融协会（IIF）将监管科技定义为“能够高效地解决监管和合规性要求的新技术”。英国政府在受到金融危机带来的系统性冲击后，下决心调整金融监管体系，专门设置了监管金融行为的金融行为监管局（Financial Conduct Authority，FCA）。FCA 在监管科技方面积极开展了系列探索，推动英国成为全球监管科技创新的源头。FCA 在 2015 年年底将监管科技定义为“高效率、低成本地利用新技术满足监管与合规要求”，并认为

这些新技术主要包括机器学习、人工智能、分布式账本、生物识别技术、数字加密以及云计算等。2015 年德勤发布的《监管科技是新的金融科技吗?》报告归纳了监管科技具有敏捷性、处理速度快、集成度高 3 个重要特点。波士顿咨询 2017 年全球执委电话会议对金融科技内容进行的讨论认为，金融科技主要包括人工智能、大数据、互联技术、分布式技术和安全技术等。其中互联技术包括互联网和物联网，分布式技术包括区块链技术和云计算，安全包括生物识别和加密技术。看起来，金融科技的内容与监管科技的内容很相近，可以认为监管科技是那些被应用于监管的金融科技。

（二）地方金融监管的内容

地方金融监管范围没有明确的规定，各地也不完全相同，我们主要可以参考的规章有《国务院关于界定中央和地方金融监管职责和风险处置责任的意见》，以及山东省政府于 2013 年 12 月制定出台了《关于建立健全地方金融监管体制的意见》（以下简称“山东省意见”）。“山东省意见”的出台就是为了避免与中央驻鲁金融监管部门职能交叉，对监管范围进行明确，值得借鉴。

“山东省意见”明确，“现阶段地方金融监管的范围为中央驻鲁金融监管部门法定监管范围之外的新型金融组织和金融活动，包括辖区小额贷款公司、融资性担保公司、民间资本管理机构、民间融资登记服务机构等新型金融组织和权益类、大宗商品类等具有金融属性的交易场所。”

根据各地地方金融的实践，结合以上文件以及孙博和刘彬（2014）对各地方金融办主要职能的统计，地方金融监管的职责可以概括为以下几个方面：

（1）对民间借贷，特别是 P2P 贷款等金融组织进行引导和规范。

（2）对小额贷款公司、融资性担保公司、典当行、融资租赁公司、商业保理公司、地方资产管理公司以及要素市场实施监管。

（3）加强地方法人银行业金融机构的管理。

（4）防范和打击金融欺诈、非法集资、非法证券期货等违法违规行为。

（5）防范和处置地方金融风险。负责所监管对象的风险监测评估、预警和处置，落实属地处置责任，推动建立市场风险补偿机制，配合中央有关部门加强对跨市场、跨行业、交叉性金融业的监测分析和风险管理，及时向中央及市的有关部门报告可能引发系统性、区域性金融风险事件，做好维护社会稳定工作。

（三）地方金融监管科技的内容

金融科技在地方金融监管这些职责中的主要作用是业务管理和风险预警，具体见表 1。

表 1　　监管科技地方监管应用一览表

业务类	反洗钱和 KYC	虚拟货币	营运	合规	协同
内容	监管非法洗钱活动和进行身份验证	发明新的监管手段，进行风险管理	金融机构营运的风险进行跟踪的系统工具	针对内部监管政策和行业特定指南的合规性要求技术	提供协同监管相关的科技服务
预警类	数据平台	量化分析	归档和报告	交易监控	网络安全
内容	提供数据收集和管理平台	提供相关投资组合、数据等量化分析	提供相关监管文档支持和分析报告	提供重要交易的监测	提供网络安全和威胁相关的监测

注：表中数据分为业务类和预警类。业务类主要是指日常监管业务可以使用的监管科技，而预警类主要是指通过大数据进行风险预警。

（四）地方金融办使用监管科技的现状

地方金融监管对监管科技的使用是随着对互联网金融监管的发展而发展的，正是互联网金融出现的问题促进了监管科技的使用。

2013 年被称为“互联网金融元年”，是互联网金融得到迅猛发展的一年。从这一年开始，P2P 网络借贷平台快速发展，以“天使汇”等为代表的众筹融资平台开始起步，第一家专业网络保险公司获批，移动支付也迅猛发展。但是，互联网金融的快速发展也带来了一系列问题，通过网络进行金融诈骗、非法集资的行为集中爆发。针对这一现象，中央先是在 2015 年下半年进行了摸底，然后在 2016 年第二季度正式展开清理整顿。

2015 年 7 月中国人民银行等十部门联合印发了《关于促进互联网金融健康发展的指导意见》（以下简称《指导意见》），《指导意见》明确的分工和要求，按照“谁审批、谁监管，谁主管、谁监管，根据业务实质实行‘穿透式’监管”的要求，根据业务实质明确责任。2016 年 10 月 13 日国务院办公厅印发《互联网金融风险专项整治工作实施方案》，长达一年的专项整治开始，其范围很广，覆盖了互联网金融的多种业态，重点包含第三方支付、线下投资理财、P2P 网络借贷、股权众筹融资、互联网保险等各类金融产品。

在金融整顿期间，地方金融监管的科技也逐渐发展起来，各地方特别是一线城市在使用监管科技上开始有了一些尝试。例如，深圳探索运用大数据对金融风险进行筛查，发布了金融风险预警系统、金融地方监管信息系统、地方金融平台，取得了一定的成效。北京市金融工作局在 2016 年开始构建以区块链为底层技术的网贷风险监控系统，可以使监管部门有能力记录所有网贷平台上报的数据，对异常交易进行快速识别并作出反应。一些金融机构也参与了地方金融监管技术的构建，如蚂蚁金服旗下的反洗钱监测系统通过对数据进行智能化处理、分析，监控异常交易。其他省市地方金融监管部门也积极促进金融科技在金融监管中的应用，纷纷筹建数据收集和数据分析平台。

二、地方金融监管在监管科技应用中存在的问题及原因

（一）地方金融监管部门在使用监管科技中存在的主要问题

地方金融监管部门在使用监管科技上除了少数尝试，使用的广度和深度都不够。概括来讲，在监管业务和数据预警方面主要存在以下问题：

第一，在监管业务方面缺乏监管科技的应用。目前针对各种非传统金融兴起，监管部门需要针对各类金融创新业务使用专门的监管技术，但目前缺乏这类针对性的监管科技。

第二，缺乏资料来源和自动预警系统。金融监管的核心是防范金融风险，这就需要建立能够及早发现此类风险的预警系统。目前除了少数城市在计划搭建预警系统及设计预警指数，大量地方金融监管部门对于数据平台建设和预警系统的搭建还是比较缓慢的。

第三，监管部门与监管科技公司缺乏合作。监管部门本身缺乏技术力量，难以开发相关监管科技，这就需要监管部门与相关监管科技公司进行合作，但目前这方面的合作才刚开始，监管科技的采购也还难以促进这类行业的兴起。

（二）地方金融使用监管科技不力的外在原因

地方金融监管部门在使用监管科技进行监管上还存在诸多问题，其原因不仅有内在的也有外在的。从外在原因看，主要有三点：

第一，金融科技发展迅速，但监管科技发展没有跟上。金融科技是在 2008 年后兴起的，但监管科技兴起比较晚，尤其是中国监管部门与监管科技公司合作比较少，造成这一行业起步比较缓慢。

第二，数据使用权处于模糊状态，数据共享机制还需完善。监管科技往往需要大量数据支撑，但现在的数据大多集中在各个互联网平台，并不在监管部门手里，而数据的共享机制还不完善的情况下，资料来源就成为了问题。

第三，穿透式监管及监管部门之间的协同机制还刚起步。由于中国是分业监管，但各业态通过金融创新产生了一系列难以界定业态的金融产品，这类产品的监管不能仅按分业监管进行，而应该针对其发挥的“金融功能”的本质进行监管。所谓“穿透式监管”是按照“实质重于形式”的原则，透过互联网金融产品的表面形态看清其业务实质，打破“身份”标签，从业务的本质入手将资金来源、中间环节与最终投向穿透连接起来，甄别业务性质，根据业务功能和法律属性明确监管规则。但是，由于中国的金融监管长期以分业监管为主，使穿透式监

管在现有金融监管模式下难以推进。穿透式监管需要各业态的金融监管部门相互合作，但目前监管部门间的合作或协同机制的建设还处于起步阶段，阻碍了可以用于穿透式监管的金融监管科技的应用。例如，相关的数据在各监管部门之间的共享，相关监管科技的集中采购等，在目前实施起来都存在较大困难。

（三）地方金融使用监管科技不力的内在原因

地方金融使用监管科技不力的内在原因有以下几点。

第一，缺乏监管手段。虽然各地纷纷成立了类似金融办这样的部门履行相关的监管责任，但却未能赋予与之相匹配的金融监管权，甚至很多人认为“地方金融监管”是一个伪命题。地方金融办并没有发金融牌照的能力，也没有照会相关金融机构的能力。被称为“金融机构”的企业其实难以归入地方金融监管部门的监管范围，这些机构主要还是属于一行两会的监管范围。地方金融机构只能对非金融机构的“类金融产品”进行监管，而这些“类金融产品”从法理上也是一行两会的职责。设立地方金融监管部门的目的主要是，某些不明属性的公司其注册地是在地方，而在地方注册的公司出了金融问题的应该找地方负责，于是地方行政就设了这样的机构，但其主要任务是服务而不是监管。在这样的背景和法理环境下，地方金融监管缺乏相应的监管资源和监管手段。

第二，缺乏常规化推进监管科技应用于金融监管的机制。由于地方政府金融相关部门往往是处于金融服务而不是金融监管的地位，因而缺乏相关监管制度，更不要说将监管科技应用于金融监管的专门制度。这表现在相关组织工作上就是人员配置不足、知识更新不快，表现在相关机制上就是缺乏日常管理机制、缺乏应急处理机制。由于大部分案件涉及跨区域信息收集，这导致监管滞后和事后监管，监管成本过高但效率不高。

第三，监管边界划分不清。市一级的地方金融办或区一级的地方金融局在地方金融监管制度缺乏的情况下，监管对象边界不清和监管部门职能划分不清。地方性企业的问题往往不仅是金融问题，如可能涉及刑事问题——诈骗、传销等；可能涉及工商问题——设立皮包公司、超出经营范围、虚假广告等；在税务上，可能涉及瞒报经营业绩、关联企业交易等问题。涉及金融问题的主要是在产品属性上，如供应链金融问题、销售金融产品、撮合贷款等。那么，如果一个地方非金融企业涉及的违规行为仅是产品属性上包含金融的因素，那么地方金融政府部门应该有什么样的监管职责呢？这恐怕不容易界定。在监管边界不清的情况下，各部门对如何使用监管科技就会产生冲突。例如，金融数据的收集、分析、决策和行动涉及工商部门、刑事部门、税务部门等，如果监管边界划分不清，这些部门之间的合作就会受到影响。

第四，信息收集渠道开拓力度不够。监管科技最主要的应用是使用大数据进行实时、动态分析。由于并不了解哪些机构应该受到监管并且应该受到何种级别的监管，金融监管处于无的放矢的状态。由于金融产品同质性比较强，最重要的属性就是相关风险的披露。所以，金融监管的基本原则就是对金融机构在信息披露上进行监管。由于这些公司是工商登记的普通公司而非金融机构，这就造成地方金融监管在常规渠道上获得信息不足，同时缺乏相应的手段获得新的信息，监管就成了“无米之炊”。

三、利用监管科技完善地方金融监管的建议

（一）建立基于大数据科学的信息收集、风险追责、信息共享和预警指数

第一，建立各类数据平台。监管与数据的收集分不开，地方监管部门应该根据需要建立各类数据收集和分析平台。

第二，建立风险信息导向的追责机制。监管如果没有追责机制就会造成监管的不作为，追责最重要的是依据相关信息进行。既然信息是监管活动的核心工作内容，那么拥有相关风险的信息或本可以获得相关风险的信息而没有建立风险收集机制防止风险的爆发，相关机构就应该在风险暴露时承担相应的责任。

第三，建立信息共享对接制度。不同监管部门应该形成常规化的信息共享和对接制度。其一，地方监管部门要与一行两会形成专门信息对接，不断了解其信息需求，并及时提供信息支持。其二，应该与地方重要部门形成常规信息对接。其三，与企业及金融消费者形成常规的信息对接，形成良好的信息互动机制。

第四，建立各类重要风险的预警指数。地方金融监管最重要的职责是风险管控，通过人力进行预警是困难、低效和不及时的。地方金融监管部门应该根据需要建立各类风险的预警指数。

（二）建立以金融功能为边界和风险防范为导向的监管自动化系统

地方金融监管部门应该对相关监管业务进行梳理，利用金融功能作为监管的边界找出关键监管业务，利用合规化管理、业务自动化管理等金融科技进行管理。在合规方面，最重要的是梳理负面清单制度、建立牌照管理或“类牌照管理”制度。整个系统应该以风险防范为核心，对从事金融相关活动的机构进行梳理，针对各类金融活动将监管资源进行分类，配备人员、资金和制度，建立相关自动化监管系统。

（三）针对不同的金融科技发展相应的监管技术

由于监管科技是与金融科技相伴而生的，针对不同的金融科技进行跟踪和不

断发展监管科技是必要的。以下针对几类金融科技提出一些监管技术。

1. 互联网金融

对互联网金融的监管主要应该对各类利用互联网平台发展客户的行为进行监管。这类平台兴起迅速，一旦出现问题，很难追回客户损失。地方金融服务部门对这些平台应该建立跟踪体系，通过与包括地方税务部门、工商登记部门、司法和执法部门，以及企业和消费者等的广泛的沟通和合作，尽量掌握此类机构的最新动态信息。

当然，除平台类企业的监管外，各类通过互联网发展业务的金融企业或类金融企业都应该纳入监管，通过功能监管的原则建立相关的跟踪体系。

2. 大数据与人工智能

大数据和人工智能的结合在监管的风险识别和风险预警方面大有作为。金融科技不断发展，只有不断提高监管的科技能力才能应对复杂的局面，而大数据和人工智能是应对复杂问题的重要方法。所以，建议地方金融监管部门加大与监管科技公司的合作，利用大数据和人工智能让监管系统（特别是预警系统）更加智能化。

3. 区块链金融

随着区块链行业的发展，区块链相关的监管科技也得到重视。在 2017 年，ICO（代币初次发行）成为区块链项目非常重要的融资手段，由于成本低、程序简单、融资金额高等，带来了一波几近疯狂的 ICO 热潮和炒币热潮。目前 ICO 热潮退去，但 STO（代币证券首次发行）、IEO（代币交易所首次发行）等新的融资方式层出不穷，为了更好地保障投资者的利益、规范金融市场秩序，针对区块链进行监管势在必行。根据国际实践，最有可能采取的便是“监管沙盒”和“沙盒快递”等模式。

“监管沙盒”（Regulatory Sandbox）的概念由英国政府于 2015 年 3 月率先提出。按照英国金融行为监管局（FCA）的定义，“监管沙盒”是一个“安全空间”，在这个安全空间内，金融科技企业可以测试其创新的金融产品、服务、商业模式和营销方式，而不用在相关活动碰到问题时立即受到监管规则的约束。由于各地方金融监管机构对各地方的金融创新最为了解，“监管沙盒”是可以在地方试行的。“沙盒快递”类似“监管沙盒”，但比之更宽松的监管方式。“监管沙盒”和“沙盒快递”常常需要引入区块链相关监管技术并对相关信息进行跟踪，监管部门也需要相应引入区块链人才并增强与区块链技术公司的合作。

四、结论

随着金融科技的兴起，监管科技的应用也越来越重要。由于地方金融更能迅速地了解各地方的金融创新，地方发展监管科技势在必行。由于中国幅员辽阔，监管技术应用于地方金融监管有较大潜力，值得对其进行跟踪研究。本研究是在对地方金融办的一些调研的基础上进行，但由于中国地方监管部门众多，这样的调研并不全面。

本研究讨论了地方金融监管应用监管科技的内容、现状和不足，分析了监管科技在地方金融监管中应用不足的内在和外在原因，提出一系列能够更好地将监管科技应用于地方金融监管的建议。建议主要从三个方面提出，一是监管相关业务的自动化；二是金融风险的预警系统；三是针对不同类别的金融科技提出了相应的监管科技。

参考文献

[1] 黄震，张夏明．监管沙盒的国际探索进展与中国引进优化研究［J］．金融监管研究，2018（4）．

[2] 波士顿咨询．2017：全球金融科技的发展趋势［R］．

[3] 陈道富．我国地方金融监管的现状与问题［N/OL］．中国经济时报，2016－07－20. http：//www. p5w. net/news/xwpl/201607/t20160720_1523819. htm.

[4] 李有星，王琳．地方金融监管机构的主体属性与职能定位［J］．金融法苑，2015（1）．

[5] 深圳福田区政府．2017：关于促进金融科技快速健康创新发展的若干意见［R］．

[6] 孙博，刘彬．关于建立地方金融监管体系的研究［EB/OL］．资本市场研究网．2014－06. http：//www. bisf. cn/zbscyjw/yjbg/201406/0b986ad1ae554246998deaf8189eea51. shtml.

[7] 周学东．央地金融监管职责的边界与协调［EB/OL］．上海证券报·中国证券网（上海）．2015－03－24. http：//money. 163. com/15/0324/02/ALEK4TH400253B0H. html.

如何更好地发挥金融法院的作用

——论金融审判理念与原则的国际化

王 鑫 史广龙

2018 年 3 月 28 日，中央全面深化改革委员会第一次会议审议通过了《关于设立上海金融法院的方案》；4 月 27 日，十三届全国人大常委会第二次会议通过了《关于设立上海金融法院的决定》；7 月 31 日，最高人民法院审判委员会通过《关于上海金融法院案件管辖的规定》。2018 年 8 月 20 日，上海金融法院正式挂牌成立。上海金融法院的设立不仅对加强金融执法、改善金融司法、促进金融守法起到积极作用，也将在防范重大金融风险、护航上海国际金融中心建设、营造良好营商环境、维护消费者权益等方面提供有力的司法保障。

上海金融法院的机构设置与案件管辖范围均已明确。在机构设置方面，此次成立的上海金融法院按直辖市中级人民法院组建，设立案庭、综合审判一庭、综合审判二庭、执行局、政治部（司法警察支队）、综合办公室（研究室、审判管理办公室）等 6 个内设机构，设院长 1 名、副院长 2 名。[①] 在管辖范围方面，上海金融法院专门管辖上海金融法院设立之前由上海市中级人民法院管辖的金融民商事案件和涉金融行政案件。从管辖案件的具体范围来看，主要有 3 个特点：一是不受理刑事案件；二是主要受理金融民商事案件，双方当事人都是公民的金融案件属于普通民事案件，不在上海金融法院管辖范围；三是对上海证券交易所、中国证券登记结算有限责任公司上海分公司、上海期货交易所等金融市场基础设施所涉及的民事和行政案件予以集中管辖。

---

① 首家金融法院为何落户上海？机构如何设置？人员如何配备？来听上海高院详解［N］. 人民法院报，2018 - 08 - 21.

一、金融审判理念与原则国际化的重要性辨析

上海金融法院的设立是上海国际金融中心建设的大事，也是上海金融法治环境迈向国际化与专业化的标志，更是向国际社会展示中国良好的金融法治环境的一大契机。国际金融中心与自贸区都是高度对外开放领域，涉及的法律问题更前沿、新颖，产生的纠纷更国际化、复杂化。这就需要更加专业的审判机构和法律人才来裁判金融纠纷。事实上，金融司法的国际化发展是上海金融法院设立的一大重要发展目标，当前诸如探索设立中国法院金融审判国际交流上海基地，推动金融法治理论和金融审判实践的深度融合，推动境内外金融审判经验的广泛交流，以及建设国际化的详尽的大数据资源库和金融风险防范信息共享机制，推动大数据、人工智能等现代科技在金融审判实践中的深度运用等均已提上了议事日程。同时，笔者认为，借金融法院设立的东风，系统化地更新我国金融审判的理念和原则，提升金融审判的主观信心和客观能力，更为开放地去尝试审判不同的金融案件，从而在内核上真正实现与国际接轨，应为金融法院下一步创新发展的重中之重。

如果我们看一下世界范围内排名最靠前的几大国际金融中心——纽约、伦敦、中国香港、新加坡，也许会发现一个规律，即这些金融中心都位于普通法地区，这也许并不是一个偶然的现象。较日常民事交往以及经济活动的其他领域，以司法判例机制为核心象征的普通法制度对于金融市场的意义尤其重大，原因就在于金融市场本身处于瞬息万变的过程中，因此如果我们要指望事前的成文立法者去预见到未来所有可能的金融法律争议并提前给出解决的方案，这有点不切合实际；而普通法制度所能够提供的一个有效的替代机制就是灵活的司法制度，让法官在审理已经发生的争议个案的过程中去创制有针对性的金融法律规则。例如，美国证券法中“证券”一词的法律定义即是由一系列的司法裁判而确立，而并非出于成文立法者的理论描述。可以说，回应金融市场法律需求的能力是判断一个地区金融司法水平的重要指标，而这往往又是与金融案件审理过程中的司法灵活性联系在一起的。为了争夺金融中心地位，阿拉伯联合酋长国2014年修改了宪法，授权在迪拜国际金融中心（Dubai International Financial Centre）设立专门的商事法院，聘请英美法系的法官，以普通法制度来裁判金融纠纷案件。当然，中国的法律制度是给定的约束条件，我们不可能指望以普通法制度来改造中国的金融法制和中国的金融司法。但至少有一点，比起构建全新的司法组织，未来上

海金融法院能否在金融案件审理的灵活性和能动性上有所突破更值得期待。①

事实上，中国是一个成文法国家，法律的重要性毋庸置疑。它一方面预先为现有社会设置了基本秩序，使人们能够清楚预见到行为的法律后果；另一方面也要求司法机关依据现有法律秩序内的裁判规则来解决案件纠纷。然而，法律不可避免具有模糊性、滞后性、不周延性，乃至不合目的性。在有限的法律和无限的事实、稳定的法律和多变的现象、滞后的法律和超前的社会之间，法官该如何在疑难案件中正确适用法律就成为一个亟待解决的问题。这在金融及商事审判领域表现得尤为突出。不同于普通的民事领域，金融及商事领域存在大量、活跃的交易行为。这些交易往往规模巨大，涉及面甚广，法律稍微规制不当则容易触发系统性风险并导致群体性事件。金融及商事领域对法律的完备性、稳定性与可预见性有着比民事领域更高的要求。从早期轰动一时的“3·27”国债期货风波，到“德隆系”的整体性崩塌，乃至近年来的光大证券乌龙指案件，泛亚“日金宝”“E 租宝”等网络融资平台挤兑风波，“场外配资”引发的纠纷等，无不折射出相关法律规制的脆弱和稚嫩。在审理金融及商事疑难案件的过程中，法官负有较普通民事审判更大的发展法律的职责与使命。

除此之外，在基本法律理念上，金融与商事法律与普通民事法律亦有明显的差别。现代民法以罗马法为根源，以私人自治为基本核心理念，它建构于自由主义思潮之下，要求私人主体对自己行为引发的法律后果负责。而金融与商事法律则以近代以来的商业及金融实践为出发点，更加关注金融市场中风险与责任的匹配，关注对投资者和债权人的保护。为此，法官在审理金融及商事疑难案件，进行利益权衡时，必须考虑这些基本理念的差异。

从近年来金融及商事案件审理情况来看，主要可以归纳出以下三类疑难情况：一是对相关案件事实，法律没有直接规定；二是对相关案件事实，法律虽有直接规定，但过于宽泛；三是对相关案件事实，法律虽有直接规定，但规定并不明确。下面笔者将在讨论法律漏洞问题，从而确定法官自由裁量权的边界之后，逐一分析上述三类金融及商事疑难案件中法官续造法律的基本方法。

二、法律漏洞——法官造法的边界

法官的自由裁量权并非是不受任何限制的“自由”，它必须尊重规则，并服从社会生活对秩序的基本需要。当现行法律可以解决实际问题时，法官必须忠实并服从于规则。裁决疑难案件，法官要进行充分说理论证。这一说理论证的过程

---

① 黄韬. 上海金融法院的几个“有待观察”[N]. 21 世纪经济报道，2018-04-03.

离不开对模糊条款和不确定概念的解释，对价值冲突的衡量以及在没有可适用规则时的续造。只有在规则不明确时才可以进行“漏洞”补救，法律漏洞的存在决定了法官行使自由裁量权的范围和边界。正如拉伦茨所指出的，“漏洞概念的重要性在于，只有当法律有漏洞存在时，才承认法官有法的续造之权限。”①

（一）法律漏洞的概念

德国法学家卡纳里斯将法律漏洞定义为实证法内部——在法律秩序可能的范围内——违反计划的不圆满性。② 此定义为德国法学界通说。据此，对法律漏洞的判断要以实证法的整体秩序为大背景，即以现行有效的法律秩序为基准。法官判断法律漏洞必须植根于这个整体性的秩序框架，进而考察待决案件是否属于违反计划的不圆满性范围之列。在判断何为违反计划的标准上，不仅要以立法者的主观意志为出发点，更要植根于法律整体的规范意志。质言之，此处涉及的并不是具体立法者的设想，而是抽象意义上立法者的计划。法律漏洞概念是评价法学派对传统法律漏洞概念的进一步拓展，以此法律解释与法律续造的基本界限被大致确定下来。

（二）法律漏洞的识别

填补法律漏洞必须以其存在为前提，因此，法官必须首先能够识别并判断法律漏洞，而不能在未经辨析的情况下，盲目地直接进行漏洞填补。在司法实务中，法官确认法律漏洞的存在，并非简单套用法律漏洞概念这么简单，它实际上包含了一系列复杂的思维过程。一般来说，实践中对法律漏洞的识别与认定主要经过如下三个阶段③：

首先，须判断案件争议的核心事实是否属于法律应当调整的范围。因为，一方面，即便在没有具体法律规定的情况下，法官也不能想当然地、简单地认定存在法律漏洞，并运用裁量权去填补这一漏洞。因为在法律没有具体规定的情况下，立法者可能对这种情况已经有了充分的认知，只是鉴于一些特殊原因而根本不希望对此种情况进行规定。此时，如果允许法官填补法律漏洞，则意味着法院超越了自己的职权范围，在行使甚至滥用不属于自己的立法权。据此，在立法者刻意保留的情况下，法律漏洞并不存在。④

其次，将案件争议的核心事实归纳转化为法律问题。这是判断法律漏洞是否

---

① ［德］拉伦茨. 法学方法论［M］. 陈爱娥，译. 北京：商务印书馆，2003：24.

② 史广龙. 法官作为补充性的立法者——比较法视野下《瑞士民法典》的百年历程及其对中国的启示［J］. 法律方法，2013，13（1）.

③ 舒国滢. 法学方法论问题研究［M］. 北京：中国政法大学出版社，2007：405.

④ 王利明. 法律解释学导论［M］. 北京：法律出版社，2009：476.

存在的前提，大部分时候法官在上一阶段对案件事实是否属于法律可规整范围进行判断时，已解决了这一问题。因为如果不能把案件事实抽象为法律问题，就根本无法判断核心事实是否属于法律应当调整的范围。

最后，对现行法律进行检查梳理，判定争议的法律问题是否属于法律漏洞。这是司法实践中法官找法的过程。如果能够找到可供适用的法律，则法官就可直接适用法律对案件予以判决。当法官穷尽相关法律后，仍无法找到对应的法律规定，或者既有规范存在不确定或冲突，这时就要考虑法律漏洞是否存在了。

（三）法官造法的边界

法律续造，又称法律漏洞的填补，是指在存在法律漏洞的情况下，由法官根据一定的标准和程序，针对特定的待决案件，寻找妥当的法律规则，并据此进行相关的案件裁判。① 然而，从性质看，任何一项权力都具有易腐性，并总是趋于被滥用，法官在行使漏洞填补这一自由裁量权时也不例外。但是，并不能因此而阻却法官通过填充法律漏洞，追求法律秩序整体的稳定，也不能以此为托词将法律秩序内社会关系的建构与维系，以法律无明确规定为由怠于行使职责。两者间，我们在承认法官具有续造法律这一权力的同时，有必要框定其造法的边界。

在理论上，法官在进行司法裁判时可能会面临如下选择：（1）解释并适用既有法律规范；（2）认为存在法律漏洞并对这种漏洞认定进行证明，最后对漏洞进行填补；（3）对现行法律规定拒绝服从，即法院通过法官自己评价来排斥和替代法律评价。② 前两种情况，在目前的司法实践中已成常态。问题在于第三种情形，即法官是否可以因认为某法律规定存在法政策上的错误而不予适用，进而自行创造新的规则？

在此问题上，必须承认，由于立法滞后等多方面的原因，立法中难免会有各种法律漏洞。法官可以依法填补漏洞，但漏洞填补必须要坚持司法克制原则。正如梅利曼所言，“对漏洞认定而言，非常重要的总是现行法律规范的评价框架，而不是法官对法政策的主观理解。确认和补充法律漏洞的标准首先是从该法律自身，其次是从整个法律秩序中得出的”。③

法律漏洞确定了法律续造的空间，同时也框定了法官造法的边界。应当看到，填补法律漏洞确实赋予了法官较大的自由裁量权，存在引发司法裁判的权威性受到质疑以及法律安定性受损的风险。如果赋予法官宣告法律规则无效或者说容忍其拒绝服从立法者的安排而另行创设规则，则司法机关僭越了立法者的权

① 王利明．法律解释学导论［M］．北京：法律出版社，2009：475.

② ［德］魏德士．法理学［M］．丁小春，吴越，译．北京：法律出版社，2003：364.

③ ［德］魏德士．法理学［M］．丁小春，吴越，译．北京：法律出版社，2003：374.

力，使自己成为事实上的立法者。对此，如果不设定相应规则予以制约，则有可能“将案件事实置于司法擅断和不负责任的危险之中”。[①] 因此，立法者及其所立法律应具有绝对的优先地位，只有在现行法律未能涵盖的领域，法官才能发挥漏洞填补这一造法功能。在法律有明文规定时，即便在法官看来，可能是基于法政策上的错误制定的，也无权进行修正。在我国的现行制度框架内，如果相关法律规定违反基本宪法原则与精神，也应由最高立法机关而不是法院来进行终局性判断。

（四）法律漏洞的类型

本文出于司法实务中的需要，将法律漏洞划分为法律体系内的法律漏洞和法律体系外的法律漏洞。法律体系内的法律漏洞主要指按照立法原意本可避免，但由于技术上的错误而导致的疏漏和矛盾。对于这一类法律漏洞，可再细分为两个分类：开放的漏洞和隐藏的漏洞。其中，开放的漏洞指按立法意图应当规定，但却错误地没有予以规定。隐藏的漏洞则指依立法意图不属于该法律条文规范范围，却错误地加以规范。这种情形表面上不属于漏洞，但实际上同样违反了立法意图，构成了法律漏洞。法律体系外的法律漏洞指立法原意中没有包括，但根据事物的本质或法理应当对该类型予以规范的情形。[②] 法律体系内开放的法律漏洞、法律体系内隐藏的法律漏洞、法律体系外的法律漏洞，这三种类型直接对应于上文提出的三类金融及商事疑难案件类型。下文将以类推适用、目的性限缩与个案中的价值权衡三种应对方法予以分别探讨。

三、法律没有直接规定——类推适用

（一）类推适用的基本方法

类推适用，简单地说，就是指“对于法律无直接规定之事项，而择其关于类似事项之规定，以为适用”。[③] 类推适用的基础在于，对未规定事项的法律评价，在重要观点上与法律现有规则的构成要件类似，因此，应对二者做相同的评价。质言之，有关案件事实既不能相同，也不能绝对不同，而是恰好在与法律评价有关的重要观点上相互一致。因此，法官所面临的首要问题为在法定规则中表现出的法律评价。对此，法官必须给出有说服力的理由，来论证为何某个已经存在的

---

① ［美］梅利曼．大陆法系［M］．顾培东，禄正平，译．北京：知识出版社，1994：55.

② 舒国滢，等．法学方法论问题研究［M］．北京：中国政法大学出版社，2007：397－398.

③ 郑玉波．民法总则［M］．台北：三民书局，1984：21.

法律价值标准适用于法律没有规定的问题。在此种情况下，法官一般要分两个步骤进行：第一步是积极确认，即在所有观点上，待判的案件事实与法律上已规定者均一致；第二步是消极确认，即两者间的不同之处不足以排斥此等法定评价。实际上，法官将可适用的法律价值标准，以同类案件为标准做相同处理，只是试图从现有的法律中发现没有得到清楚表述的、被隐藏的评价，而不是代替立法而创造新法，其比较标准为相关法律规定构成的“内在体系”，而不是法律应用者自己的评价。虽然在法律解释与类推适用之间无法确定一个毫无争议的明晰界限，但由于类推适用已经脱离了“可能文义”所涵盖的最大范围，因而属于填补漏洞的法律续造，具有法律补充的功能。

（二）类推适用在司法实践中的运用

我国公司法一直秉承着资本维持原则。在这一原则下，股东对公司的投资不能以任何形式撤回。另外，法律也为股东退出公司并收回其投资提供了一条合法的路径，即股权转让。在一般的股权转让模式中，买方支付相应股权款给卖方，取代后者成为公司股东，是合法的商事行为，并不疑难。但是，如果双方约定由公司垫付股权转让款，对此行为该做何种评价，从公司法中并不能直接找到答案。这一问题本应属于公司法调整的领域，但是法律并未给出答案，构成开放性的法律漏洞。审理此案的法官，应创造性地运用类推适用的方法，圆满解决上述法律问题，其推理过程如下：

股权转让款应由受让股权的股东支付。如果股权转让协议约定股权转让款由公司为其股东先行垫付，之后再由股东与公司进行结算，则可能使公司面临资产被挪用的风险，而危及公司资本维持原则，损害公司其他股东和债权人的利益。公司法并未明确公司是否可以为其股东垫付股权转让款，但由于公司的垫付行为确有可能危害公司资本维持原则，因而对该行为有必要进行规制。

《公司法》第十六条第二款、第三款规定：公司为公司股东或者实际控制人提供担保的，必须经股东会或者股东大会决议。前款规定的股东或者受前款规定的实际控制人支配的股东，不得参加前款规定事项的表决。该项表决由出席会议的其他股东所持表决权的过半数通过。这一条款的立法本意是维护公司资本维持原则，保护股东和债权人的利益。公司资本维持原则要求股东对公司的投资不能以任何形式撤回。公司在其资产上设定担保属于设定财产负担的行为，且在多数情况下是单务无偿的，故公司为其股东提供担保可能损害其他股东和债权人的利益，并可能成为股东变相抽逃出资的方式。因而公司法禁止公司为其股东提供担保。公司为其股东垫付股权转让款可能损害公司其他股东和债权人的利益。与公司为其股东提供担保相类似，公司为其股东垫付股权转让款也可能成为股东变相抽逃出资的方式，因此需要以同样的立法加以规范。故可以参照《公司法》第十六条第二款、第三款关于公司为其股东提供担保的程序性规定，公司为其股东垫付股权转让款也必须经股东会或者股东大会决议，且该股东不得参加表决；否则公司为其股东垫付股权转让款的行为应属无效。

四、法律规定过于宽泛——目的性限缩

（一）目的性限缩的基本方法

对于封闭的漏洞，法官应以目的性限缩为基本方法，以“不同事务不同对待”原则为导向来补充。目的性限缩指的是将某项法律规定使用的范围加以限缩，将法律文义所涵盖的类型排除在外，以更好地贯彻法律规范的意旨。目的性限缩针对的是隐藏的法律漏洞。① 立法者在制定法律规范时，有时文义所涵盖的案件类型相对于立法目的显得过于宽泛，导致该规范包含了规范目的不应当包含的现实生活。在此种情况下，如果严格适用法律则可能将一些本不应该属于某一规范调整的问题，错误地强加以一定的法律后果。忠实于文字的规范使用可能导致结果与法律所追求的目的相反。② 为了消除这种弊端，应当将与该立法目的不相符的并且涵盖在文义范围内的部分，排除在适用范围之外，因为内存于法律中的平等性原则要求是对“不同类事件应作不同处理”。③ 从这个意义上说，目的性限缩是与类推适用本质相同，但是形式相反的法律漏洞填充手段。必须认识到，目的性限缩并不是修正规范目的，而是通过探寻立法者的意图来实现规范目的。可以说，法官是在“有思考的服从”中践行立法的规范含义。只是，此处需要法官探求的并不是历史上立法者的用意，而是当下立法者所要实现的规范性意图。将目的性限缩的判断标准由历史上的立法者，拉回到当下立法者或者是抽象意义上的立法者，一方面保证了法律体系内在价值与目的的一致性；另一方面也为法官创造性发展法律提供了空间和可能。

（二）目的性限缩在司法实践中的运用

在现代公司中，股东通过股东会形成决议来实现对公司的干预和控制，但实践中，股东会决议可能存在或形式方面或实质方面的瑕疵。《公司法》虽在第二十二条明确规定，决议内容违反法律、行政法规的无效；召集程序、表决方式违反法律、行政法规或者公司章程，或者决议内容违反公司章程的，股东可自决议

① Bydlinski, Juristische Methodenlehre and Rechtsbegriff, 2. Aufl. 1992, S. 480.

② ［德］魏德士. 法理学［M］. 丁小春，吴越，译. 北京：法律出版社，2003：386.

③ Canaris, Die Feststellung der Lucken im Gesetz, 2. Aufl. 1983, S. 82 ff.

作出之日起六十日内，请求法院撤销。但上述规定仍比较原则，公司实务以及审判实践中出现的一些具体问题尚无规定。若将上述所有情况都认定为无效，将严重有损交易秩序及法律安全，并将严重浪费社会资源，显然有违立法者的用意，此处出现了可以用目的性限缩方法填充的隐藏的法律漏洞。基于此，法官应创造性地运用上述方法，在审判实务中对各种瑕疵决议的法律效力进行具体分析，进而作出有效或者无效的认定。

五、法律规定并不明确——个案中的法益权衡

（一）法益权衡的基本方法

对于因为法律规定不明确而出现的法律外的漏洞，法官应以个案中的法益权衡为基本方法来补充。法律就其基本功能而言，是对各种社会利益的确定、评价与分配。如果将立法看作是对利益的第一次分配，则司法裁判就是对利益的第二次分配。所以，司法活动与利益权衡总是相伴相随。必须承认，有些权利构成要件缺乏清晰的界限，某些概念也是模糊不清的。这种不确定性导致各规范之间的效力范围极易发生冲突，面对冲突，司法裁判需要根据具体情况进行权利或法益权衡。而作为一种司法衡平方法，法官必须依据个案，考虑各种问题和利害冲突，在法律秩序的范围内进行价值判断。但正如拉伦茨所指出的那样，法益权衡最困难之点正在于，其并非取向于某一般性的标准，而是要考虑当下具体情况。也正是这一点，让法益权衡备受质疑。应当承认，虽然个案中法益权衡给法官很大的判断空间，但它也不是一种单纯的法感，不是一种无法合理掌控的过程，对其应用仍须遵守若干具体的原则。① 首先，依据基本的法律价值秩序，比较一种法益相对于其他法益是否具有明显的优越性。其次，在无法运用第一个原则抽象比较出哪一种法益更优越时，就要做如下两方面考虑：一方面，要衡量某种权益受影响的程度；另一方面，假使某种利益须让步时，其受害程度如何。最后，适用比例原则，为保护某种较为优越的法律秩序而不得不侵犯另一种法益时，不得逾越达到此目的的必要性程度。据此，法益权衡并不是简单对各种冲突利益取舍，毋宁说是在各种利益搭配的可能中，寻求最优的解决方案，是在法律秩序之下，一种批判性的建构过程。此时，法官不再仅仅适用法律，而是参与到整个法律秩序的形成中，相应地承担着更加繁重的论证责任。

（二）法益权衡方法在司法实践中的运用

根据我国保险法，人寿保险以外其他保险的被保险人或者受益人，必须在保

① ［德］拉伦茨．法学方法论［M］．陈爱娥，译．北京：商务印书馆，2003：286.

险事故发生之日起两年内行使向保险人请求赔偿或者给付保险金的权利，否则权利即告消灭。在一般财产保险中，对“保险事故”的理解不会产生争议，例如，车辆损失保险中的交通事故，火灾险中的火灾事故以及人身意外伤害保险中导致被保险人身体健康遭受伤害的意外事故等。但是对诸如机动车交通事故责任强制保险或机动车第三者责任险等责任保险，如何认定保险事故，立法并未明确，理论界对此争议很大，有“损害事故说”（造成他人财产或人身损害的意外事故即为责任保险意义上的保险事故）、“被保险人责任发生说”（若被保险人依法应负赔偿责任，保险事故即发生）、“被保险人受请求说”（保险事故发生于第三人向被保险人请求赔偿之时）以及“赔偿义务履行说”（被保险人对第三人实际给付依法应承担的赔偿金时，保险事故始为发生）等多种观点。对于这一法律规定的不完善之处，法官该如何运用正确的法律适用方法，确定保险事故发生时间点，是司法实践中的疑难问题。对此，法官应运用法益权衡的方法对案件中涉及的各种利益进行分析和评价，从而得出判决结论：责任保险是以被保险人对第三者依法应负的赔偿责任为保险标的的保险，其保险事故应指第三人请求被保险人承担法律责任这一事实，而非引起损害事实发生的客观事故，故责任保险的索赔期间理应自第三人就确定的赔偿内容请求被保险人承担法律责任之日起算。可以说，以此确定责任保险索赔期间的起算点，合理地平衡了责任保险法律关系中各方当事人的利益。

首先，从被保险人利益角度分析，被保险人购买责任保险的目的就在于补偿自己因保险车辆发生保险范围内的事故而向第三人承担赔偿责任所遭受的损失，是为了分散自己的责任风险。索赔期间的起算点直接影响了被保险人保险金请求权的行使，进而决定了被保险人购买保险目的是否能够实现。鉴于现实中往往会出现第三者因治疗需要，求偿金额尚无法确定即向被保险人提出请求的情况，同时其治疗过程难免跨越两年时间，所以如果从第三者概括主张权利之日起就开始计算两年的索赔期间，必然导致被保险人能够向保险公司主张保险金时，索赔期间却已届满的情况。因不可归责于被保险人的原因导致其不能获取保险金，显然有悖于被保险人购买责任保险的初衷，从结果上看有失公平。

其次，从有利于保险公司经营的角度分析，保险公司作为责任保险的承保人，及早确定保险理赔债务关系，可以降低运营成本。如果将保险索赔期间的起算点定在被保险人赔付具体内容明确之前，保险公司将受理大量材料尚不齐全的索赔申请，耗费大量人力、物力，导致在经营成本增加的同时效率也相对低下。因此，以第三人就内容确定的赔偿责任行使请求权之日为起算点，对保险公司同样有利。

最后，交通事故发生后第三人的概括性赔偿请求，大多是以口头方式提出的。在保险合同双方发生纠纷诉讼至法院后，不利于当事人举证。

综上所述，在目前立法尚不明确的情况下，将被保险人的赔偿责任确定后，第三人就该确定内容的赔偿责任行使请求权之日作为计算保险索赔期间的起算点，平衡了公平与效率，同时便于保险双方举证，从而有效地实现了保险索赔期间的设立目的。

六、结论——金融审判原则与理念的国际化刻不容缓

近年来金融业及商业的发展，引发了越来越多新的法律问题。特别是在金融业对外开放之后，更多外资金融机构在中国开展业务，而我国金融法制相对保守，往往无法跟得上这些金融“创新”业务的发展，不能给出明确的法律答案。同时我国经济愈加活跃，金融行为日趋繁杂，新的法律问题不断涌现，这些都无形之中使法院承担了越来越繁重的续造法律的重任。目前，我国基本金融及商事法律框架虽然已初步形成，但是由于诸多历史及客观原因，作为整体的法律秩序尚未充分发育，难免存在些许遗漏和不足。而且，从现代司法来看，通过有重大社会影响力的个案来推动社会法律制度建设，是法治进步的最常见方式，中外皆是如此。

因此，以上海金融法院的设立为契机，我国的金融审判应摆脱旧的司法理念与原则的束缚，与国际接轨，在遵守基本的法律方法论规则的前提下，行使一定程度的自由裁量权，维系整个金融及商事法律秩序的健康、完整和有效，从而为金融业的蓬勃发展保驾护航。具体而言：

一是金融审判应当树立“持法达变”的理念：成文法的原则性、滞后性的局限，在以创新为生命的金融领域被显著放大，金融审判应当以“持法达变”的态度，努力寻求现行法律体系下正当的、恰当的判决。金融之变不一定是法律维度上的真变，因为绝大部分的金融之变可在现行法律法规体系中找到依据，关键要通过抽丝剥茧，厘清法律关系，抓住问题的核心；要关注金融审判的金融和法律两个逻辑，金融审判所依据的法源可以是一个更加开放的体系，以非正式法源的适当运用弥补正式法源的不足，同时相比一般商事审判，金融审判在功能实现上应更考虑宏观调控和社会整体利益；同时，可以允许法官在金融审判中的法律方法运用有适当的灵活性，同时要求其恪守法律方法运用规则不可“乱变”，即遵守法教义学一般规则、最优规则和最低容忍规则。

二是明确金融审判应当坚持“实质正义”裁判原则，以合同目的解释弥补文义解释、把握交易目的而非局限于交易外观、穿透识别真实权利人而并不仅仅保

护对权利外观信赖，以实质公平理念为核心平衡社会公共利益与合同意思自治。

三是对金融审判理念与原则的创新及时予以制度上的支持。在我国当前立法相对滞后、专业性又极强的金融领域，《最高人民法院公报》（以下简称《公报》）所载案例以及最高人民法院所发布的指导性案例及其判决，在一定程度上提供了能运用于同类案件的法律解释和法律适用的原则和规则。针对金融市场上出现的新问题，最高人民法院可借助在《公报》上刊登判决书的方式确立法律规则的具体适用标准，而这些标准的确立对于今后类似案件的审理有着非常具体的、可操作的指导意义。随着金融法院的设立，金融审判原则和理念的创新可以使金融案件的审理在案件认定和法律适用等多方面趋向国际化、标准化和规范化，能够促使产生成熟统一的审判规则和审判逻辑。而由此产生的经典案例，则可以为最高人民法院所采纳和发布，并予以推广，以此产生导向效果、标杆作用和辐射效应，并且在成熟的时候，可以通过最高人民法院的会议精神乃至司法解释的形式予以制度支持，从而在金融审判领域进一步克服成文法的局限性，着力提高金融审判质效和司法公信力，最大限度地发挥司法鼓励和推动金融市场创新的功能，进一步提升我国国际金融交易规则话语权，为上海国际金融中心建设提供有力的法治保障。

参考文献

［1］王利明．法律解释学导论［M］．北京：法律出版社，2009.

［2］［德］魏德士．法理学［M］．丁小春，吴越，译．北京：法律出版社，2003.

［3］舒国滢，等．法学方法论问题研究［M］．北京：中国政法大学出版社，2007.

［4］［德］拉伦茨．法学方法论［M］．陈爱娥，译．北京：商务印书馆，2003.

金融支持高质量发展研究

于卫国

随着中国特色社会主义进入新时代，我国经济发展也进入了新时代，它的本质特征是我国经济已经由高速增长阶段转向高质量发展阶段。为了实现经济高质量增长，金融体系势必将迎来深刻变革以适应服务经济高质量发展的需要。服务实体经济是金融的本职和责任，服务实体经济的高质量发展是新时代金融业的核心使命。

从十九大召开到2018年全国“两会”，高质量发展理念的轮廓愈加清晰、含义愈加鲜明，它不仅代表着中国制造要从过去偏重数量和速度的生产转变为专注品质的精益生产，更是指中国经济在新时代将遵循自然规律、经济规律和社会规律健康发展。

作为现代经济的核心，金融不仅需要通过服务实体经济，提高资金配置效率，实现高质量发展，更需要通过自身的高质量发展，发挥其在供给侧结构性改革中的重要作用，推动经济高质量发展。可以说，加快建设现代金融，提升核心竞争力，推动实体经济实现质量变革、效率变革、动力变革，已成为摆在金融业面前重大而紧迫的任务。

一、中国经济进入新时代，必须转向高质量发展阶段

长期以来，中国经济增长主要通过以高投入、高能耗、高物耗、高污染、多占地为特征的“四高一多”方式来实现，积累了较多的经济社会矛盾和问题。这些矛盾和问题表现为投资消费关系不协调、“一二三产业”发展比例不协调、城乡发展和区域发展不协调、国际收支不协调和自主创新能力低下。

（一）经济增速放缓

2017年，中国经济总量达到82万亿元，约12万亿美元，居世界第二。伴随中国经济体量的不断增大，尤其是2008年全球金融危机之后，中国的经济增速持续下滑，2012年跌破8%，2017年GDP增速为6.9%（见图1）。

经济增速的放缓，意味着中国经济原来的粗放型增长方式结束了，中国经济必须转向高质量发展阶段。

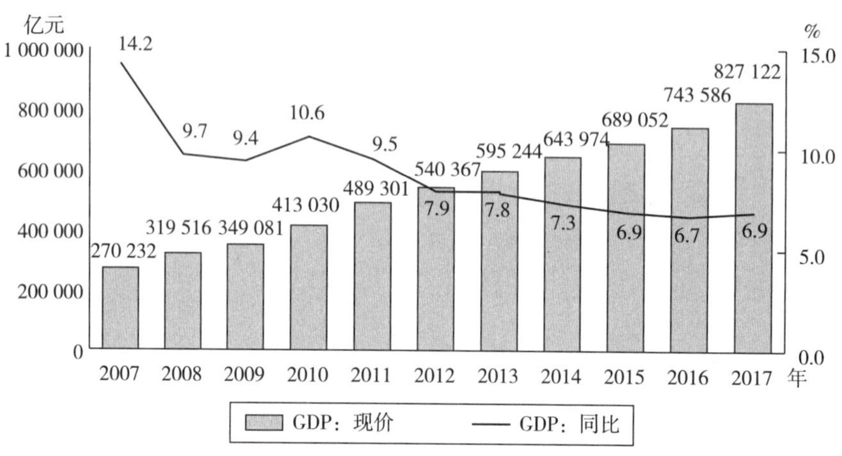

资料来源：Wind。

图 1　2007—2017 年中国 GDP 总量及增速

（二）粗放式的增长方式已不可持续

现在中国的许多地方，环境的承载能力已经接近上限，难以再承担高消耗、粗放式的增长。这说明，中国经济原来依靠的投资、出口、高耗能、高污染的增长方式已经不可持续，必须进入高质量发展阶段。投资对经济增长的拉动，从 2009 年的 86%，下滑到 2017 年的 32%。消费对经济增长的拉动，从 2009 年的 45%，逐渐增加到 2017 年的 59%，消费已经成为拉动经济增长的第一动力（见图 2）。

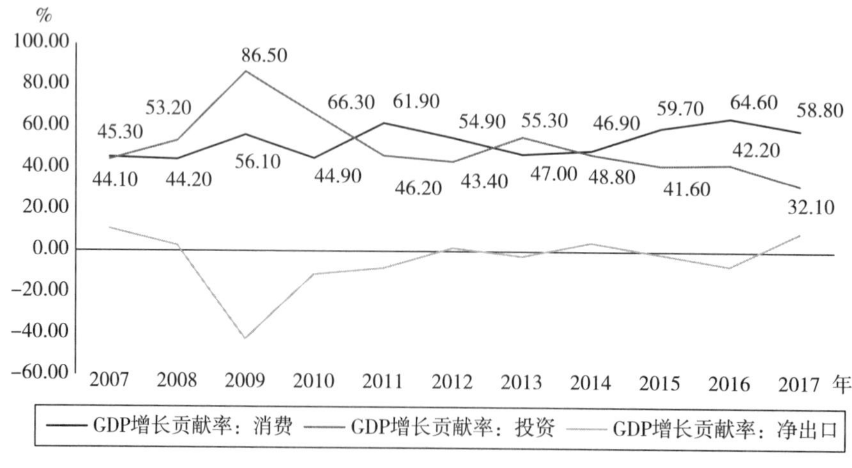

资料来源：Wind。

图 2　消费、投资、净出口对 GDP 增长的贡献率

（三）劳动力

劳动力人口总量持续下降，劳动力人口占总人口的比重，从2011年的69.8%，下降到2017年的65.9%，而同期，劳动力成本持续上升，规模以上企业就业人员平均工资，从2013年的45 676元，大幅增加到2017年的61 578元。

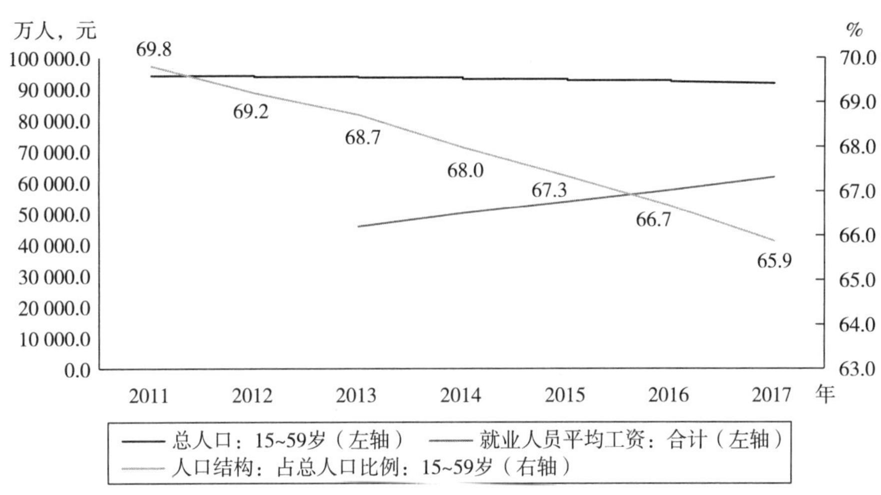

资料来源：Wind。

图3　2011—2017年人口结构及平均工资

（四）服务业

国民经济中服务业的占比越来越高，服务业劳动生产率的增速比较慢。中国加入世贸组织近二十年来，我国的出口占全球的市场份额是逐年上升的。我们已经连续八年世界出口份额第一，再进一步提高出口份额的余地并不大，同时中国追求国际收支平衡，不追求大量顺差。

以上因素都说明我们必须要从高速增长阶段转向高质量发展阶段。党的十九大报告提出必须坚持质量第一、效益优先，以供给侧结构性改革为主线，推动经济发展的质量变革、效率变革、动力变革，提升全要素生产率。

二、高质量发展，必须减少货币总量刺激，管好货币总阀门

目前，中国的信贷规模和货币发行量世界第一；M2约为美国的1.5倍，M2与GDP之比达到2，远超过日本的1和美国的0.7；居民与企业储蓄存款超过70万亿元，这无论是进行历史纵向比较，还是与其他国家进行横向比较，都是相当高的比例。

2008 年全球金融危机之后，中国的货币—经济产出效率大幅下降，货币流通速度由 2008 年的 0.63 急剧下降至 2017 年的 0.49，货币流通速度下降 20%，货币流通速度下降，反映货币扩张对经济产出的刺激效应下降。

M2/GDP 指标反映的是货币供应量与经济增长的实际需要的关系、金融体系的运行效率和资源配置效率。以 2017 年年底的数据测算，中国 M2/GDP 比率为 204.4%，超过一般国家 100% ~150% 的水平。这一指标的持续上升表明中国的经济增长具有明显的信贷推动特征，而且信贷资产的运用效率趋于下降。

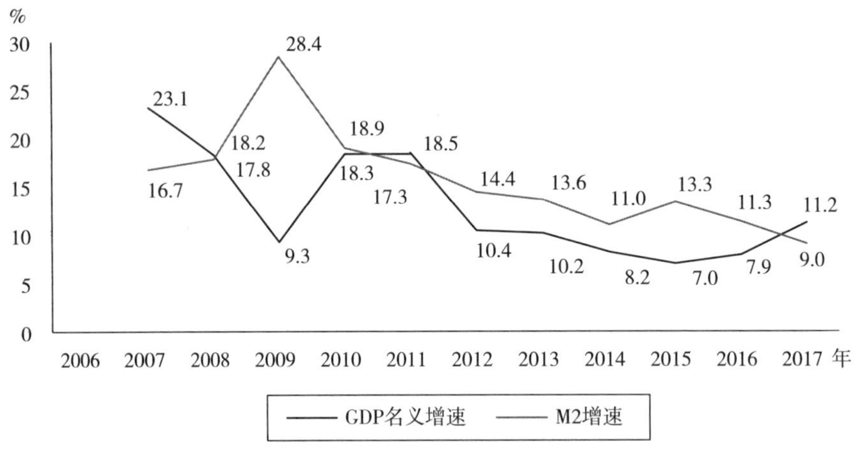

资料来源：Wind。

图 4　2006—2017 年 GDP 和 M2 增速

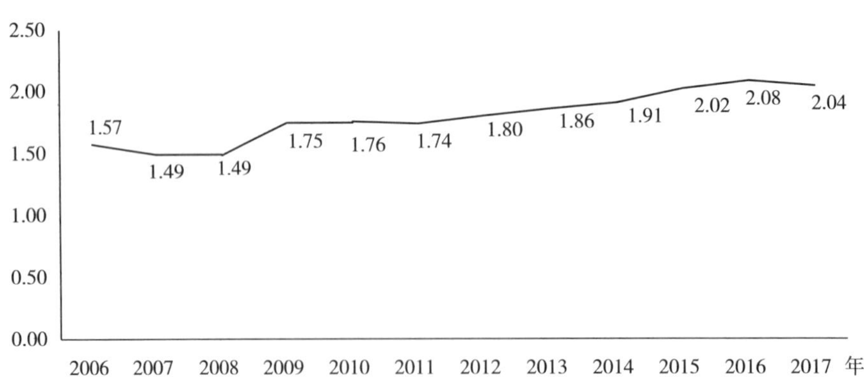

资料来源：Wind。

图 5　2006—2017 年 M2/GDP 比值

在数量型增长旧时代，通过超发货币，推升杠杆率的方式刺激经济以实现高速增长，但当前这种动力正逐渐弱化。高质量发展意味着 M2 增速将回归合理水平，即逐步向名义 GDP 增速靠拢甚至低于名义 GDP 增速，进而步入稳宏观杠杆率的阶段。在淡化货币总量增速后，未来将更加专注于提高存量货币的使用效率来缓解资金紧张。

三、高质量发展，需要提高直接融资比重，改善直接融资结构

在过去追求经济高速增长时，金融体系的定位是以为传统经济动员资金为主，这也直接造成了以银行主导金融资源的间接融资占据绝对优势。

间接融资主导与经济转向高质量发展的矛盾日益凸显。银行信贷为主的融资体系决定了制造业和基础设施发达，而高技术产业、服务业和中小企业资金供给相对滞后。中国的信贷资金投放一直存在“重大轻小”的结构性矛盾，主要体现为信贷投放集中于政府项目、国有企业、大型企业与传统行业，民营企业、中小企业与新兴行业信贷支持力度不足，而信贷资金向房地产领域与地方政府投资项目严重倾斜。目前，地方政府融资平台贷款与房地产贷款之和占全部贷款的比重近 35%。①

目前，中国的融资结构严重扭曲，间接融资比例过高，直接融资与间接融资比例失衡，银行汇集了金融体系的大部分风险。目前，中国 90% 的长期资金需求都是通过商业银行以间接融资渠道解决的，而商业银行的资金来源又是以短期资金为主，从而产生了短存长贷引发的流动性问题。

近年来，中国债券市场发展迅速，而股权市场持续低迷，融资功能逐渐下降。债券市场与股票市场发展不平衡。一是国债、政策性金融债和企业债的未清偿余额巨大，但企业债的份额相对较小。二是与债券市场形成鲜明对照的是股票市场持续低迷，融资规模相对较小。三是在债券市场中，企业债的发展仍有待加强，与国债、政策性金融债发行规模快速扩张形成鲜明对比的是，企业债市场的发展仍然滞后，融资规模有待提高。

当前我国直接融资存量在社融中占比约为 14%，政策支持下预计直接融资占比有望进一步提升。为推动直接融资发展，人民银行基层行要积极帮助有意愿且符合条件的企业发行银行间债券市场非金融企业债务融资工具。

由于没有严格的退市制度，中国股市长期只进不出，导致股票市场长期供求失衡，阻碍了股票市场的健康发展，运行效率日益低下，融资功能逐渐丧失。十几年间，A 股上市公司总数从 2001 年的 1 120 家，增加到目前的 3 500 家；上市公司总市值从 2001 年的 5 320 亿元，增加到目前的 44 万亿元；退市方面，自从

① 张茉楠. 中国金融体系的缺陷和改革方向［N/OL］. 证券时报，2013－10－25. http：//business. sohu. com/20131025/n388892917. shtml.

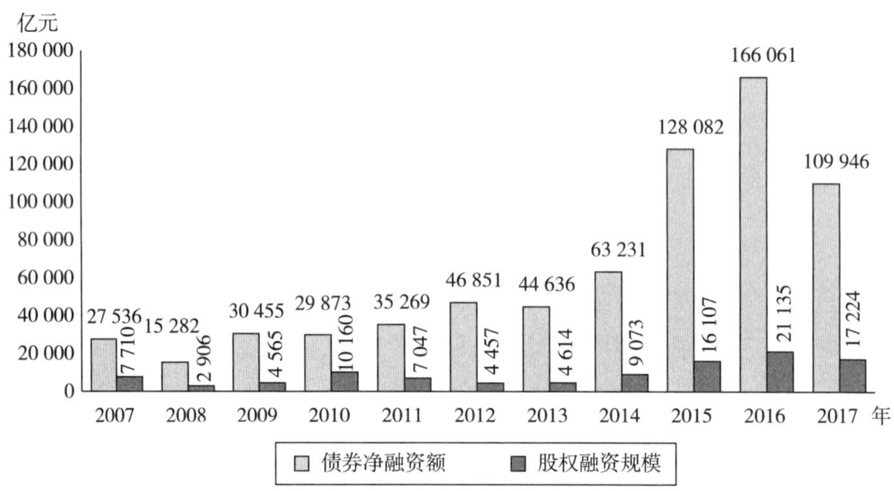

资料来源：Wind。

图 6　股票市场与债券市场融资规模对比

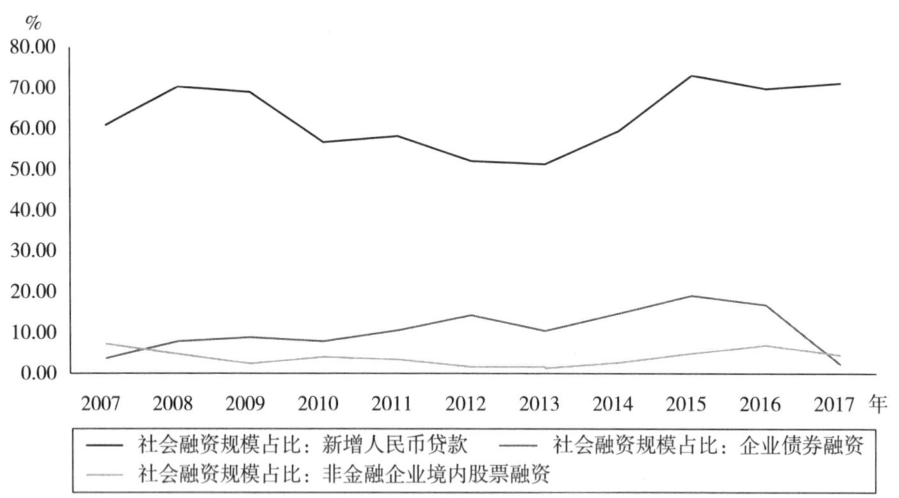

资料来源：Wind。

图 7　2007—2017 年社会融资规模占比

PT 水仙于 2001 年 4 月 23 日因连续亏损而终止上市以来，截至 2018 年年底，沪深两市总共仅有 100 多家上市公司退市，占目前上市公司总数的 3%。

“只进不出”导致股票市场长期供求失衡。从需求的角度看，2017 年中国 GDP 82 万亿元，是 2005 年 16 万亿元的 5 倍；2017 年 M2 170 万亿元，是 2005 年 29.9 万亿元的 5.7 倍；2017 年中国居民储蓄存款余额是 64.4 万亿元，是 2005 年 14 万亿元的 4.6 倍。从供给的角度看，2005 年 6 月，上证指数创下 998 点当天，沪深股市流通市值仅 1 万亿元，如今，上证指数 2 500 点，但是沪深股市流通市值已达36万亿元，13年间，供给增长了36倍。

股票市场融资功能日益下降。2005—2017年，股市融资总额10.7万亿元，平均每年8 230亿元。而同期债券市场的融资总额是71.5万亿元，年均5.5万亿元，是股市融资额的6.7倍。

理顺融资结构，提高直接融资比重，可以减轻实体经济的财务负担。2017年末金融机构本外币贷款余额120万亿元，债券市场余额83万亿元，假设以6%的利率计算，实体经济每年需要负担的利息成本超过12万亿元。若恢复资本市场融资功能，提高直接融资在社会融资规模中的比重，可大大减轻实体经济的负担。

四、间接融资重在优化信贷结构

间接融资在经济转向高质量发展阶段也会相应作出调整，最终目标是支持实体经济发展。新增信贷对“两高一剩”行业以及僵尸企业、地方政府融资平台等会继续保持严格的投向限制。按照2018年全国银行业监督管理工作会议的要求，2018年的重点工作之一就是要努力抑制居民杠杆率，重点控制其过快增长，因此预计新增信贷中居民按揭贷款的占比将会受到一定压制。存量信贷也需要优化结构，人民银行行长易纲指出，“针对新时代的高质量发展的要求，我们要更注意盘活存量，更注意优化货币信贷存量的结构”。①

表1　　2008—2017年新增贷款结构

年份	新增贷款	住户贷款	住户贷款占比（%）	企业贷款	企业贷款占比（%）	住户短期贷款	住户短期贷款占比（%）	企业短期贷款	企业短期贷款占比（%）
2008	4.9	0.7	14.3	4.2	85.7	0.3	41.5	1.3	31.6
2009	9.6	2.5	25.7	7.1	74.4	0.8	30.8	1.4	19.3
2010	8.0	2.9	36.1	5.1	63.9	0.9	31.6	1.6	30.8
2011	7.5	2.4	32.4	5.0	67.6	0.95	39.3	2.8	55.2
2012	8.2	2.5	30.7	5.7	69.7	1.2	47.2	3.4	59.5
2013	8.9	3.7		5.2					
2014	9.8	3.3		6.5					
2015	11.7	3.9		7.4					
2016	12.7	6.3		6.1					
2017	13.5	7.1		6.7					

资料来源：Wind。

① 2018年3月9日，易纲在十三届全国人大一次会议记者会上的发言，http：//www. rmzxb. com. cn/2018-03-09/1986593. shtml。

五、加强金融服务实体经济的能力，避免脱实向虚

从 2015 年开始，我国金融业增加值占 GDP 的比例超过了美国和英国，中国经济“脱实向虚”的迹象愈加明显。2016 年中国金融业增加值占 GDP 的比例为 8.2%，超过了美国的 7.5% 和英国的 6.6%。对于金融业来说，迫切需要根植实体、回归本位，从服务实体经济中实现持续、高质量发展。

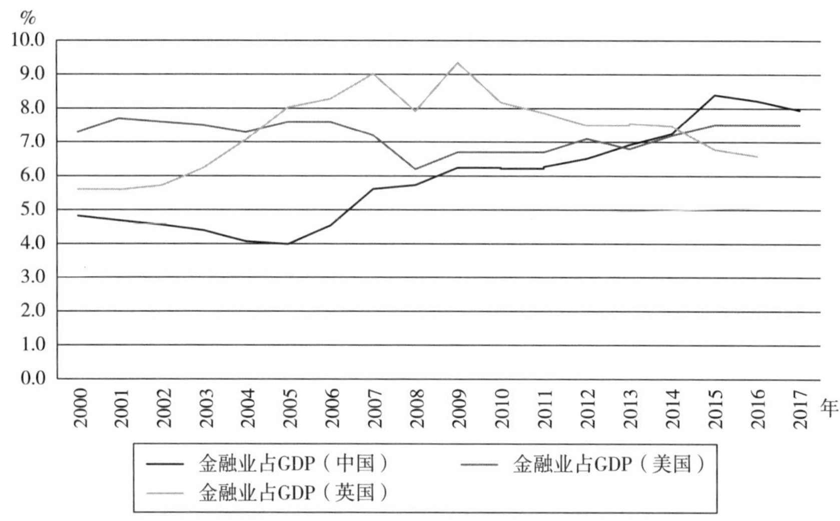

资料来源：Wind。

图 8　各国金融业增加值占 GDP 的比重

目前，我国金融业的盈利能力，显著高于美国。2005—2017 年，中国金融业上市公司整体 ROE 平均值为 16.3%，显著高于美国的 7%。而同期，中国全体上市公司整体 ROE 为 12.2%，美国为 12.4%。这意味着我们的金融业分割了实体经济的利润。

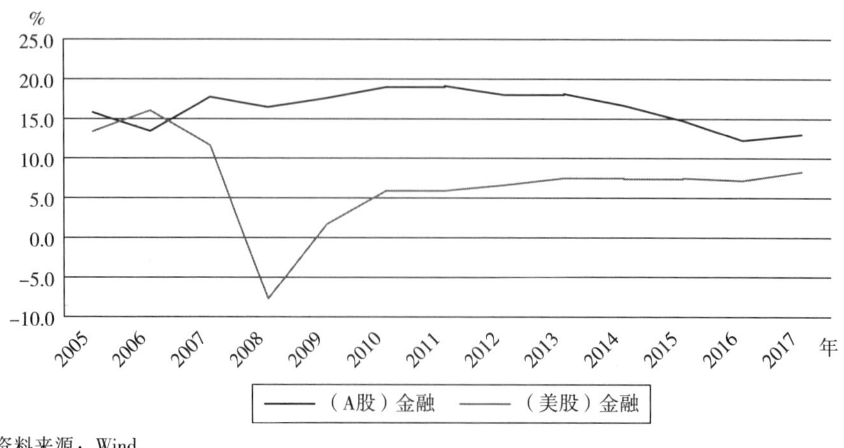

资料来源：Wind。

图 9　金融业整体 ROE

2017 年上海金融业增加值占地区生产总值的比例，首次超过北京，为全国第一。上海、北京和天津位居全国前三，而经济比较发达的江苏、浙江和山东的金融业增加值占地区生产总值的比例并不高，2016 年江苏为 7. 9%，浙江为 6. 6%，山东仅为 4. 9%，均低于全国平均水平 8. 2%。然而，金融业发达的地方，其上市公司的 ROE 却并没有比金融业不发达的地方高，尤其是山东，2016 年金融业占地区生产总值仅为 4. 9%，但省内上市公司整体 ROE 的均值（2006—2017 年）却高达 10. 2%，略高于上海的 10. 1%。这说明，我国金融业发达的省市，在支持实体经济方面的作用有限。

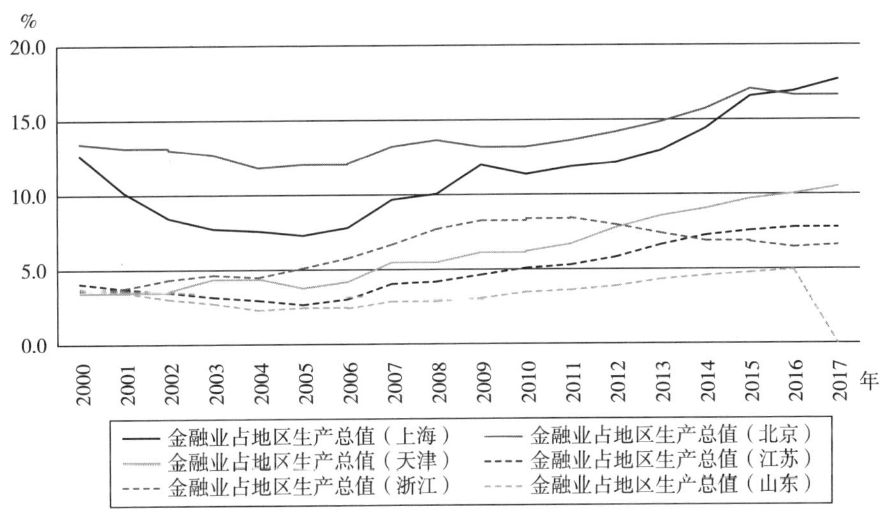

资料来源：Wind。

图 10　各省市金融业增加值占地区生产总值的比例

建设现代金融，需要回归本职，优化结构。金融业只有把服务实体经济作为出发点和落脚点，才能实现自身的持续健康发展。一段时间以来，一些金融机构通过资金脱实向虚、体内循环，不仅大大增加了融资成本，损害了实体经济的发展，而且给金融业带来了巨大的风险。

在优化结构方面，须更好地发挥金融在供给侧结构性改革中的作用，提升金融服务实体经济的能力和水平。加快完善金融产品体系，大力压缩对产能过剩行业贷款，有序退出“僵尸企业”，提高资金使用效率。减少通道业务和融资中间环节，促进银企直接对接，精准服务。特别是要把更多金融资源配置到经济社会发展的重点领域和薄弱环节，进一步加大对新兴产业、民生事业、乡村振兴等领域的定向金融扶持。

参考文献

[1] 易纲. 中国经济转型和稳健的货币政策 [J]. 债券，2018 (1).

[2] 林兆木. 关于我国经济高质量发展的几点认识 [J]. 企业党建，2018 (2).

应坚持防范化解金融风险和金融服务实体经济

——中美贸易摩擦对上海金融业的影响及其应对

龙 玉

中美贸易摩擦引起了世界范围内的广泛关注，无论是以战止战还是相互谈判，均 ·波三折。目前，中美贸易摩擦的不确定性仍在持续，甚至可能长期存在。中美贸易摩擦更多地反映了我国发展过程中面临大国博弈的必然过程和国际环境的新变化，表现为经贸摩擦的长期性、复杂性，以及美国对华经贸举措的多变和反复。这在很大程度上提高了市场的交易费用，对我国金融市场的外溢效应也十分明显。理性应对中美贸易摩擦，需要中国做好自己的事，关注我国经济金融运行中的薄弱环节和补“短板”。

金融作为现代经济的核心，自然成为应对中美贸易摩擦的重要阵地。而上海作为中国对外开放的桥头堡和重要的金融中心，应对此予以密切关注。本研究聚焦于中美贸易摩擦背景下，金融领域如何应对。通过对中美贸易摩擦演变的回顾和对中美贸易数据的分析，揭示了我国服务贸易，尤其是金融服务贸易的国际竞争力仍有很大的提升空间，并提出以下政策建议：在进一步扩大金融业对外开放先行先试和建设上海国际金融中心的工作中，守住防范化解金融风险的底线，坚持金融服务实体经济的宗旨，加强我国金融行业的国际竞争力，避免中美贸易摩擦演变为金融摩擦。这其中包含两层含义：一是要避免金融宏观调控失当，这是当年美日贸易战留给我们的教训，上海要重点关注房地产市场的稳定，并在自贸区金融改革中审慎对待跨境资本流动；二是金融业作为上海的核心产业之一，仍大有可为，应抓住新一轮金融对外开放的机遇，提升上海国际金融中心能级。

一、中美贸易谈判的一波三折及进展

2017 年 8 月，特朗普授权对华有关技术转让、知识产权和创新的法律、政策、做法发起“301 调查”。除世贸组织规则外，美国国内贸易法中的“301 调查”和“制裁”在美国对他国的贸易争端中被广泛使用。根据“301 条款”，当其他国家有美国认为的不公正或不公平的贸易行为时，美国贸易代表可以决定实施撤回贸易减让或优惠条件，迫使该国改变其不公正或不公平的做法。

（一）贸易摩擦升温

美国总统特朗普于当地时间 2018 年 3 月 22 日签署总统备忘录，根据“301 调查”结果，将对涉及金额约达 600 亿美元的中国商品大规模征收关税，并限制中国对美投资并购。

2018 年 4 月 4 日，美国公布对华“301 调查”500 亿美元征税产品建议清单，主要涉及信息和通信技术、航天航空、机器人、医药、机械等行业的产品。

6 月 15 日，白宫对中美贸易发表声明，拟对 1 102 种产品合计 500 亿美元商品征收 25% 关税。声明中提及“中国制造 2025”。第一组关税加征涵盖 340 亿美元进口商品，于 7 月 6 日 12 时正式开征。美国贸易代表办公室将对 160 亿美元的第二组关税进行进一步评估。4 月 6 日特朗普声称将考虑对中国加征关税的产品金额追加至 1 000 亿美元；4 月 16 日，美方宣布禁止中国电信设备商中兴通信从美国市场购买零部件产品，期限为 7 年；2018 年 4 月 18 日，美方宣布对从中国进口的部分钢轮是否存在倾销以及接受不公平补贴问题展开新的调查。

与之相对，中国国务院关税税则委员会 6 月 15 日决定对原产于美国的 659 项约 500 亿美元进口商品加征 25% 的关税，其中对农产品、汽车、水产品等 545 项约 340 亿美元自 2018 年 7 月 6 日起实施加征关税，对化工品、医疗设备、能源产品等 114 项其余商品加征关税的实施时间另行公布。

（二）贸易战打响

6 月 18 日特朗普指示美国贸易代表确定 2 000 亿美元的中国商品，如果中国采取报复性措施并拒绝改变贸易“不公平”做法，将额外征收 10% 的关税。随后特朗普宣称进一步升级至 5 000 亿美元，这基本实现了对中国出口美国商品的全覆盖。根据美方统计，2017 年中国对美国出口金额 5 056 亿美元，美国对中国贸易逆差金额 3 752 亿美元。6 月 27 日特朗普表示将限制中国投资美国关键科技。

美国于当地时间 7 月 6 日对第一批清单上 818 个类别、价值 340 亿美元的中国商品加征 25% 的进口关税。作为反击，中国也于同日对同等规模的美国产品加征 25% 的进口关税。7 月 6 日商务部新闻发言人表示，美国违反世贸规则，发动了迄今为止经济史上规模最大的贸易战。

（三）贸易战升级

8 月 1 日，美特朗普拟将对华 2 000 亿美元商品加征关税税率从 10% 上调至 25%。8 月 3 日，中方回应将对美 600 亿美元商品加征 5%、10%、20% 和 25% 的关税，实施日期视美国而定，中美贸易战再次升级。

美国于 8 月 8 日宣布，对从中国进口的 500 亿美元商品中剩余的 160 亿美元加征关税并于 8 月 23 日实施。中国国务院关税税则委员会发布将对美 160 亿美元商品加征关税，8 月 23 日实施。

（四）中美贸易争端的不确定性仍在延续

应美方邀请，商务部副部长兼国际贸易谈判副代表王受文于 2018 年 8 月下旬率团访美，与美国财政部副部长马尔帕斯率领的美方代表团就双方各自关注的中美经贸问题进行磋商。中方重申，反对单边主义和贸易保护主义做法，不接受任何单边贸易限制措施。中方欢迎在对等、平等、诚信的基础上，开展对话和沟通。

中美贸易摩擦不断升级的不确定性，已经促使美国零售商加速从我国进口商品，以避免新关税的冲击。2018 年 1—6 月，美国经常账户赤字达到 2 878 亿美元，较上年同期扩大 161.43 亿美元，其中货物贸易贡献了 4 239.6 亿美元的贸易逆差，导致美国经常账户赤字扩大 256.66 亿美元。从分国别的数据可以看出，2018 年上半年美国贸易赤字的扩大主要来源于中国，美国对中国的贸易逆差（货物贸易和服务贸易）在上半年累计扩大了 149.86 亿美元。美国对华 2 000 亿美元商品征税征询公众意见的结果显示，超过九成参与者持反对意见。

尽管如此，美国政府对约 2 000 亿美元中国商品加征 10% 的关税措施还是于 9 月 24 日正式生效。当天，中国政府对原产于美国约 600 亿美元进口商品实施加征 5% ~10% 不等关税的措施正式生效。中国国务院新闻办公室还发布了《关于中美经贸摩擦的事实与中方立场》白皮书，旨在“澄清中美经贸关系事实，阐明中国对中美经贸摩擦的政策立场，推动问题合理解决”。

中美贸易摩擦显然没有改善美国的经常账户，即使在美国对中国产品加征关税生效后，美国的贸易赤字仍在进一步扩大。最新的数据显示，8 月，美国经常账户逆差 532.37 亿美元，较上月扩大 32 亿美元，而这一逆差较上年同期扩大了 90.74 亿美元。

中国主动的改革开放措施，或将削弱美国对中国非市场导向政策的批评。随着美国经济见顶，美国发动贸易战的经济基础会受到削弱，中美的相对处境也有可能发生变化。但中美贸易摩擦的不确定性持续越久，对双边投资和经贸往来的负面影响也越大，因为这大大提高了市场的交易费用。在上海美国商会 9 月上旬对在华美企做的一份调查中，超过 430 家成员企业作出回应，有 74.3% 的企业表示受到影响，近半数的受访者表示影响“强烈”[①]。

二、如何理解中美贸易摩擦

有观点认为，中美贸易失衡严重，是贸易战无可避免的根本原因。这一分析不够全面和准确。实际上，国际贸易不仅包括货物贸易，也包括服务贸易。多年来，中国对美国积累了大量贸易顺差，但主要是在货物贸易领域；而在服务贸易领域，我国服务贸易逆差呈逐年扩大之势，是世界上仅次于美国的第二大服务贸易进口国[②]，而美国是我国服务贸易逆差的最大来源国。

通过对中美经常账户的分析，中美贸易逆差规模并不如特朗普总统所宣称的那么大，因此美国挑起贸易摩擦似乎“醉翁之意不在酒”，而是反映出美国对中国态度的变化，以及未来中美关系的变化。而从美国大规模对华服务贸易顺差，以及金融服务贸易的国际比较可以看出，我国包括金融服务在内的服务贸易竞争力仍有很大的提升空间，上海国际金融中心建设的能级还需进一步提高。

从工商界视角看，尽管美国企业部门关于美国对中国的贸易制裁有不少反对声音，但与此同时，他们对于中国在知识产权和市场准入限制等方面有不少担忧，同时也面临成本上升、激烈的国内竞争和发现所需人才和能力方面的困扰。目前的贸易摩擦确实给中美经济关系蒙上了阴影，造成这一紧张关系更多是因为美国政府担心中国技术实力日益增强以及中国的产业政策。

中国市场对于外资仍然有吸引力。美国对中国的投资一直保持相对稳定的态势，近几年的投资额都在 140 亿～150 亿美元。对于大多数在华经营的美资企业来说，他们在中国生产或采购的产品是供应中国市场的。虽然中国 GDP 增长率已进入“新常态”，从高速增长进入中高速增长阶段，但实际上美国企业在华经营的状况仍然向好。经历了 2013—2015 年的相对低潮，大多数美国企业在 2016—2017 财年无论是在盈利率还是经营规模上都出现了显著的改善。

中美贸易摩擦使我们更理智、更冷静地看待我国现阶段在世界经济中所处的地位、薄弱环节和发展方向，这对中国未来的发展无疑是一剂良药。因此，最重要的是做好自己的事，中美的摩擦与其说是在贸易层面，不如说是全球化进程中各种矛盾的集中反映，也是中美两国在国际竞争力上的赛跑，尤其是我国目前仍面临较大的改革压力，我们仍应坚持主动推进新一轮对外开放，同时利用好我国

---

① 第一财经《专访上海美国商会会长：只有 3% 的在华美企考虑离开中国》，2018－10－16.

② 商务部《中国服务贸易统计 2015》。

市场规模方面的优势。

（一）中美贸易失衡的具体表现

从经常账户整体看我国国际收支，可以发现，我国经常账户顺差在2008年达到4 206亿美元峰值后回落，其中，货物贸易顺差在2015年达到历史高点（5 670亿美元），而服务贸易逆差仍然呈逐年扩大之势。国家外汇管理局数据显示，2017年全年，我国经常账户顺差1 720亿美元，其中货物贸易顺差4 761亿美元，较上年下降179.8亿美元；服务贸易逆差2 612亿美元，较上年扩大170.4亿美元（见表1）。而美国是中国服务贸易逆差最大来源国。事实上，中国的服务贸易逆差几乎与美国在国际贸易中获得的全部服务贸易顺差相当。

表1　　我国服务贸易逆差逐年扩大　　单位：亿美元

年份	经常账户差额	货物贸易	服务贸易
2007	3 531.83	3 117.15	-36.79
2008	4 205.69	3 598.86	-110.54
2009	2 432.57	2 435.46	-234.16
2010	2 378.10	2 464.26	-234.02
2011	1 360.97	2 287.01	-467.97
2012	2 153.92	3 115.70	-797.25
2013	1 482.04	3 589.81	-1 236.02
2014	2 774.34	4 350.42	-1 723.55
2015	3 306.02	5 669.98	-1 823.56
2016	1 963.80	4 940.77	-2 441.63
2017	1 720.00	4 761.00	-2 612.00

资料来源：国家外汇管理局。

如果从中美双边贸易的视角重新计算两国对彼此国际收支差额的贡献，即使按照美方的统计数据，2017年中美贸易逆差实际上仅3 300多亿美元（见表2），远低于美国近5 700亿美元的国际收支逆差和超过8 000亿美元的货物贸易逆差。从货物贸易看，美国向中国购买的货物占其货物贸易的份额近年来已经有所下降，从2015年48.2%的峰值下降了近2个百分点至目前的46.3%；中国对美国服务贸易顺差的贡献则逐年提升，2017年，美国对中国的服务贸易顺差占美国全部服务贸易顺差的15.9%，较10年前（2008年4%）提高了12个百分点左右（见图1）。从金额看，2017年美国对中国服务贸易顺差是2008年的近8倍，而同期美国对中国的货物贸易逆差仅扩大到原来的1.4倍。这些数据都是基于美国的统计数据计算的。

因而，仅从中国的大量货物贸易顺差和美国的逆差来讨论中美贸易失衡，而忽略了两国货物贸易和服务贸易的全貌，是有失偏颇的。

表 2　　最近 10 年中美双边贸易情况　　单位：百万美元

年份	美国对中国出口			美国从中国进口			美国来自中国的经常账户差额		
	总额	货物	服务	总额	货物	服务	总额	货物	服务
2008	87 192	71 346	15 845	350 504	339 581	10 924	-263 313	-268 234	4 922
2009	87 697	70 636	17 061	307 433	297 872	9 560	-219 736	-227 236	7 500
2010	115 559	93 059	22 500	376 735	366 126	10 609	-261 176	-273 067	11 891
2011	133 880	105 445	28 435	412 413	400 632	11 781	-278 533	-295 187	16 654
2012	144 894	111 855	33 039	439 832	426 792	13 040	-294 938	-314 937	19 999
2013	160 375	122 852	37 523	455 525	441 616	13 908	-295 150	-318 764	23 615
2014	169 008	124 728	44 280	483 677	469 660	14 017	-314 669	-344 932	30 263
2015	165 100	116 563	48 537	499 122	484 058	15 064	-334 022	-367 495	33 473
2016	170 155	115 998	54 157	479 428	463 288	16 139	-309 272	-347 290	38 018
2017	186 835	130 797	56 038	524 019	506 469	17 550	-337 184	-375 672	38 487

资料来源：美国经济分析局。

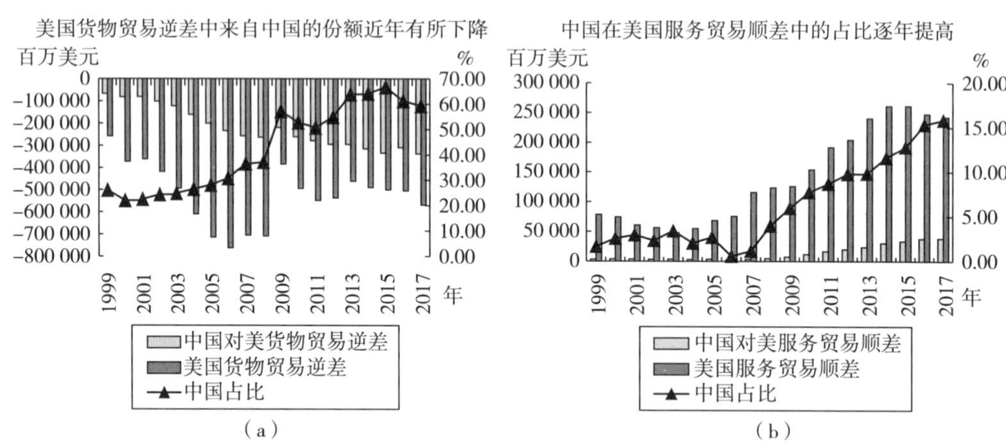

资料来源：美国经济分析局。

图 1　中国占美国经常账户份额

（二）经常账户反映出我国服务贸易竞争力亟待提高

美国长期保持对我国服务贸易顺差，这不仅增加了美国的收入，也促进了美国的就业。

从收入的角度列举一二。据中国商务部测算，2016 年中国游客在美国人均花费约 1.3 万美元，远远超过其他国家游客在美国的花费，当年旅游支出高达 352.2 亿美元，平均每天为美国创造约 9 700 万美元收入。此外，美国为中国学生出境留学第一大目的国。中国在美留学生 2016 年人均花费约 4.5 万美元，为美国贡献约 159 亿美元收入。美国联邦移民执法局的报告显示，中国在美留学生数量约 35.3 万人，占在美国际学生总数的 34%。美国经济分析局的数据同样显示，在服务贸易旅行项下，中国居民在美国的支出（含教育等）多年来保持两位数增长，2017 年全年，我国居民在美国的支出高达 321.8 亿美元（见图 2）。

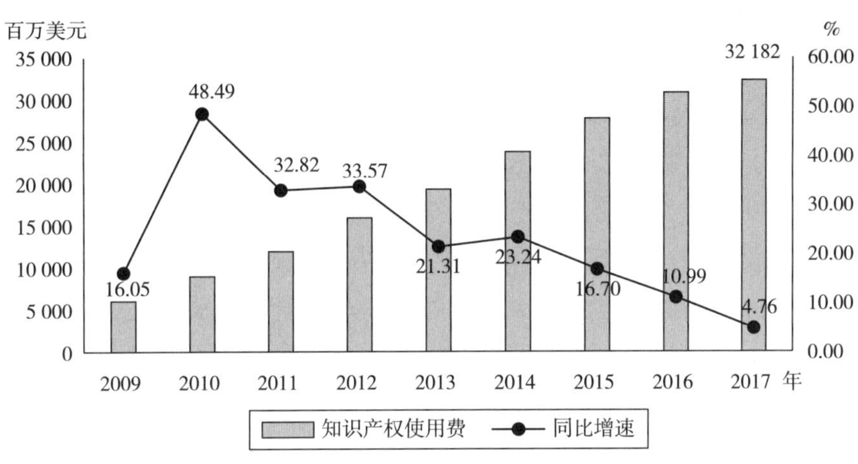

资料来源：美国经济分析局。

图 2　服务贸易旅行项下中国居民在美支出总额及增速

此外，美国是目前中国技术进口第一大来源国。我国近 1/3 的技术进口合同都是向美国购买的。2017 年，据美方统计，我国向美国购买知识产权的花费达 85.3 亿美元，同比增长 7.2%。而除个别年份外，我国对美国技术进口金额增速高达两位数（见图 3）。随着中国新兴产业快速发展，知识产权使用费逆差仍有扩

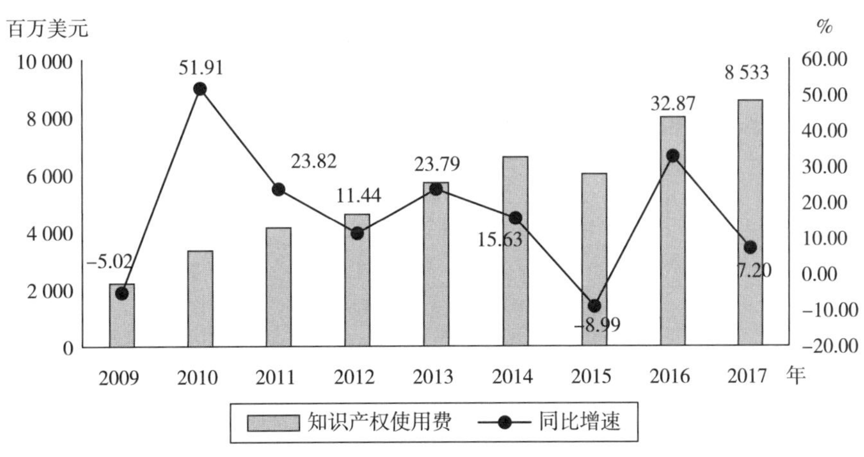

资料来源：美国经济分析局。

图 3　中国向美国购买知识产权的金额及增速

大空间。美方对华高技术出口管制实际上降低了我国对美国的贸易逆差。如果美方不对中方实施这些管制，从经常账户整体看，中国对美国的贸易顺差会小得多。这些收入显然也支撑了美国第三产业较高的劳动生产率。从绝对数值看，美国服务业劳动生产率大约是我国服务业劳动生产率的4倍左右。

从就业的角度看，无论是旅行、教育还是医疗服务，都促进了当地劳动力市场的繁荣。服务业本身是劳动密集型行业，所创造的就业岗位远超制造业创造的就业岗位，尤其是如今高科技时代。美国是典型的消费驱动增长的经济体，服务业占其GDP的比重高达80%左右，而服务业的就业占比更是高达82.5%。

事实上，这些数据更多反映出中美贸易的互利共赢，而不是相互剥夺。在服务贸易领域，中国对美国的大量逆差也符合当前两国的比较优势。国际贸易理论从“绝对比较优势”发展到“相对比较优势”，已经证明有贸易会好过无贸易，而贸易的方向由双方禀赋的差异决定。由于一方的生产力水平发展带来的双方相对优势的改变，是可以通过改变贸易方向而使双方受益的。中国更加需要的是进一步深化改革，提高自身在服务贸易领域的竞争力。

（三）我国金融和保险服务贸易的市场份额及竞争力有较大提升空间

为了评估我国金融和保险服务的国际竞争力，参考现有研究（Balassa，1965；易倩，2015；肖德和李坤，2016），本文根据最新可得数据，测算了我国金融和保险服务贸易的国际市场占有率、显性比较优势指数和贸易竞争力指数。

1. 我国金融和保险服务贸易份额

从世界市场金融和保险服务出口份额[①]看，欧盟和美国位居前列。其中，欧盟占全球贸易份额超过一半，剔除欧盟成员国之间的贸易，其金融服务出口份额仍然超过全球的1/5，而欧盟保险服务出口占全球贸易份额更是高达34%；美国金融服务出口额占全球的23%，保险服务出口占全球的近15%。

表3　　金融和保险服务贸易主要国家（地区）市场份额情况（2016年）

国家（地区）	金融服务		保险服务	
	出口金额（百万美元）	占全球细分市场份额（%）	出口金额（百万美元）	占全球细分市场份额（%）
欧盟（28国）	212 183	50.49	63 897	52.55
其中：对欧盟外贸易	91 393	21.75	41 730	34.32
美国	96 752	23.02	17 742	14.59

① 按世界贸易组织（WTO）服务贸易统计数据计算，其中保险服务贸易的数据口径为WTO服务贸易统计中的保险及服务（Insurance and Pension Services）。

续表

国家（地区）	金融服务		保险服务	
	出口金额（百万美元）	占全球细分市场份额（%）	出口金额（百万美元）	占全球细分市场份额（%）
瑞士	19 924	4.74	7 743	6.37
新加坡	18 872	4.49	6 387	5.25
中国香港	18 121	4.31	1 392	1.14
日本	11 646	2.77	1 702	1.40
加拿大	8 084	1.92	1 405	1.16
印度	5 083	1.21	2 145	1.76
中国	3 200	0.76	4 066	3.34
全球	420 268	100.00	121 587	100.00

资料来源：WTO，Wind。

2016 年，我国金融服务贸易出口总额 32 亿美元，仅占全球金融服务贸易总额的 0.76%，而我国香港地区的金融服务贸易占全球市场份额达 4.31%，仅次于瑞士（4.74%）和新加坡（4.49%）。同年，我国保险服务出口中，大陆地区 40.66 亿美元，占全球 3.34%，香港地区 13.92 亿美元，占全球 1.14%。

总体来看，我国大陆地区的金融服务贸易国际竞争力较弱，即使与印度相比，差距也比较大；保险及养老服务贸易出口份额远高于金融服务，但与发达国家的差距同样悬殊。

2. 我国金融服务贸易出口竞争力

以全球金融服务出口占服务贸易出口总额的比重为基准，如果一国（地区）金融服务出口占比超过全球水平，则认为该国金融服务具有显性比较优势。以此方法计算的显性比较优势指数，综合反映了一国金融服务在国际竞争中的地位。由表 4 可见，在金融服务贸易上具有显性比较优势的国家和地区主要包括瑞士、中国香港、美国、新加坡、欧盟和加拿大，这些国家（地区）的 RCA 指数均大于 1，国际竞争力较强。相比于这些国家（地区），中国金融服务不具有显性比较优势，而且其竞争力不及日本和印度。2016 年，中国 RCA 指数值为 0.18，为金融服务主要出口国中最低，而日本和印度该指数分别为 0.79 和 0.36。

表 4　　2016 年主要国家（地区）金融服务贸易比较优势指数　单位：百万美元

国家（地区）	金融服务出口额	服务贸易出口总额	RCA（显性比较优势指数）
欧盟（28 国）	212 183	2 045 025	1.19
其中：对欧盟外贸易	91 393	917 009	1.14
美国	96 752	732 551	1.51

续表

国家（地区）	金融服务出口额	服务贸易出口总额	RCA（显性比较优势指数）
瑞士	19 924	112 334	2.03
新加坡	18 872	149 360	1.45
中国香港	18 121	98 337	2.11
日本	11 646	168 734	0.79
加拿大	8 084	79 748	1.16
印度	5 083	161 250	0.36
中国	3 200	207 275	0.18
全球	420 268	4 807 690	1.00

注：RCA_j =（X_j/X_t）/（X_{wj}/X_{wt}）为某国金融服务贸易的显性比较优势指数，其中，X_j 和 X_{wj} 分别指代的是该国和全球金融服务贸易出口额，X_t 和 X_{wt} 分别指代的是该国和全球服务贸易出口总额。一般来说，指数大于1，说明该国金融服务贸易具有显性比较优势；指数小于1，说明该国的金融服务贸易没有显性比较优势。

资料来源：WTO，Wind。

表 5　　2016 年主要国家（地区）金融服务贸易竞争力指数　　单位：百万美元

国家（地区）	出口金额	进口金额	TC（贸易竞争力指数）
欧盟（28 国）	212 183	116 369	0.29
其中：对欧盟外贸易	91 393	47 596	0.32
美国	96 752	25 232	0.59
瑞士	19 924	3 782	0.68
新加坡	18 872	4 530	0.61
中国香港	18 121	4 687	0.59
日本	11 646	6 200	0.31
加拿大	8 084	7 634	0.03
印度	5 083	5 021	0.01
中国	3 200	2 035	0.22

注：TC_{ki} =（$X_{ki}-M_{ki}$）/（$X_{ki}+M_{ki}$），其中，X_{ki} 表示为 i 国的第 k 种产品的出口总额，M_{ki} 表示为 i 国第 k 种产品的进口总额。一般来说，TC_{ki} 指数介于 $-1\sim1$。当 $TC_{ki}>0$ 时，说明该国在 k 产品上属于净出口国并具有比较优势，且越接近 1 说明优势越明显；当 $TC_{ki}<0$ 时，说明该国在 k 产品上属于净进口国不具有比较优势，且越接近 -1 说明劣势越明显；当 TC_{ki} 接近于 0 时，说明该国在 k 产品上比较优势接近平均水平，即水平分工。

资料来源：WTO，Wind。

综合考虑一国（地区）金融服务进出口情况，本文计算了主要国家（地区）金融服务贸易竞争力指数（TC），当该指数为正，表明某国（地区）是金融服务贸易的净出口国，且指数值越高（越接近于 1）优势越明显。表 5 的结果显示，瑞士、新加坡、美国和中国香港的服务贸易竞争力最强，表明这些国家（地区）

不仅是金融服务贸易是顺差，并且其顺差规模相对于该国金融服务进出口总额的规模较大。表5对各国家（地区）金融服务贸易竞争力的评估结果与表4颇具一致性。从表5看，加拿大和印度两国各自的金融服务进口和出口金额相当，比较优势接近平均水平。中国的TC指数为0.22，但需注意的是，中国金融服务进出口额的绝对规模是几个主要国家（地区）中最低的。

3. 我国保险服务贸易出口竞争力

本文用上述同样的方法，对各国（地区）保险服务贸易的RCA和TC指数进行了计算，结果见表6。

墨西哥也是保险服务的主要出口国之一，除该国外，保险服务的主要进口和出口国（地区）的显性比较优势指数都不超过1；而除欧盟、新加坡外，其他各主要国家（地区）的保险服务贸易都为逆差。从现有可得的数据看，中国在保险服务贸易方面的进口金额较大，仅次于美国和欧盟，因而反映在TC指数上，其值为负；但中国保险服务贸易的显性比较优势（RCA指数）较金融服务略高，且其占全球的贸易份额也远高于金融服务。

表6　　2016年主要国家（地区）保险服务贸易竞争力　　单位：百万美元

国家（地区）	出口金额	进口金额	RCA	TC
欧盟（28国）	63 897	40 438	0.36	0.18
其中：对欧盟外贸易	41 730	15 917	0.52	0.43
美国	17 742	47 772	0.28	-0.46
瑞士	7 743	n. a.	0.79	n. a.
新加坡	6 387	5 449	0.49	0.04
中国香港	1 392	n. a.	0.16	n. a.
日本	1 702	4 793	0.12	-0.54
加拿大	1 405	3 522	0.20	-0.44
印度	2 145	5 234	0.15	-0.41
墨西哥	2 880	4 262	1.37	-0.19
中国	4 066	12 904	0.22	-0.52

注：（1）RCA为某国保险服务贸易的显性比较优势指数。一般来说，指数大于1，说明该国保险服务贸易具有显性比较优势；指数小于1，说明该国的保险服务贸易没有显性比较优势。

（2）TC指数介于-1~1。当该指数为正值，说明该国在某产品上属于净出口国并具有比较优势，且越接近1说明优势越明显；当该指数为负值，说明该国在某产品上属于净进口国并且不具有比较优势，且越接近-1说明劣势越明显；当该指数接近于0，说明该国在某产品上比较优势接近平均水平，即水平分工。

（3）对欧盟外贸易指剔除欧盟成员国之间贸易后的进出口金融。

资料来源：WTO，Wind。

（四）中美双边金融和保险服务贸易情况

总体来看，中美双边服务贸易中，金融和保险行业我国对美均为逆差，而金融行业的贸易额和逆差规模远高于保险。结合前文对我国金融和保险服务贸易的国际比较看，我国金融行业的比较优势较弱，并且其竞争力不及保险，这一点在中美双边贸易中也有较为明显的表现（见表 7）。

表 7　　2017 年中美双边贸易情况　　单位：百万美元，%

贸易方向	项目	美国服务贸易总额			中国对美国进（出）口占比	中国占亚太地区对美国进（出）口份额
			亚太地区	中国		
美国出口	服务贸易	780 879	235 423	56 038	7. 18	23. 80
	保险	17 815	6 012	576	3. 23	9. 58
	金融	106 424	19 203	3 959	3. 72	20. 62
美国进口	服务贸易	538 108	144 514	17 550	3. 26	12. 14
	保险	49 698	1 603	413	0. 83	25. 76
	金融	27 986	7 137	754	2. 69	10. 56

资料来源：BEA。

2017 年，在美国 7 808. 9 亿美元的服务贸易出口中，来自中国的购买达到 560. 4 亿美元，占美国服务贸易出口总额的 7. 18%，是美国对整个亚太市场服务贸易出口的 23. 8%。其中，中国进口的金融和保险服务金额分别为 39. 6 亿美元和 5. 8 亿美元，各占美国对应行业出口的 3. 73% 和 3. 23%。可见，对美国而言，中国是其亚太市场重要的金融服务贸易购买者。

2017 年，在美国 5 381. 1 亿美元的服务贸易进口中，向中国购买的服务贸易金额达 175. 5 亿美元，占美国服务贸易进口总额的 3. 26%，是美国对整个亚太市场服务贸易进口的 12. 1%。因而，美国在服务贸易进口方面对中国的依赖程度远低于其出口。从金融和保险两个细分行业看，美国向中国进口的金融和保险服务金额分别为 7. 5 亿美元和 4. 13 亿美元，各占美国对应行业进口的 2. 69% 和 0. 83%。

产业内贸易是国际服务贸易的重要特征。由于中美双方在同一行业既有进口也有出口，即存在产业内贸易的情形，表 8 参考程大中（2008）关于近 10 年中美第三产业部门的产业内贸易情况计算。其中，基于两国第三产业各细分行业的进出口数据计算的 IIT 指数，其取值范围为［0，1］，IIT = 0 意味着没有产业内贸易发生，全部都是产业间贸易，IIT = 1 则表示两国在某行业的贸易全部是产业内贸易。从表 8 可以看出，2008—2017 年，中美服务贸易中交通运输、其他商务服务，以及通信、计算机及信息服务 3 个行业的产业内贸易水平较高，高于第三产业部门整体水平，其次是保险服务，而金融服务的产业内贸易水平较低，最低的是知识产权使用费。从边际上看（如表 8 中 MIIT 指数所反映的情况），保险服务是近 10 年内中美产业内贸易水平提升最多的细分行业，而金融服务方面，中美产业内贸易提高的程度远不及保险。

表 8　　　　中美服务部门产业内贸易水平及变化

	产业内贸易水平（IIT 指数）				边际产业内贸易（MIIT）
	2008 年	2013 年	2017 年	2008—2017 年均值	2008—2017 年
第三产业部门	0.82	0.54	0.48	0.58	0.28
维修服务等	0.34	0.29	0.43	0.37	0.47
交通运输	0.92	0.92	0.96	0.94	0.66
旅行项	0.76	0.32	0.25	0.41	0.10
保险服务	0.91	0.48	0.84	0.48	0.83
金融服务	0.30	0.28	0.32	0.27	0.33
知识产权使用费	0.12	0.07	0.19	0.10	0.21
通信、计算机及信息服务	0.50	0.44	0.90	0.62	0.00
其他商务服务	0.86	0.98	0.81	0.87	0.00
政府购买及服务	0.63	0.35	0.44	0.45	0.36

注：（1）$IIT = 1 - |X - M| / (X + M)$，其中，$X$、$M$ 分别表示某服务部门当期的出口额和进口额，IIT 取值范围是［0，1］，$IIT = 0$ 意味着没有产业内贸易发生，而全部都是产业间贸易，$IIT = 1$ 则完全是产业内贸易。

（2）$MIIT$ 描述了服务贸易变化中的产业内贸易的重要性，取值区间为［0，1］，0 表示某服务部门边际贸易全部为产业间贸易，1 表示边际贸易全为产业内贸易。

资料来源：BEA。

三、中美贸易摩擦对上海金融业的影响及其应对

由于中美贸易摩擦本质上是全球化失衡的集中表现，其中又叠加大国博弈和日趋复杂的国际环境，对于中国来说，应注重与世界的沟通，站在世界的角度看待自己，尤其是中国要避免其他国家误解国内的政策举措。在金融层面，由于中美贸易谈判进程的不确定性增大了资产价格的波动，金融稳定应受到更多关注，并避免中美贸易摩擦演变为金融摩擦；我国还应继续深化金融市场化改革，扩大金融业对外开放，提高我国金融市场的吸引力和金融机构的国际竞争力。

（一）防范化解重大风险、率先落实资管新规

在宏观层面要树立底线思维，一是保持人民币汇率在合理水平上的基本稳定；二是稳步推进金融改革，注重预期管理，并且在防范化解金融风险的同时，保持流动性合理充裕；三是在金融对外开放进程中，应区别对待金融业开放和资本项目开放，对后者需要格外谨慎，在上海自贸区建设中，应重点关注跨境资本流动风险。

上海作为金融中心，是金融机构和要素的重要聚集地，在金融市场化改革、完善我国金融运行环境方面起着重要作用。2018 年出台的《资管新规》[①] 是推动我国金融行业转型发展、回归服务实体经济本源的顶层设计，上海应率先推进并早日落实《资管新规》的要求，在金融业务中消除多层嵌套、减少监管套利，打破刚性兑付，规范资金池、降低期限错配、减少流动性风险。

1. 减少多层嵌套和资金空转、缩短融资链条，降低企业的融资成本，强化金融服务实体经济的功能

金融业增加值占 GDP 的比重较高，在某种程度上反映了我国金融业侵蚀着实体经济的利润。自 2012 年起，我国金融业增加值增速远超 GDP 增速，金融业增加值占我国 GDP 的比重逐年提高。2015 年，我国金融行业增加值在 GDP 中的占比（8.3%）甚至超过了美国（7.5%）、英国（6.8%）等发达国家。直到 2016 年、2017 年，这一趋势才出现较为明显的转变。

2. 打破刚性兑付，并逐步优化金融市场结构

长期以来，我国金融体系由以银行为主的间接融资主导，直接融资发展很不充分。打破刚性兑付将提高投资者对股票和债券的需求，带动直接融资发展。打破刚性兑付将在一定程度上削弱理财产品的吸引力，而既能提供保障又有契约保证收益的保险产品会更受稳健投资者青睐，这将促进保险业发展，提高保险在金融业中的占比[②]。

3. 坚决遏制房价上涨，避免进一步加剧金融体系脆弱性

目前，上海房地产市场的风险并不大，但由于我国金融部门资产端的地产化程度较高，遏制房价上涨也有利于控制金融体系脆弱性的上升，并降低其他实体经济部门发展的成本。一是高房价提高了企业家扎扎实实发展实业的机会成本，从长期看，会加大创新难度，因为企业家没有动力追求有创新带来的垄断利润，而是希望赚快钱；二是房租伴随房价水涨船高也切实增加了实体经济的运营成本和人才安家置业的压力；三是居民部门杠杆率高企对消费的挤出效应已经压过了房价上涨带来的财富效应。因而遏制房价上涨有助于转变经济发展方式，加快实体经济复苏进程，也可为降杠杆和防范化解金融风险提供更扎实的基础。

（二）扩大金融业对外开放、提升上海国际金融中心能级

上海仍应坚持扩大金融业对外开放先行先试，并以国内目前正在进行的金融

---

① 3 月 28 日，中央全面深化改革委员会第一次会议审议通过了《关于规范金融机构资产管理业务的指导意见》（简称《资管新规》）。

② 我国金融业增加值构成中，保险业占比仅 6.8%，而美国金融业增加值构成中，保险业的占比接近 40%，是金融行业的重要支柱。

业改革和我国金融业对外开放为契机，提高本土金融机构的资产管理能力和资本市场服务水平，提高我国金融的国际竞争力。打破刚性兑付、强调独立运作将扭转刚性兑付推高无风险收益率、扭曲了市场定价机制的现状，提高金融市场资源配置效率。金融机构业务转型和提高主动管理能力，将使金融在真正为实体经济服务的过程中实现自身的稳定发展。

继续提升上海国际金融中心能级。对标国际顶级金融中心，上海在营商环境、创新城市指标等方面还有较大的提升空间。目前，上海在商业便利度和创新城市指标中分别排在全球第 71 位和第 18 位。这也表明上海国际金融中心建设在上述两个维度上仍大有可为。

1. 优化营商环境有利于对冲中美贸易摩擦带来的压力

优化营商环境不仅是提升上海金融中心建设能级的重要方面，在中美贸易摩擦背景下，优化营商环境还有利于对冲贸易摩擦带来的不确定性对商贸投资的负面影响。李克强总理在 2018 年夏季达沃斯论坛开幕式的发言中提出要以更大力度推进改革开放，而首当其冲的就是“全面深化改革，深入推进简政放权、放管结合、优化服务改革，进一步放宽市场准入，继续降低关税总水平。为各类所有制企业、内外资企业打造一视同仁、公平竞争的营商环境，落实和完善支持民营经济的政策措施”。

2. 加强创新经济的资本支持，加大对民营经济“走出去”的金融支持

应对中美贸易失衡，治本之术仍是走创新驱动发展的道路，这对金融支持实体经济提出了更高的要求。上海应将国际金融中心建设和全球科创中心建设相结合，加强对创新经济的资本支持，支持企业“走出去”获取核心资源和技术。在具体实施层面，由于贸易摩擦导致政治风险增加，可考虑更大力度支持民营企业“走出去”，促进上海制造业向全球价值链中高端升级。

作为配套措施，应考虑鼓励为“产、学、研”融合提供资源整合服务的业态发展。上海拥有先进的制造业体系，为“产、学、研”一体化提供了物质基础。日本川崎市的经验表明，在大型企业和科研机构的引领下，基于工厂的生产功能以提升其研发功能，即充分挖掘制造业企业（尤其是小微企业）在零部件供给、产品试制、开发等方面对科技成果转化的支持性功能，可以加速研究成果的转化，使基于大、中、小企业及科研机构网络的“产、学、研”体系成为企业核心技术获取的“加速器”。

参考文献

[1] 中华人民共和国国务院新闻办公室［C］．关于中美经贸摩擦的事实与

中方立场，2018－09.

［2］盛松成，龙玉．中美贸易逆差实际上没那么大［EB/OL］．华尔街见闻，2018－04－03.

［3］程大中．中美服务部门的产业内贸易及其影响因素分析［J］．管理世界，2008（9）.

［4］尹国君，刘建江．中美服务贸易国际竞争力比较研究［J］．国际贸易问题，2012（7）.

长三角地区普惠金融供给机制的现状、原因与改善方向

孙 丹

在中国发展普惠金融，虽然有制度和体制的支持，金融科技的助推也提高了金融效率，但具体到不同地区，要形成产品供给体系的多元化、多层次，却有不同的优势和挑战。也就是说，一方面需要长三角地区的普惠金融供给机制统一起来，进而带动长三角参与国际经济竞争，另一方面又要进一步明确城市分工和错位发展。

一、普惠金融供给机制的研究背景

（一）当前中国贫富差距问题凸显

目前的金融体系并没有为社会所有人群提供有效的金融服务，尤其是在发展中国家，受传统金融排斥和金融创新不足的影响，金融资源过度向上层集中，可得性和覆盖率都需提升。近年来，世界银行、IMF 和联合国等主要发展机构都在积极推进普惠金融计划，希望通过小额信贷（以及微型金融）的发展，建立一个全新的金融体系，即普惠金融体系（Inclusive Finance System）。IMF 在 2017 年的研究表明，普惠金融程度高的国家经济增速要比普惠金融程度较低的国家高 2～3 个百分点。

国际上通常把基尼系数 0.4 作为收入分配差距的“警戒线”，一般发达国家在 0.24～0.36，美国偏高，为 0.45。而中国的基尼系数近 10 年基本稳定在 0.46～0.49，远远高于发达国家平均水平，而且近两年又出现抬头趋势。国家统计局公布的数据显示，2018 年上半年，仅有 9 个省份人均可支配收入超过全国水平。其中，上海、北京居民人均可支配收入突破 3 万元，浙江、天津超过 2 万元，而大量中部地区省份在 1 万元左右，西部地区大都在 1 万元以下（见图 1）。

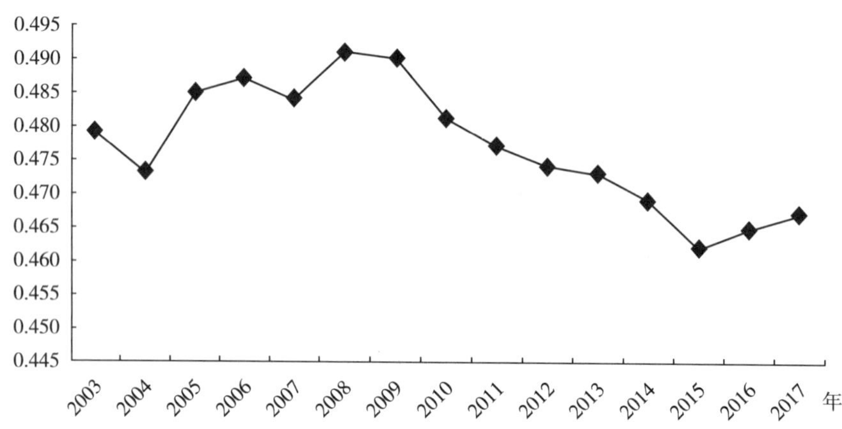

资料来源：国家统计局。

图 1　中国居民收入基尼系数（2003—2017 年）

由于一个国家金融供求均衡程度、金融管制程度等影响金融价格变化的因素会随着经济发展而变化，传统金融无法覆盖的群体也会发生变化。随着中国经济发展进入新常态，大批新型小微企业和个体工商户应运而生，金融需求加速增长，金融资源向普惠金融领域适度倾斜成为必然要求。从目前来看，被传统金融忽略的群体主要是“中小微弱”。因此，2015 年 3 月的中国《政府工作报告》及 2016 年 1 月的《推动普惠金融发展规划（2016—2020 年）》明确中国的普惠金融服务对象为农民、小微企业、城镇低收入人群和残疾人、老年人等其他特殊群体。中国当前有 6 000 万 ~7 000 万户小微企业主和商户、1. 2 亿 ~1. 5 亿低收入工薪阶层人群和 1. 8 亿 ~2 亿农户，其中有相当比例的人口尚未享受到完善的金融服务。另外，民政部发布的《2017 社会服务发展统计公报》显示，全国 60 周岁及以上老年人口占总人口的 17. 3%，享受困难生活补贴的残疾人超过 1 000 万人，接近总人口的 1%。通过建立公平、透明的普惠金融供给机制，为这些人群提供具有可得性的金融服务，有利于缩小贫富差距，使经济增长更加强劲、可持续。

（二）中国的普惠金融供给与现有金融体系的对立性凸显

当前中国的普惠金融供给面临两大挑战。第一，中国的金融体系是银行主导型，融资机制以间接融资为主，政策性金融的比重过大。为提高银行体系的普惠程度而发布的政策（如 2017 年 9 月 30 日人民银行发布的《关于对普惠金融实施定向降准的通知》、2018 年 2 月 14 日银监会印发的《中国银监会办公厅关于做好 2018 年“三农”和扶贫金融服务工作的通知》），使传统银行朝非营利性的方向作出了一些尝试，但这些尝试没有超过其业务总量的 1%。据人民银行每季公布的《金融机构贷款投向统计报告》①，在人民币各项贷款增速保持稳定的前提下，在普惠金融被提升为国家战略后，小微企业贷款和涉农贷款增速从 2017 年第四季度开始持续下滑，涉农贷款更是大幅低于人民币各项贷款增速。

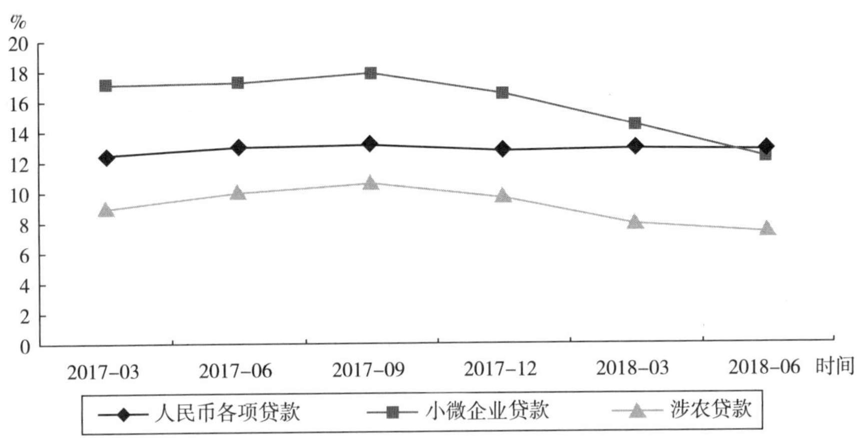

资料来源：中国人民银行。

图 2　人民币各项贷款增速（2017—2018 年）

而根据银监会数据，截至 2017 年 12 月末，全国银行业金融机构乡镇覆盖率为 95.99%，行政村基础金融服务覆盖率为 96.44%。可见，涉农贷款常年远低于人民币各项贷款增速的事实并不是由金融基础设施缺乏造成的。

第二，中国还未形成适应中小企业发展特点的信贷体系。小微企业、涉农企业一般难以满足发行股票、债券的基本条件，在其他股权融资方式还不发达的情况下，主要依靠信贷融资支持。

近年来，中小银行、民营银行发展迅速，银行机构数增长很快。以涉农业务为主营业务的银行机构为例，从 2010 年到 2018 年 6 月，农村商业银行从 85 家增加到 1 311 家，村镇银行从 349 家增加到 1 594 家，农村信用社和农村资金互助社分别增长至 938 家和 47 家②。因此，从总体趋势来看，在银行业金融机构的小微贷款持续增长的情况下，农村商业银行在小微贷款总量中的占比也在持续上升，从 2015 年的约 20% 上升至 2018 年的 27%。

但是，这些银行理应成为普惠金融供给的生力军，但目前还未充分发挥其应有的作用。截至 2018 年 6 月，农村商业银行小微贷款余额仅 6.5 万亿元，占其总

---

① http://www.pbc.gov.cn/diaochatongjisi/116219/116225/3582027/index.html.

②《银行业金融机构法人名单》，银保监会，2018-8-30. http://www.cbrc.gov.cn/govView_F87A960A10774321927O7EEA1CBC64AD.html.

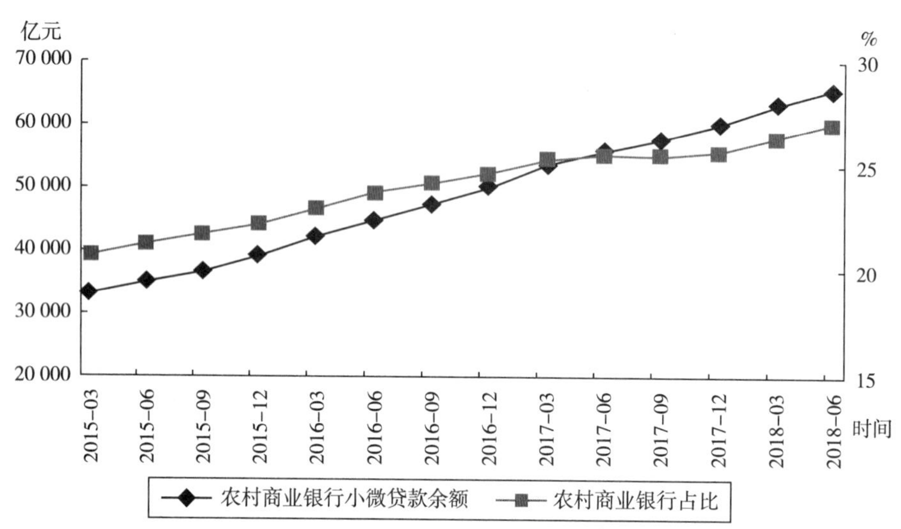

资料来源：银保监会。

图 3　农村商业银行小微贷款余额及占比（2015—2018 年）

资产的 25% 左右，贷存比为 48%，低于大型银行的 57%；农村商业银行在小微贷款总量中的占比为 27%，低于国有商业银行的 30.1%。

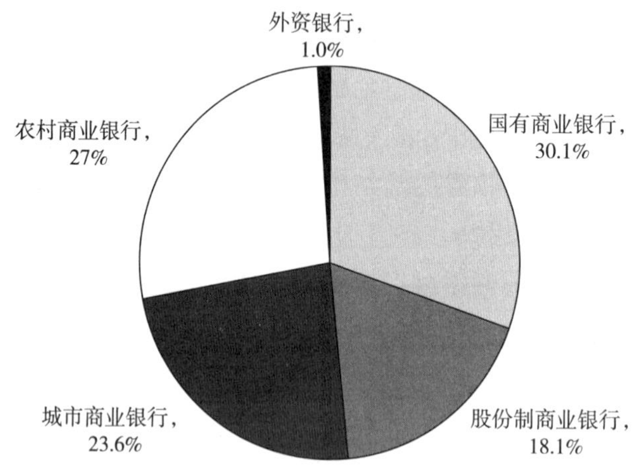

注：因四舍五入，加总不等于 100%。

资料来源：银保监会。

图 4　各类银行小微贷款份额（2018 年 6 月）

上述挑战存在的根本原因在于，普惠金融体系与现有的金融体系具有天然的矛盾，主要表现在：

第一，金融机构以盈利为目标，无法满足普惠金融对象的金融需求。要照顾小微企业，则必须压低公众的资金回报；要提高公众投资收益，则金融资源“垒大户”、非普惠性问题将更加突出，直接体现为互联网金融崛起、存款搬家和银行体系流动性紧张，银行间市场利率飙涨、银行追逐高回报（泡沫高风险），实体经济部门资金链紧绷。

第二，金融机构对客户予以信任的方式有限，如果要有效地承担风险，必须以实体抵押物为基础，而这正是大多数普惠金融对象所缺乏的。虽然金融科技的发展和应用可以一定程度上提高业务效率，但仍然无法全面解决上述信用缺陷问题。不法分子还利用监管真空，制造出一系列互联网金融乱象——近年来大量P2P平台跑路或倒闭、以区块链作为幌子进行首次代币发售（ICO）谋取暴利。另外，政策金融也不可能成为普惠金融的主要方向。因此，建设普惠金融供给机制的途径就是要从上述两个方面克服与现有金融体系的对立。

二、长三角地区普惠金融供给机制运作现状

从全球范围来看，普惠金融服务经历了“小额信贷—微型金融—传统普惠金融—数字普惠金融”的发展历程。这一内涵的演变带来了中国普惠金融供给机制的扩展和延伸，从初期的信贷服务拓展为储蓄、支付、信贷、保险、理财为一体的综合性金融服务。服务的供给主体也日趋丰富和多样化，除了村镇金融机构，越来越多的大型的、主流的金融机构加入进来，金融科技公司也成为普惠金融服务的生力军。其中，银行业供给最为丰富。长三角地区合计近4万家银行业金融机构营业网点，密度为每万人1.35～2.22个网点①。

表1　　长三角地区普惠金融银行业供给机构（2017年）

2017年	营业网点数			
机构＼地区	上海	江苏	浙江	安徽
大型商业银行	1 690	5 073	3 760	2 368
国家开发银行和政策性银行	14	93	45	91
股份制商业银行	723	1 369	1 058	343
城市商业银行	394	938	1 549	465
大型农村金融机构	377	3 331	4 183	3 128
财务公司	22	16	0	6
信托公司	7	4	0	2
邮政储蓄银行	485	2 524	1 726	1 778
外资银行	213	76	10	5
新型农村金融机构	154	867	250	278

① 笔者根据人民银行《2018年区域金融运行报告》数据计算。

续表

2017 年	营业网点数			
机构 \ 地区	上海	江苏	浙江	安徽
其他	20	6	0	9
合计	4 099	14 297	12 581	8 473

资料来源：中国人民银行《2018 年区域金融运行报告》。

但各地较为集中的机构类型并不一致。在上海和江苏，大型商业银行最为密集，人均密度高达 0.6 ~ 0.7 个/万人；而浙江和安徽的小型农村金融机构最为密集，人均密度在 0.5 ~ 0.7 个/万人。这在一定程度上反映了长三角普惠金融供给的互补性。从总数来看，浙江省的营业网点密度最高，其次是江苏和上海，均高于全国平均水平（1.59 个/万人），安徽则低于全国平均水平①。

表 2　长三角地区普惠金融银行业供给密度（2017 年）

机构 \ 地区	上海	江苏	浙江	安徽
大型商业银行	0.70	0.63	0.66	0.38
国家开发银行和政策性银行	0.01	0.01	0.01	0.01
股份制商业银行	0.30	0.17	0.19	0.05
城市商业银行	0.16	0.12	0.27	0.07
小型农村金融机构	0.16	0.41	0.74	0.50
邮政储蓄银行	0.20	0.31	0.31	0.28
新型农村金融机构	0.06	0.11	0.04	0.04
共计	1.59	1.77	2.22	1.35

资料来源：中国人民银行《2018 年区域金融运行报告》，国家统计局。

同时，2017 年，长三角地区小微企业和涉农贷款余额增速均超过全国水平。尤其是安徽，小微企业贷款增速高达 21.2%，涉农贷款余额高达 15%。

下文按照机构分类介绍长三角地区普惠金融供给模式和产品概况。

（一）银行、保险机构供给

1. “政府 + 保险 + 银行”风险共担模式调动积极性

保险公司具有风险保障和长期资金优势，通过加强保险公司与银行合作，尤其是以政府信用为背书，采取“政府 + 保险 + 银行”的风险共担模式，在一定程度上解决普惠对象的信用问题。

首先，根据企业纳税信用提供一定额度的信用贷款或担保贷款项目，调动传

① 笔者根据人民银行《2018 年区域金融运行报告》数据计算。

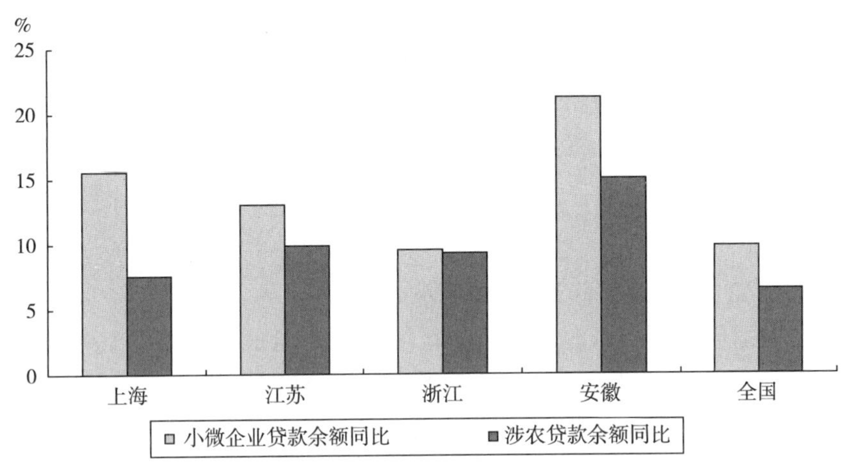

资料来源：中国人民银行《2018 年区域金融运行报告》。

图 5　长三角地区普惠金融贷款余额增速超过全国平均水平（2017 年）

统银行对小微企业信贷投放的积极性。截至 2017 年年末，这一项目在上海市贷款余额达 167 亿元①，在安徽省贷款余额达 153 亿元②。

其次，在“三农”领域，除了基本的农业保险，上海市农委 2016 年推出“互联网金融 + 农业品牌质押”业务，在全国首创农业品牌质押保险，即只要拥有上海市著名商标或上海名牌产品商标，获得当地农委批准，与安信农业保险股份公司和中信银行上海分行达成三方合作意向，通过品牌价值评估、征信调查、第三方实施产品质量抽检，融资企业就能与安信农保签订商标质押合同，从而获得基准利率的大额贷款服务③。这标志着今后获得“上海市著名商标”或“上海市名牌产品”称号的新型农业经营主体，将新增一条融资途径。截至 2017 年年末，该项目已发放 16 笔贷款，总额 6 310 万元，无一笔坏账发生④。

无独有偶。针对家庭农场贷款需求额度小、频次快、缺抵押等特点，浙江银行业探索出了小额农贷的多种新模式，以扶持家庭农场转型升级。第一种，“银行 + 保险”合作。先由家庭农场或农场主向保险公司投保，由保险公司承担主要的还款保证责任，并与信用社签订小额贷款保证保险追偿协议，而后由信用社发放贷款。如衢江联社联合区财政局、人保财险推出“金伞贷”，先由家庭农场向保险公司投保，由保险公司承担主要的还款保证责任，并与信用社签订小额贷款

① 上海银监局，上海保监局 . 2017 年上海市普惠金融发展报告［R］. 2018：45.

② 中国人民银行金融消费权益保护局 . 2017 年中国普惠金融指标分析报告［R］. 13.

③ 上海推出“互联网金融 + 农业品牌质押”［EB/OL］. http：//www. xinhuanet. com/politics/2016 - 05/06/c _ 128962092. htm.

④《2017 年上海市普惠金融发展报告》，第 49 页。

保证保险追偿协议，而后由信用社发放信用贷款，财政专项设立每年 150 万元的风险补偿基金。到目前尚无不良贷款。第二种，“银行 + 担保公司”合作。利用财政资金建立农业政策性融资担保公司，由银行和担保公司分担贷款风险（银行分担 20%，担保基金分担 80%），撬动信贷资金投放。目前，长兴、安吉等地已成立 6 000 万元的担保基金，银行可以担保基金规模的 10 倍杠杆提供 6 亿元家庭农场等农业贷款[①]。

2. 为科创企业打造精准的银行和保险产品

上海是中国创新创业资源最丰富的区域之一，但是融资难尤其是贷款难的问题依然突出，大量初创期企业很难得到银行的融资支持。为此，上海市银行业围绕物理网点的“最后一公里”，专属设置科创支行，为遍布在上海市各个经济领域的科创企业提供特色化、专属金融服务。例如，上海农商银行最早于 2012 年成立了全市首家科创支行——张江科技支行，构建以科技支行为龙头、30 家科技金融服务特色支行为支撑的专营体系，2017 年，在全市 7 家挂牌的科创支行中，张江科技支行业务占比达 36%；2018 年，上海农商银行还将在上海杨浦区长阳创谷成立特色双创支行[②]。另外，建设银行上海分行推出了“星罗科创”科技金融服务整体方案[③]。

与此同时，针对科创企业的特点，上海市保险业推动保险机构推出两项精准服务。其一，为注册在上海的科技型小微企业（在初创期和营业收入不超过1 000 万元）推出了“科技型小微企业贷款保证保险”产品，由政府、银行、保险共同对贷款损失进行风险分担。截至 2017 年年末，已累计为 2 959 家科创企业提供了此类信贷支持，贷款金额达 140.6 亿元，涉及制造业、电子信息、环保等多个领域。[④] 其二，开展专利综合保险试点，为投保企业因投保专利发生侵权而产生的法律调查、诉讼和其他相关费用等提供保险保障。目前，通过专利综合保险已为 160 余家科创、小微企业的 1 728 件专利提供约 4 700 万元的风险保障。

（二）证券机构供给

1. 通过期货市场转嫁涉农风险

一直以来，中国的农产品很难和期货、期权等资本市场建立有效衔接，农产

---

① 家庭农场“小”贷款书写“大”文章［EB/OL］. http：//www.cbrc.gov.cn/zhejiang/docPcjgView/7D4B482C072A43998F166175A51A2A8E/600610.html.

② 以服务铸就品牌，上海农商银行“广度”与“力度”并重［EB/OL］. http：//shanghai.xinmin.cn/latest/2018/08/23/31421816.html.

③ 建行上海市分行探索“大都市型普惠金融”［EB/OL］. http：//sh.people.com.cn/n2/2018/0503/c139965-31532963.html.

④ 包括中型科创企业。

品生产者无法利用资本市场对冲价格风险。为提高涉农企业、农民专业合作社等新型农业经营主体化解市场风险的能力，上海证券期货经营机构通过将价格保险产品及场内期货与场外期权结合起来，推出“农业＋保险＋期货”业务试点。其运作机制是保险人和被保险人通过保险合约约定一个目标价格，设定目标价格时会考虑农户的生产成本、人工以及一定范围的稳定收益，保障农户一年辛苦不会白费。投保人以农产品的目标价格进行投保，保险公司只收取其中极少部分的保费作为基本的运营费用，绝大部分保费用于购买该品种的场外看跌期权进行再保险，以对冲该产品价格下跌可能带来的理赔风险。而期货公司风险管理子公司在期货交易所进行复制看跌期权操作，以分散价格下跌的风险。通过这样的再保险方式，保险公司将风险转嫁给资本市场，从而保证农户在农产品价格下跌时获得保险的赔付。① 2017 年上海辖区内共有 5 家期货公司参与该项试点，上海期货交易所共为海南橡胶种植户提供风险保障 1.79 亿元，年内完成赔付 307 万元，惠及胶农 4 004 户；在天然橡胶“保险＋期货”项目上的投入，从 2017 年的 3 960 万元增加到 2018 年的 7 200 万元。

2. 通过基金支持科创企业成长

科技与金融是助推实体经济发展的两翼，创业资本能让科技与金融“联姻”，破解产业发展的难题。2017 年，上海为吸引天使投资、创投机构集聚，成立了首期规模 65.2 亿元的上海科创中心股权投资基金、总规模 50 亿元的创业投资引导资金和 15 亿元的天使投资引导资金，积极支持小微企业起步成长，缓解小微企业“最先一公里”的资金来源问题。

浙江省历来是国内领先的创业投资集聚地，早在 2001 年就成立了由浙江省科技厅主管的浙江省创业投资协会。根据中国基金协会数据，截至 2017 年年末，浙江共有 1 500 多家创投管理机构，管理基金规模 4 000 多亿元；其中杭州有近 800 家创投机构，管理基金规模达 2 200 亿元，玉皇山南基金小镇、白沙泉并购金融街区等金融特色小镇在全国创投比重持续增加。2017 年 2 月浙江省出台《关于促进浙江省创业投资持续健康发展的实施意见》②，明确争取设立国家级创业投资综合改革试验区的愿景，以助力杭州经济的创新发展与提质增效。

（三）金融科技平台供给

1. 网商银行为“码商”提供综合金融服务

2015 年，网商银行在浙江杭州成立，其业务对象主要是阿里电商生态内持有

---

① 《人民日报：保险＋期货 胶农稳收获》，http：//www.shfe.com.cn/content/2017－bxjqh/mtbd－2.html.

② http：//biz.zjol.com.cn/zjjbd/zjxw/201704/t20170424_3506876.shtml.

二维码交易的小微商户和农村商户（又称“码商”）。从行业看，“码商”主要以服务行业的经营者为主，其中服装店、超市便利店、烟酒杂货等零售商家占19%，餐饮、教育、美容、维修、家政等纯服务性商家达81%，并以“高频、小额、短期”借贷为主。截至2017年年末，杭州网商银行累计服务商户571万户，户均贷款余额2.8万元，不良贷款率仅1.23%。

网商银行的模式是以支付为入口，通过提供交易、收款、保险、理财、贷款等一系列综合金融服务，提升客户黏性与活跃度。截至2017年年末，“码商”已超过4 000万家，小微商家通过收钱码收款将转化为信用积累，即“多收多贷”。

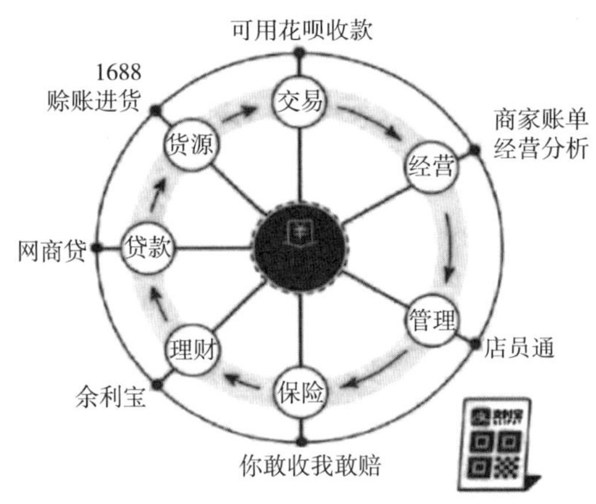

资料来源：蚂蚁金服。

图6　网商贷是阿里集团服务小微商户生态系统的重要环节

2. P2P平台规模及风险都较大

中国是全球最大的P2P市场，平台数量全球第一，达6 000余家，交易额也是美国的数倍。2017年，长三角地区有4家P2P网贷平台位于全国十强，其中，上海陆金所总成交量和贷款余额均位居全国首位。2018年1—7月，成交量进入全国前十的长三角P2P平台共有5家，均集中在上海，行业集中度大幅提高，陆金所的绝对优势地位受到挑战。

表3　长三角地区P2P网贷平台龙头企业（2018年1—7月）

排名	平台	所在地	成交量（亿元）
1	陆金服	上海	847.3
2	红岭创投	广东	655.9
3	爱钱进	北京	442.9
4	有利网	北京	358.6
5	拍拍贷	上海	340.0

续表

排名	平台	所在地	成交量（亿元）
6	麻袋财富	上海	302.2
7	你我贷	上海	266.1
8	小赢网金	广东	209.8
9	宜贷网	上海	209.4
10	轻易贷	河北	207.9
11	人人贷	北京	202.8
12	团贷网	广东	153.0

资料来源：网贷之家。

但与此同时，P2P 平台风险仍相当突出。尽管 2015 年和 2016 年全国出现过两轮规模比较大的“跑路潮”，但平台的成交量和待还余额总体呈上升态势。2018 年以来，P2P 平台的成交额开始持续下降，特别是近三个月平台的待还余额出现急剧下降，说明投资者、社会公众和监管部门对 P2P 网络借贷的风险有了新认识。长三角地区是 P2P 平台的重镇，近五年停业平台在全国占比为 30% 左右，问题平台占比则持续走高，2018 年以来有 2/3 的问题平台出在长三角，后续停业或跑路的风险极大，凸显了加强对长三角地区 P2P 平台规范对维持国内金融稳定的重要意义。而且，经过整改后行业集中度进一步上升，龙头公司也将受益，有利于长三角地区 P2P 行业的长远发展。

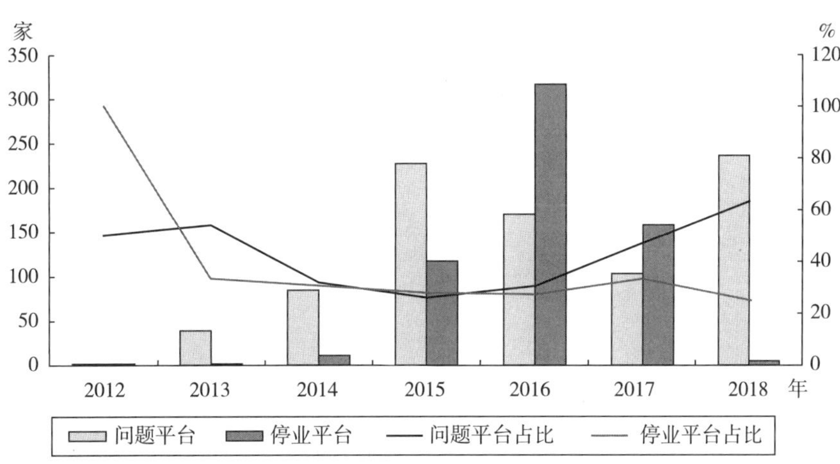

资料来源：网贷之家。

图 7　长三角地区 P2P 问题平台及停业平台占比（2012—2018 年）

（四）其他新型机构供给

1. 小额贷款公司

小额信贷机构作为非货币银行服务类金融企业，是银行业金融机构的重要补充。

从区域内部看，近两年，江苏的贷款余额规模最大，其次是浙江和安徽，上海最小，这与四省市的人均地区生产总值水平并不完全一致，安徽省需要进一步增加小额贷款的供给。同时，在加强小额贷款公司规范管理的政策背景下，江苏和浙江的贷款规模持续收缩，而上海和安徽有所增加。2017 年，上海市共有 127 家小额贷款公司开业，累计向 2.1 万余家小微企业发放贷款 754 亿余元[①]，平均每户贷款余额为 360 万元。江苏省共有小额贷款公司 526 家，贷款余额 761 亿元，其中，农村小额贷款公司 428 家，贷款余额 581 亿元；科技小额贷款公司 98 家，贷款余额 180 亿元。为鼓励扩大行业规模，江苏省金融办在 2017 年 11 月正式下发了《关于促进小额贷款公司持续健康发展的指导意见》，明确了小贷公司可享受免征增值税等政策扶持，并将继续放宽市场准入[②]。

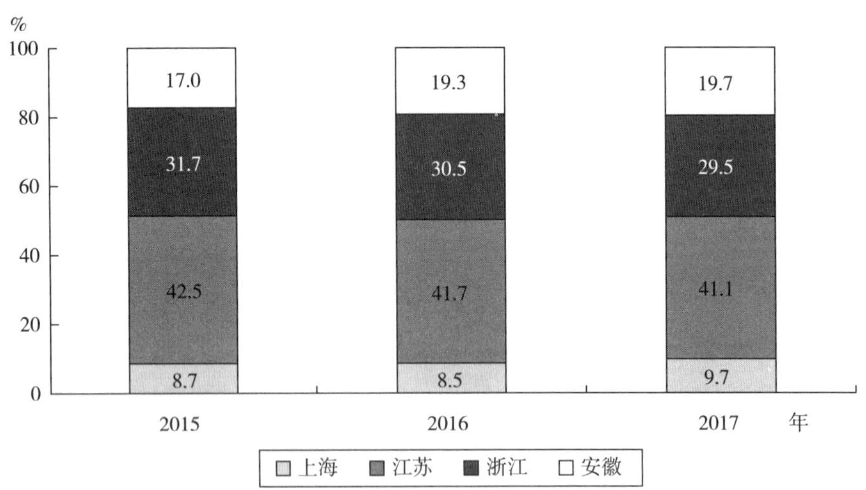

资料来源：Wind。

图 8 长三角地区小额贷款公司贷款余额变化（2015—2017 年）

从全国范围来看，长三角地区小贷公司份额较小。2018 年上半年，公司数量不到全国的 1/5，贷款余额不到 1/3。

---

① 《2017 年上海市普惠金融发展报告》，第 25 页。

② https://www.sohu.com/a/207706447_772319.

表 4　　长三角地区小额贷款公司规模（2018 年 6 月）

2018 年 6 月	公司		贷款	
	公司数量（家）	份额（%）	贷款余额（亿元）	份额（%）
全国	8 394	100.0	9 762.7	100.0
上海	127	1.5	757.4	7.8
江苏	637	7.6	902.7	9.2
浙江	324	3.9	671.8	6.9
安徽	438	5.2	451.0	4.6
长三角地区	1 526	18.2	2 783	28.5

资料来源：Wind。

从贷款流向看，长三角地区的小贷公司总体上体现出服务“三农”、中小微企业和科创型企业的发展定位。长三角地区已逐步形成了一批专注服务科创小微企业的小贷公司，如上海浦东张江科技小额贷款股份有限公司，以“投贷孵学”联动助力科创企业发展。

2. 消费金融公司

消费金融公司的主要任务是向从银行或其他渠道借不到款的客户提供资金，用于消费。信贷期限为 1～12 个月，金额一般在 20 万元以下，通常不包括住房和汽车等消费贷款，专指日常消费如日耗品、衣服、房租、电子产品等小额信贷。

根据消费金融业务是否依托于场景、放贷资金是否直接划入消费场景中，又可以将消费金融业务分为消费贷和现金贷。由于消费金融机构不能完全覆盖各类生活场景，因此直接给用户资金的现金贷成为有场景依托的消费贷的有力补充，大多数消费金融公司都同时具备这两种形式的消费金融产品。

由于消费金融公司发放的贷款是无担保、无抵押贷款，风险相对较高，银监会因而设立了严格的监管标准。自 2010 年以来，获得银监会批复的消费金融公司共 26 家，其中 5 家分布在长三角地区。截至 2017 年年末，净利润约占全国的 1/4。其中，中银消费金融依靠良好的资金渠道（中国银行）和良好的获客渠道（2345 贷款王）在净利润上领先行业。2017 年，上海市辖内消费金融公司累计发放消费贷款近 725 笔，共 406 亿元①，涉及居民在教育、旅游、装修、购物方面的消费需求。

① 《2017 年上海市普惠金融发展报告》，第 17 页。

表 5　　长三角地区的持牌消费金融公司业绩情况（2017 年）

地区	公司	总资产（亿元）	净利润（亿元）
上海	中银消费金融	398	13.75
	尚诚消费金融	9.9	-0.13
江苏	苏宁消费金融	57.8	2.2
浙江	杭银消费金融	16.7	-0.35
安徽	华融消费金融	68.3	1.05

资料来源：国家金融与发展实验室。①

3. 融资担保公司

近几年，随着经济结构调整的深入，企业信用风险显著上升，商业化融资担保公司抗风险能力及盈利能力受到严重挑战，政策性融资担保公司占比持续上升，中国的融资担保行业表现出一定的政策性功能。

长三角地区也体现出这一特点。根据国家工商总局数据，截至 2018 年 9 月，长三角地区共有融资担保机构 2 300 余家，约占全国的 18%。其中，国有担保机构 90 家，外资担保机构 27 家。国有担保机构数量少，但资本规模很大，80% 以上的国企具有 5 000 万元以上注册资本，而在民企中，这个比例只有 30%②。如宁波市，16 家国有融资担保机构的担保总额、在保余额在全市 45 家融资担保机构中已占到将近 50%。

在长三角地区内部，行业结构有明显梯度表现。上海行业结构较为优化，机构数量少、质量高，注册资本在 5 000 万元以上的机构占比高达 95% 以上，而江苏这一比例不足 20%，安徽与浙江的比例在 50% 左右。原因在于，上海自 2011 年来正式开展融资性担保行业规范发展，经过不断风险化解和处置，担保机构减量增质，政策性担保机构已成为引领行业发展的主力。尤其是 2016 年成立上海中小微企业政策性融资担保基金以来，倾向于向科技类企业提供担保，截至 2017 年年末，信用类贷款担保业务约占 91%，其中科技型等上海市重点支持产业的业务占 42%，有效缓解了科技型小微企业的融资困难③。

其他省市的政策性融资担保功能也各有特点。安徽省金融办已连续 5 年组织对全省融资担保机构开展信用评级工作。2018 年 BBB 以上级别的共有 132 家④，并以唯一的一家 AAA 级担保机构——安徽省担保集团牵头，推出“4321”新型政银担合作模式。在浙江省，宁波市的创业担保贷款政策累计为 1.7 万余名创业

① 《中国普惠金融创新报告 2018》，第 128 页。

② http://www.gsxt.gov.cn/corp-query-search-1.html.

③ 《2017 年上海市普惠金融发展报告》，第 21 页。

④ http://www.ahjr.gov.cn/cn/news/info_39.aspx?itemid=7662.

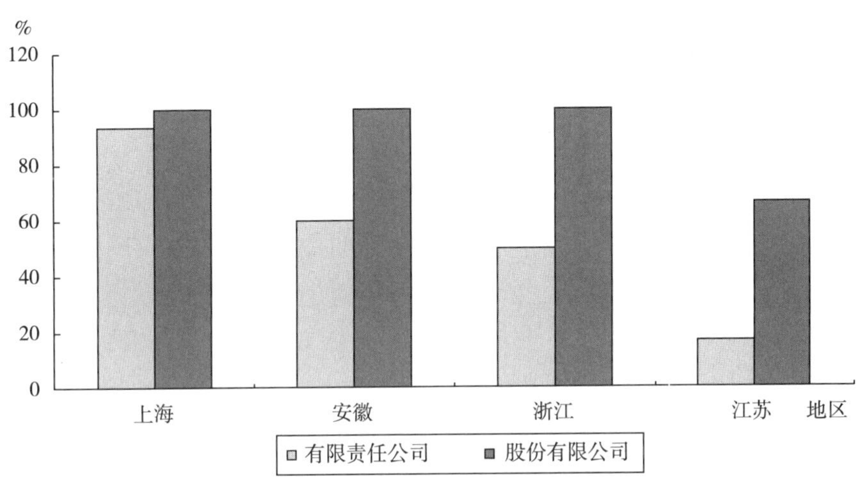

资料来源：企查查。

图9　长三角地区注册资本5 000万元以上的融资担保机构占比（2018年9月）

人员发放创业担保贷款30亿元，贷款还款率达到99.9%；2017年吸纳（带动）就业人数达18 370人。

2018年8月，由财政部牵头，20家银行、保险机构入股，国家融资担保基金成立。基金将采取股权投资、再担保等形式支持各省（区、市）开展针对小微企业、“三农”和创新创业的担保业务，有助于提升“银担合作”的商业可持续性。初步测算，今后三年基金累计可支持相关担保贷款5 000亿元左右，约占现有全国融资担保业务的1/4。

三、长三角普惠金融供给存在的主要问题与解决思路

（一）主要问题：市场机制效果有限，激励不足

1. 小微企业融资的市场机制未充分显现

中国小微企业普遍管理不成熟、不规范，财务、管理信息不透明，抗风险能力较弱，平均寿命较短，仅为2～3年，贷款违约率较高，信贷成本也高。根据银监会公布的商业银行贷款损失准备数据，初步测算商业银行与中银富登信贷成本对比情况，同口径数据显示，2017年中国商业银行平均信贷成本为0.39%，而专门从事小微信贷业务的中银富登村镇银行信贷成本为0.98%。[①]

但是，为了实现加强金融服务小微企业目标，监管部门要求金融机构既要加大小微企业的信贷投放力度，又不能提高小微企业贷款利率，还要防控风险，不

① 汪小亚．中银富登破解农村金融难题［EB/OL］．http：//wemedia.ifeng.com/57875783/wemed：a.shtml.

良资产不得上升。三大要求明显违反了“风险—收益正相关”的市场规律，无法同时满足。金融机构在这样的约束下，向小微企业提供信贷的动力极低。相当一部分号称“低息”的小微企业信贷，只是借助政策支持的名义，以小微信贷为通道，资金实际流向了地方政府的融资平台和房地产市场。

浙江省的调研数据进一步证实了长三角地区小微企业融资的主要问题。浙江民营经济发展趋势领先于全国数年，具有一定风向标意义。据人民银行杭州中心支行和浙江省发改委在2018 年上半年联合开展的小微企业融资状况调查显示，目前浙江省小微企业融资有以下三个特点①。

一是银行贷款仍然是小微企业的主要融资渠道。调查数据显示，67% 的中小企业仅通过银行贷款融资，民间借贷和金融租赁是中小企业除贷款之外的主要融资方式，分别占比 22. 5% 和 6. 8% 。

二是浙江小微企业贷款需求总体上升。根据对受访企业的调查，贷款需求上升的占比 37. 5% ，持平的占比 51. 8% ，下降的占比 10. 5% 。小微企业银行贷款的总量和覆盖面进一步扩大，有银行贷款的小微企业比重为 17. 9% ，比 2017 年年末提高了 1. 7 个百分点，但是占比还是非常少，不到两成。小微企业贷款余额比 2017 年年末增长了 7. 9% 。

三是结构性融资难和成本上升的情况依然存在。比如，受访企业中有 24. 5% 选择“有贷款需求”，其中选择“银行贷款难度比上年‘持平或容易’和‘困难’”的小微企业分别占 74. 3% 和 25. 7% 。同时，六成受访企业表示银行贷款综合融资成本（含利息、手续费和其他）与上年持平，三成受访企业反映比年初略有上升。

但小微融资成本上升的大背景是所有信贷成本都在上升。2018 年 1—6 月，浙江全省贷款平均利率为 6. 22% ，同比上升了 0. 43 个百分点。其中，非银行机构中的典当行、担保公司和小额贷款公司利率上升明显。

2. “三农”普惠金融供给的激励不足

随着农村地区的经济发展、农业结构和产业层次调整，以及城乡一体化建设的推进，“三农”金融需求发生了新的变化。一是资金需求逐年增大，二是资金用途越来越广，三是金融需求更多元化，除了传统的贷款和保险需求，还有理财、投资以及科技化金融服务需求。而且，这些变化在长三角地区更为突出。

面对上述需求变化，长三角地区当前的“三农”金融供给主要体现为激励不足。

① http：//m. dyxhw. com/cj/2018/0904/4075. html.

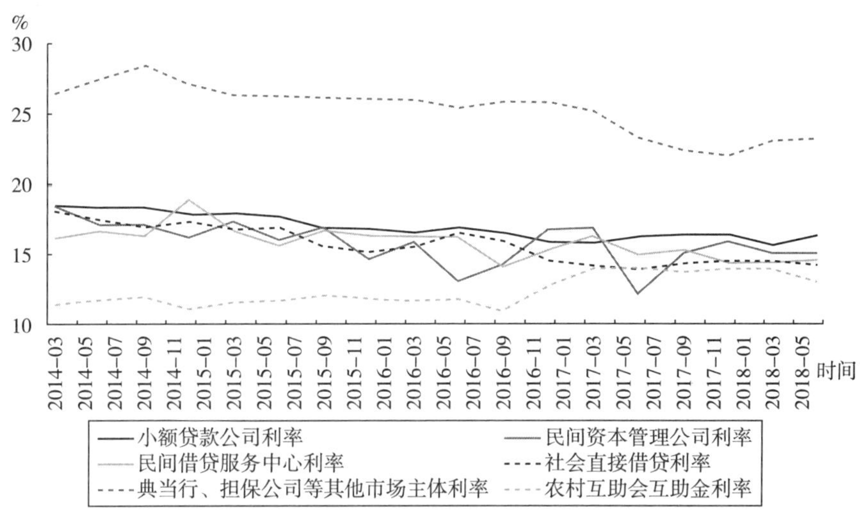

资料来源：温州市金融办。

图 10　非银行机构借贷利率表现（2014—2018 年）

第一，农村普惠金融立法滞后。当前，中国农村金融适用的法律主要有《中国人民银行法》《银行业监督管理法》《商业银行法》等基本金融法，并没有专门调整农村金融市场法律关系的法律；作为农村金融供给主体的农村信用合作社也处于多头管理的局面；农村民间金融也缺乏法律规制。这些都严重影响了普惠金融供给功效的发挥。

第二，财政支持的政策性农业保险覆盖不足。农业保险大多是政策性保险，政府扶持必不可少。以往的农产品价格保险，保费都是由农户出一部分，中央、省、市县三级财政配套补贴。但当前在上海期货交易所的“农业 + 保险 + 期货”业务试点中，保费不由农户承担，而是由上海期货交易所完全承担，导致企业的费用负担加重。只有农户和社会各方适当承担部分保费，项目才能持续铺开、深化，惠及尽可能多的农户和农业产业。

第三，当前农村金融机构定向费用补贴采用事后补贴的方式。对农村金融机构来说，农村金融风险大、成本高、收益低，政策的事前激励不足，无法充分调动金融机构主观能动性，填补农村金融服务空白。

第四，农村地区资金外流明显。虽然涉农贷款余额增长迅速，但从存贷比看，县域以下吸储大于放贷，资金大部分外流，用于转投风险低、成本低的大中型企业，而不是用来支持本地农村经济发展。

第五，在新型供给机构方面，几乎没有融资担保机构以农业为主要业务方向，大部分集中在金融业、租赁和商务服务业。

表 6　　长三角地区融资担保机构业务结构（2018 年）

地区	总计	农林牧渔业	金融业	租赁和商务服务业
上海	76	0	11	65
安徽	540	1	206	300
浙江	504	1	175	299
江苏	1 209	0	126	1 045
合计	2 329	2	518	1 709

资料来源：企查查。

（二）解决思路：精准响应发达地区的低收入群体金融需求

1. 宏观层面：借鉴发达国家而非发展中国家的经验

长三角地区是新兴的城市群区域，2017 年城镇化率高达 70%。城市人口主要分布在长三角城市群①，包括 1 座超大城市、1 座特大城市、13 座大城市、9 座中等城市和 42 座小城市以及各具特色的小城镇，城镇分布密度达到每万平方千米 80 多个，约为全国平均水平的 4 倍②。2018 年上半年，长三角地区的人均可支配收入达到 22 191 元，是全国平均水平的 1.6 倍。其中，上海处于 2020 年初步建成国际金融中心的过程中，杭州市是中国数字经济的龙头。2018 年 3 月，上海全球金融中心指数（GFCI）位列第 6，杭州处于金融中心候补名单的前三名。显然，这些因素决定了长三角地区在空间规模上可能已经达到了世界级城市群的要求，与发达国家或地区城市群的普惠金融供给机制有较强的可比性。

表 7　　世界级城市群基本经济情况（2016 年）

2016 年	面积（万平方千米）	人口（万人）	人均 GDP（美元/人）
中国长三角	21.2	15 030	12 588
美国东北部大西洋沿岸	13.8	6 500	68 633
北美五大湖	24.5	5 000	53 781
日本太平洋沿岸	3.5	7 000	35 904
欧洲西北部	14.5	4 600	47 585
英国中南部	4.5	3 560	44 550

资料来源：国家统计局，世界银行。

发达国家或地区值得借鉴的原因在于，经济发达，社会保障体系完善，却仍

① 规划范围包括：上海市，江苏省的南京、无锡、常州、苏州、南通、盐城、扬州、镇江、泰州，浙江省的杭州、宁波、嘉兴、湖州、绍兴、金华、舟山、台州，安徽省的合肥、芜湖、马鞍山、铜陵、安庆、滁州、池州、宣城等 26 市。

② 《长江三角洲城市群发展规划》，http://www.ndrc.gov.cn/zcfb/zcfbghwb/201606/W020160715545638297734.pdf.

有很大比例的贫困人口。城市中的低收入人群大部分依靠救助金或养老金维持生活；在农村，现代化农业不仅需要技术的支持，也需要资金的投入。

在美国，社区银行①被公认为成熟的商业银行发展模式。一方面，社区银行地缘优势明显，小额存款（低于10万美元的存款）占比高达70%～80%，向本地居民、中小企业和农场主提供融资等金融服务；另一方面，社区银行拥有良好的资产质量，主要基于“关系型贷款”评价技术，依靠所在区域人格信任关系网络进行综合评分，使之能够在保持较高净息差的同时维持较低的坏账率。目前，富国银行（Wells Fargo）的社区银行是全美最大的小微企业贷款提供者。

日本是亚洲经济最发达的国家，其农业经济发展平稳，主要得益于完善的农村金融组织体系，主要细分为农村政策性金融机构、合作性金融组织、农业保险机构三类。其中，合作性金融组织大多以农业协同联合会（以下简称农协）的方式运作，是亚洲乃至世界最成功的农民经济合作组织。一方面，以独立于商业银行的方式，组织农协会员手中的剩余资金开展以农协会员为对象的信贷业务（日本大部分农户都加入农协，可以享受优惠贷款与金融咨询服务），其体系有农林渔业金融公库、农业协同联合会和基层农协会等由高至低三个级别。三个级别定位不同的业务范围，不存在竞争关系；当低级别的金融机构出现资金困难时，其他级别的金融机构都会为其提供资金援助。另一方面，有完善的外部监管协调机制，即由农林水产部门协助金融监管厅进行监管，建立了一系列风险保障制度，如存款保险制度、相互援助制度和农业信用保证制度。

英国的普惠金融因P2P而闻名。长期以来，英国政府通过减税、直接投资等方式支持互联网金融的发展。在法律层面，以《消费者信贷法》为依据，将P2P网络借贷界定为消费信贷。在监管方面，实行以“行业自律与政府监管相结合”监管制度，三家最大的P2P网络平台自发成立了自律组织——P2P金融协会，在一定程度上维护了市场规则；金融行为监管局将其作为“借贷类众筹”进行监管，2014年1月起实施的《众筹监管规则》也是全球第一部P2P网络借贷行业法案。

2. 微观层面：理解长三角地区的短期融资结构

长三角地区大部分普惠金融需求者的融资时间很短。根据杭州网商银行的年报，2017年线下小微经营者平均每笔贷款约7 600元，平均资金使用时长50天，6个月内贷款超过3次的经营者达35%。P2P网贷平台的数据也显示，2015—2017年，长三角地区平均借款期限在半年左右，2018年6月，上升到8个多月，

---

① 孙国茂，等．普惠金融组织与普惠金融发展研究［M］．北京：中国金融出版社，2017：92.

其中，浙江仅 5 个月，远远低于全国平均融资期限 14 个月。

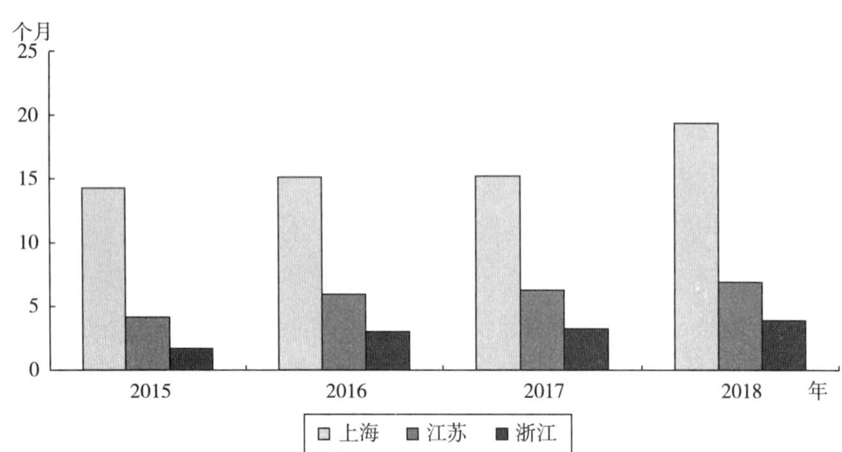

资料来源：网贷之家。

图 11　长三角地区 P2P 网贷平均融资期限（2015—2018 年）

这使我们有必要关注长三角地区的短期融资结构。在中国，居民短期贷款分为消费贷款与经营贷款。经营贷款是小企业主和个体工商户为满足经营需求而申请的贷款，在申请时需要营业执照等文件。相比之下消费贷款申请条件较低，加之银行难以且缺乏足够动机追踪贷款用途，因而存在较大可操作的空间。消费贷与居民日常消费，尤其是汽车消费紧密相关。2017 年前，居民短期消费贷款与代表需求的社会零售总额及汽车销量走势较为一致，2017 年 3 月开始出现巨大分化。与此同时，个人购房贷款占居民消费贷款的比例出现负增长，但房价增速依然平稳，可以判断，异常新增消费贷流入了房地产市场，居民通过非房贷的口径获得住房贷款。2017 年 9 月以来，在金融去杠杆的要求下，北京、江苏、深圳等地区监管部门先后发文要求严查消费贷，使消费贷大幅降温。虽然全国范围内的消费贷增速仍显著高于经营贷，但长三角地区受到的冲击比较明显，例如，2018 年江苏的消费贷增速已下降至与经营贷增速持平。

随着中国经济发展模式从出口拉动转向内需拉动，以及互联网消费金融效率的提高，消费信贷需求势必会持续释放，消费金融领域存在很大提升空间。要注意的是，传统消费信贷与互联网消费融资的结构并不一样。

四、可能的改善方向

（一）政策层面：打造都市型普惠金融品牌“长三角普惠金融论坛”

长三角城市群是长三角地区顺利实现经济联动的基础，也是发展都市型普惠金融的基础。通过自上而下的推动方式和完善的顶层设计，将为普惠金融长期稳

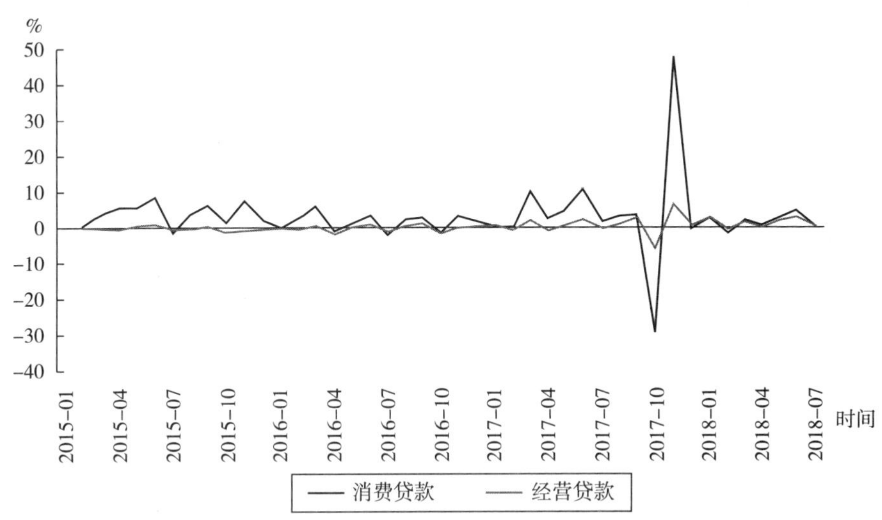

资料来源：中国人民银行。

图 12 江苏省短期消费贷增速与经营贷增速持平（2015—2018 年）

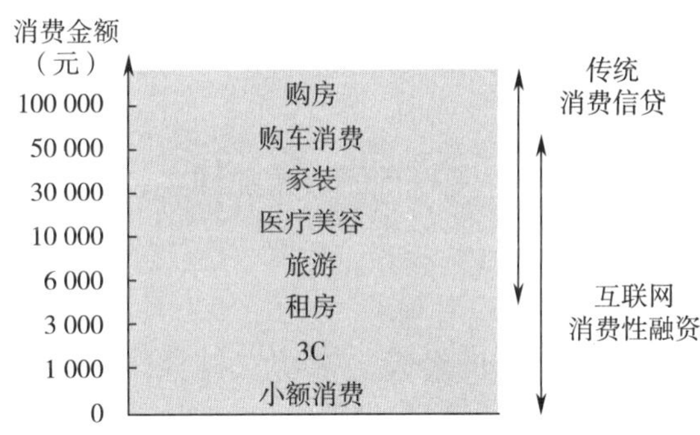

图 13 互联网消费性融资场景

定的发展提供政策支撑。

要打造都市型普惠金融品牌，可以成立“长三角普惠金融论坛”作为常设机构，通过小组的形式使不同政策部门加入协调。主要实现四个方面的功能：监管和标准制定、小微企业融资、涉农金融协作、金融消费者保护和金融素养教育。

1. 监管和标准制定小组

首先，不同政策适用群体是不同的，因此必须清晰界定长三角地区普惠金融对象，明确小微企业、个体工商户、农村人口、老年人、享受低保人群、大学毕业生等弱势群体的具体标准。

其次，在具体的监管政策上，着重改善两点。第一点，真正加强金融对小微等实体经济薄弱环节的支持，不依靠行政指令、手段直接干预市场资源配置，而是通过各种政策手段建立金融机构服务小微的激励机制。比如，允许风险溢价，提高对小微信贷风险的容忍度；对国有金融机构的股东完善相关考核机制，鼓励金融机构从事小微金融服务；财税政策要大力支持，对金融机构小微信贷风险加以补偿，实现鼓励金融支持实体经济与金融风险防控的有效平衡[①]。第二点，明确对以 P2P 为代表的互联网普惠金融供给方式进行引导自律约束与监管并行。可以借鉴英国 P2P 行业模式，以上海陆金所为首，成立长三角 P2P 行业协会，维护市场规则，推动长三角 P2P 行业领衔中国 P2P 行业健康发展。

2. 小微企业融资小组[②]

小微企业融资小组主要牵头优化长三角地区小微企业的发展体制机制和创业创新环境，充分发挥各地注册会计师协会、律师协会、期货行业协会和股权交易中心等社会中介力量和专业服务的作用，建立专业化服务联盟，帮助培育小微企业。具体包括且不限于：

（1）引导个体工商户转型升级为企业；

（2）完善小微企业上市育成机制，支持符合条件的小微企业在新三板或股权交易中心挂牌融资；

（3）鼓励商业银行大力发展社区银行、小微专营支行和科技支行等各类特色支行；

（4）推进绿色债、创业创新债等新债券品种试点，积极引导企业对接多层次资本市场。

3. 涉农金融协作小组

主要目标是借鉴日本和德国的经验，推动农村合作金融组织发展成为长三角地区农村普惠金融的主体。

（1）为积极引导农村资金回流，设立“农村金融普惠基金”。基金来源可以是长三角所有法人金融机构每年营业收入的一定比例（如 1%），由该组织对该基金的用途、运作进行统一管理，真正做到“取之于民、用之于民”。

（2）建立一系列保障制度，尤其是农业信用保证制度。例如，针对当前可接受的抵押物类型单一的情况，除土地、房产、车辆、设备外，还可以统一规定以大额订单、大棚设施、应收账款为标的进行抵押贷款。

（3）推动更多的融资担保机构主要服务“三农”业务。

---

① 徐忠．有效的金融监管体系探讨［EB/OL］．新浪专栏，http：//finance. sina. com. cn/zl/bank/2018 - 09 - 06/zl - ihitesuz2331956. shtml.

② http：//gsj. zj. gov. cn/art/2018/3/15/art _ 1236110 _ 16132556. html.

4. 金融消费者保护和金融素养教育小组

金融消费者保护应以教育预防为先。仿照美国把每年 4 月定为“美国金融扫盲月”的制度，可将每年某个月固定为长三角金融素养教育月，集中在大学校园、社区、会展中心等特定场所对特定人群进行金融知识宣讲等多种形式的活动。

以老年人为例。随着中国进入老龄化社会，侵犯老年人合法权益的金融诈骗也越来越多。多数老年被害人经济能力下降，认知水平有限，不能理解基础的金融知识和日新月异的金融投资方式。对老年人的金融教育活动，可以探索适合老年人生活、知识和心理的内容和形式，不拘一格，灵活进行。例如，可以充分发挥家庭、社区场所功能，通过网络、微信、电视、公交系统、短信提示、宣传手册等平台载体，以案说法、举一反三；还需要动员社会多元力量，如除政府组织以外，可以通过购买市场购买服务，来实现较少成本支出、增加专业实效和信息时效；通过发动高校、志愿者、律师等社会资源，多管齐下、多元共治。另外，还可以借鉴美国在这方面的成熟经验。美联储下设的金融消费者保护局单设老年人金融保护办公室，专门针对62 周岁以上的老年人进行金融消费保护。针对老年人容易遭受到的金融风险进行提示和帮助。2013 年 6 月发布的《老年人智慧理财防骗指南》，列举了老年人易遭受的金融侵害类型及诈骗形式，并提供具有可操作性的防骗忠告。同时，在金融消费者保护局的官方网站上，还有针对老年金融消费者防骗的专门板块，演示不同的诈骗方式。

（二）机构层面：探索商业可持续之路

1. 提高普惠金融服务效率

由于长三角地区的普惠金融需求期限较短，如果供给方的金融服务效率不高，就会使借贷双方都丧失机会。相较之下，传统银行需要在这一方面有明显改善。

首先，传统银行不缺数据，但缺乏数据整合。现在银行有上万家遍布全国的营业网点，有上亿人次下载的手机银行 APP，这些渠道都能实时产生数据并沉淀下来，如何打破部门与条线壁垒，集中数据资产，消除“数据孤岛”现象是实现“又普又惠”的前提。

其次，传统银行也不缺客户，但缺乏有效普惠客户。当前普惠金融已形成以金融科技为支撑，解决小微企业与“三农”群体融资难、融资贵的难题的主流思路。杭州网商银行之所以能将“服务农村市场”作为发展战略之一，就在于聚合阿里巴巴、蚂蚁金服整个生态协同力量，构建覆盖农村经济的信息数据价值链，为链上的企业及农户提供从农资采购到农产品销售的整体金融服务方案，极大地提升了客户黏性。传统银行也应结合自身优势资源禀赋和地域经济发展特点，明确定位普惠客户类别。例如，浙江省的商业银行可选择塑料、五金类小微企业有针对性地提供“一揽子”金融服务方案。再如，在长三角地区约有 4 500 万农业人口，其中 1/3 的留守者是女性，绝大多数女性没有银行流水和抵押物，也就没有经济信用，很难获得金融服务。但根据蚂蚁金服的数据，在其贷款平台上，给女性的平均授信额度要比男性高 7%，且女性的违约率只有男性的 1/3，可见女性贷款者往往更有信用。通过为留守女性提供小额信贷，鼓励农村留守女性创业，有利于帮助她们把信用转化为经济能力。

最后，数据只是起点，如何用好数据，基于数据迅速作出科学的策略选择才至关重要。如果在客户群体选择上将风控前置，就能找出有把握的客户群；在具体客户选择上，积极引入新的数据分析方法（如机器学习、人工智能等），就能提升客户相应的速度。

2. 改进业务模式，降低服务成本——以平安普惠为例

在普惠金融领域，客户需求呈现分散化、差异化的特点，再加上资金需求小额化、风险评估非标化，传统业务模式往往具有很高的服务成本。例如，商业银行发放一笔小微贷款的平均人力成本在 2 000 元，而杭州网商银行每笔贷款的平均运营成本仅为 2. 3 元，其中 2 元还是电费和存储硬件费用。这是因为它将核心系统架构在金融云上，“云”核心信息系统具备处理海量、突发性交易请求的能力，拥有复杂的数据模型和数据处理逻辑，具备实时与高质量的服务处理性能。

在传统的借贷业务中，金融机构通常独立完成从申请到放款的全部业务环节，这种“单打独斗”的发展模式在普惠借贷领域存在固有的矛盾性。如风控环节，很多金融机构只有一套风控系统，对普惠人群没有针对性，也无法把风险分担、转嫁出去，导致商业模式无法持续下去。任何单一机构在任何一个环节（获客、风控、催收等）的能力局限或成本高企都会对其业务的规模化运营、可持续化增长形成阻碍，导致普惠金融业务推行受阻，难以持续下沉。

因此，在实践中，很多公司开始尝试将借贷环节模块化，将能力短板环节开放给合作方，共同完成借贷业务。最为常见的是开放资金端的联合放贷模式，即从资金端引入其他商业银行的资金，同时邀请合作银行做联合风控。

而上海平安普惠摸索出一种普惠借贷领域的新业务模式——开放聚合式借贷服务平台，其强调合作与整合，允许合作方有能力短板、不具备端到端的服务能力，只要在某个环节有优势就可以加入进来。

具体来说，平台依托于金融科技，将过去由单一机构独立完成的诸多信贷环节模块化，通过搭建开放式平台，连接借款方（场景）、风控增信方（大数据风

控、担保、保险)、资金方（银行、小贷），借助自身线上线下相结合的服务网络，提高整体业务在获客、风控、资金、贷后等各个环节的运行效率。

这个模式的关键点是风险承担。由于普惠金融人群具有风险高、波动大等特点，单一主体如果自担风险，则风险集中度太高，容易影响其业务盈利性和可持续性。平台模式促进了增信方与资金方共同为普惠金融人群提供服务，发挥保险公司、融资担保公司风险分担、风险保障的能力，并可以通过共保、担保 + 保险等模式服务更为广泛、下沉的客户群体。同时，平台、增信方、资金方的风险模型可以交互验证，借助平台的优势，行为数据、互联网数据与银行、小贷公司、保险公司、担保公司的金融数据在判断普惠金融人群信贷风险上的优势被有效整合，使评估结果更为全面、准确，最终形成风险分散、成本可控、多方受益的风险承担机制。

在“开放”与“聚合”之中，各类主体的业务优势充分发挥，深度交叉融合，消除了各自的短板，在风险可控的前提下形成规模效应，实现运营成本、风险成本和资金成本的“三降”，理论上可以实现普惠金融的商业可持续，为中国的普惠金融发展开辟一条新路。

不过，这一模式运营效果还需要验证。从实际操作上看，平台化的运营关键是各机构之间稳定持久的合作，而对于聚合式借贷服务平台来说，如何和合作方长期构建这种合作，聚合式平台需要极强的整合运营能力。

3. 大型银行发展微型金融——以中银富登村镇银行为例①

自 2011 年起，借助中国银行的品牌和资源优势，结合富登金控的微型金融经验，中国银行与新加坡淡马锡下属的富登金控大规模发起设立村镇银行，形成了独特的村镇银行投资管理模式。截至 2018 年 5 月，形成了覆盖 19 个省（市）县域农村的金融服务网络。共有法人机构 100 家、乡镇支行网点 119 家、行政村助农服务站 300 家，存款余额近 300 亿元，贷款余额超 300 亿元；共服务客户 184 万户，为 21 万客户提供贷款服务，户均贷款约为 22 万元。其中，涉农及小微贷款占全部贷款的 90. 29% ，农户贷款占全部贷款的 41. 56% 。2017 年年底，不良贷款率仅为 1. 66% ，优于行业平均水平（约为 2. 7% ）。实践表明，中国银行通过发起设立村镇银行探索出一条商业性可持续发展的农村金融新路。

首先，立足县域，做到“支农支小”。贷存比在一定程度上能反映金融机构吸收当地资金是否投放当地。2017 年，中银富登村镇银行整体贷存比为 105% ，相比之下，四大国有商业银行贷存比为 53% ~60% ，农商行贷存比约为 48% ，邮

① 汪小亚. 中银富登破解农村金融难题［EB/OL］. http：//wemedia. ifeng. com/57875783/wemedia. shtml.

储银行的贷存比约为 26%。这反映出中银富登真正做到立足县域，将当地资金投放当地。

其次，探索出非抵押的放款模式。缺乏抵押物，是导致农民贷款难的痛点。中银富登接受农村集体土地上的房产、大棚、猪舍、鸡舍等为“准抵押物”，高度重视借款人第一还款来源、软信息及违约成本。对于农村企业，通过银行客户经理的“尽职调查”主动为企业“增信”，企业法人的人品德行、企业的纳税凭证、厂房等“弱”担保要件在这里都可以作为获得融资的“硬”支撑。同时，高度重视此类业务的风险，在产品设计之初，就对市场选择、客户准入、押品评估、额度确定、贷后管理等各个方面进行全面、严格的规定。特别是在客户准入和额度测算方面，严格把关，弥补此类业务可能存在的担保有效性不足问题，同时依靠平行监控、监督检查和培训等手段，防范可能出现的贷款损失。

最后，建设助农服务站，服务“最后一公里”。这是中银富登村镇银行解决网点不足的有力举措。目前，该行开立助农服务站 10 家，服务范围既包括基础的金融服务，也涵盖各类增值服务，如水电煤等公共事业缴费、电话充值等。

2018 年 1 月 9 日，银监会印发了《关于开展投资管理型村镇银行和“多县一行”制村镇银行试点工作的通知》。建议长三角监管部门加快推动“投资管理型村镇银行”试点工作，并将中银富登纳入首批试点行。为防止业务同质化，纳入投资管理型村镇银行试点的中银富登，在后续发展中应坚持“集团内 + 体制外”创新模式，深入探索金融支农支小和商业可持续发展的有效机制，真正破解中国农村金融难题。

五、结语

实际上，当前在长三角地区，已有一个较为成熟的普惠金融供给模式值得复制与推广，即“宁波模式”①。

宁波自 2007 年开始探索实践普惠金融，2015 年经中国人民银行总行批复设立全国第一个普惠金融综合示范区。著名的中银富登村镇银行就是从宁波起步的。宁波的城乡协调发展水平较高，民营经济发达，小微企业众多，近年来获得了“中国制造 2025”试点示范城市、“一带一路”建设综合试验区、国家保险创新综合试验区等重要平台。因此，可以确定宁波发展普惠金融的重点是在小微企业、“创业创新”和“三农”。截至 2017 年年末，全市共有 47 家小额贷款公司、13 家村镇银行、2 家农村保险互助社、14 家农村资金互助会、45 家融资担保机

---

① 朱文剑．宁波普惠金融综合示范区试点的实践与思考［EB/OL］．http：//www.financialnews.com.cn/ll/gdsj/201712/t20171211_129358.html.

构，每万人拥有的银行网点数已达到3.02个，远远高于全国平均水平和长三角地区平均水平。全市所有乡镇和行政村实现网点全覆盖，基础金融服务覆盖率达到100%，真正实现了“乡乡有机构、村村有服务”；先后推出六大类、169个小微金融创新产品，受益小微企业超过12万户，各类农村金融创新产品惠及农户10万多户。

尤其具有针对性的措施有：数字化的支付手段在农（渔）产品交易、农村公交、村级财务和农民日常生活领域得到了广泛应用；在完善小微企业与农户信用信息数据库的基础上，建成了普惠金融信用信息服务平台；实施了“金融普惠—校园启蒙”国民金融素质教育提升工程，目前已从“进校园”“进课堂”发展到了“进课程”。

总之，在中国发展普惠金融，虽然有制度和体制的支持，金融科技的助推也提高了金融效率，但具体到不同地区，要形成产品供给体系的多元化、多层次，却有不同的优势和挑战。也就是说，一方面需要长三角地区的普惠金融供给机制统一起来，有助于带动长三角参与国际经济竞争，另一方面又要进一步明确城市分工和错位发展。上海既是国家战略的落实之地，又是国内外资本的来往通道；浙江的民营企业和互联网经济充满活力；江苏的外资经济拥有技术创新能力；安徽的工业发展空间巨大。通过长三角普惠金融机制，将四地金融资源联动起来，有利于取长补短，快速引领发展中国家发达地区的普惠金融供给机制成熟起来。

参考文献

[1] 上海银监局，上海保监局.2017年上海市普惠金融发展报告［R/OL］.

[2] 中国人民银行金融消费权益保护局.2017年中国普惠金融指标分析报告［R/OL］.

[3] 国家金融与发展实验室. 中国普惠金融创新报告2018［M］. 北京：社会科学文献出版社.

[4] 汪小亚. 中银富登破解农村金融难题［EB/OL］. http://wemedia.ifeng.com/57875783/wemedia.shtml.

[5] 孙国茂，等. 普惠金融组织与普惠金融发展研究［M］. 北京：中国金融出版社，2017.

[6] 徐忠. 有效的金融监管体系探讨［EB/OL］. http://finance.sina.com.cn/zl/bank/2018-09-06/zl-ihitesuz2331956.shtml.

[7] 朱文剑. 宁波普惠金融综合示范区试点的实践与思考［EB/OL］. http://www.financialnews.com.cn/ll/gdsj/201712/t20171211_129358.html.

数字普惠金融的效率研究

孙　丹

数字经济是指由人、企业、设备、数据和流程之间通过互联网、移动技术在线连接产生的经济活动。近年来，我国数字经济持续快速发展。《2018 全球数字经济发展指数》[①] 显示，通过数字基础设施、数字消费者、数字产业生态、数字公共服务、数字科研五个方面的综合评价，我国在全球排名第二，位列美国之后。2018 年，我国数字经济规模达到 31.3 万亿元，占 GDP 比重为 34.8%，数字产业化规模达到 6.4 万亿元，占 GDP 比重为 7.1%。在各大产业中，保险、资本市场服务、货币金融等金融服务业的数字化程度最高，比重分别达到 56.4%、48.7% 和 48.6%[②]。这是数字普惠金融在我国发展的沃土。

一、研究背景

（一）中国步入"科技主导型"数字经济

数字经济发展必然带动金融产业发生变革，使全球市场尤其是新兴市场面临四大挑战：第一，低水平的常规金融服务；第二，低水平的收入和财务知识；第三，不够发达的技术和风险资本经济系统（如缺乏成熟的科技和财务企业，市场过小，收入增长空间有限）；第四，相对较弱的金融基础设施（如不够发达的支付系统、客户的信贷数据、法律执行能力）。

早在 2016 年，世界银行就通过衡量这四个指标，构建了银行—金融科技动态发展空间模型。将各国分为"银行主导型""合作型""科技主导型""终结型"。

---

① 阿里研究院，毕马威．迎接全球数字经济新浪潮［EB/OL］. https：//i. aliresearch. com/img/20180918/20180918153226. pdf.

② 中国信息通信研究院．中国数字经济发展与就业白皮书（2019 年）［EB/OL］．http：//www. caict. ac. cn/kxyj/qwfb/bps/201904/P020190417344468720243．pdf.

结论显示，中国属于“科技主导型”。原因在于，虽然中国的人均国民收入较低，但中产阶级的数量与欧洲人口相差无几，这与中国的高等教育体系和全球供应链的参与率变动方向一致。因此，中国逐步发展起强大的科技生态系统，包括大型本土科技公司、工程和商业技术工人和风险投资人，从而几乎完全克服了上述四大挑战。

在世界银行看来，中国的“科技主导型”主要表现在几个方面。第一，非银行支付机构处理的交易已超过传统银行。第二，传统银行业优先考虑的是国有企业而非中小企业和小微企业，为了应对市场缺口，全国数千家 P2P 借贷平台蓬勃发展。第三，尽管 P2P 交易持续增长，但从规模来看，科技公司在金融领域发挥了更大作用：阿里巴巴旗下的蚂蚁金服（Ant Financial）已成为全球市值最大的金融科技公司；腾讯、阿里巴巴、百度分别成立微众银行、网商银行和百信银行，帮助中小企业更容易地获得资本。而这与我国逐步增强的金融基础设施密切相关，2018 年，我国互联网人口达 8. 29 亿人，互联网普及率为 59. 6%，超过全球平均水平（51. 7%）和亚洲平均水平（46. 7%）；在农村地区，互联网普及率已提高到 38. 4%。

（二）数字普惠金融是未来发展趋势

从全球范围看，2008 年的全球金融危机一方面降低了客户对金融机构的信任，另一方面又增加了金融机构应对紧缩监管政策的成本，包括资本充足率的要求和大量合规措施。因此，传统银行借贷业务的门槛和成本都相应增加，进而促使普惠金融与金融体制改革获得国际社会的关注。

世界各国经济发展的经验表明，一国经济发展最终必须依靠国内资金，外资只能作为国内资金的补充，否则，一旦外资反客为主，将危及一国的经济安全。国内储蓄是通过金融体系转化为投资的，在国内金融体系富有效率的情况下，国内储蓄得到充分有效的使用，从而形成对国外储蓄的弱需求，这样在利用外资上就具有较大的灵活性，能够真正引进“为我所用”的外资，促进国内经济增长，提高国内储蓄能力，这些新增的储蓄通过高效金融体系的转化，又能得到充分有效的使用，如此这般，形成一个良性循环。反之，当国内金融体系处于一种低效率运行状态时，国内储蓄不能得到充分有效的使用，从而形成对国外储蓄的强需求，结果必然导致不分良莠盲目引进外资，外资质量难以得到保证，而且外资会替代国内储蓄，使之闲置，这又进一步强化了对外资的依赖，形成一个恶性循环。因此，一国应该有效提高国内金融效率、充分挖掘国内资金潜力。总之，一个金融系统对外资的依赖越少，它受到外部冲击的风险就越小，这一点对于发展中国家来说尤为重要。

因此，促进普惠金融发展的意义在于，通过扩大对个人、微型、小型和中型企业的金融资源的获取来支持经济增长，尤其是通过支撑以本国货币为基础的金融体系来支持更长远的经济增长。

但实践经验证明，在传统金融技术的约束条件下，普惠金融由于追求商业性和社会性双重绩效目标，容易陷入"普惠金融悖论"。随着数字技术的不断发展及其在金融领域的深度融合与应用，通过数字技术推动普惠金融发展有望成为解决"普惠金融悖论"的有效途径。2010 年到 2017 年，许多普惠金融的进展都表现在数字化方向上。其中，移动货币的发展最为突出，尤其是在肯尼亚和东非，无银行账户的人可以使用手机支付、汇款和储蓄，大大促进了金融的可获得性。

当前，发展数字普惠金融已经成为一项国际政策。2015 年扶贫协商小组（CGAP）将数字金融普惠定义为"被排除在外和服务不足的人群对正式金融服务的数字化获取和使用"；2016 年全球普惠金融合作伙伴组织（GPFI）则定义为"泛指一切通过使用数字金融服务以促进普惠金融的行为"，包括通过部署数字手段，为金融服务缺失或不足的群体提供一系列正规金融服务，匹配他们的需求，对客户而言成本可负担，对提供商而言商业可持续。

2016 年 G20 杭州峰会上发布的《二十国集团数字普惠金融高级原则》，意味着数字普惠金融作为普惠金融的发展趋势已获得国际范围内的认可。目前，通过移动电话和类似设备的创新数字金融服务已经在至少 80 个国家推出，以鼓励数百万计的贫困客户专门使用数字金融服务，而不是基于现金的交易。

二、数字普惠金融及其效率的含义

（一）数字普惠金融的含义

数字普惠金融过程的基本假设是：被排除在外或金融服务不足的人群拥有某种正式的银行账户，需要通过数字渠道进行远程基本金融交易。

数字渠道主要取决于金融科技。金融科技（Financial Technology，FinTech）强调金融和科技的结合，是指新技术带来的金融创新，落脚点在科技，它能创造新的业务模式、应用、流程或产品，从而对金融市场、金融机构或金融服务的提供方式造成重大影响。

"FinTech"最早由花旗集团董事长约翰·里德（John Reed）于 20 世纪 90 年代初期在新成立的"智能卡论坛"上提及。从最广泛的范围考察，金融科技并非新概念，在过去的 100 多年间，全球金融科技领域已经经历过两次重大变革。第一次发生于 20 世纪 50 年代末至 90 年代，以计算机为代表的信息技术将人类社会带入数字化时代，现代通信技术和计算机的广泛应用大幅提升了金融业务的处理效率，使金融服务进入电子化发展阶段。第二次重大变革发生于20世纪90年代至21世纪初，以互联网为主的现代信息技术进一步把人类带入网络信息时代，从而推动信息实现全球共享。可见，金融创新发展脉络中一直包含互联网和科技的基因，信息技术一直支撑着金融业的发展。正因为如此，始于2008年的“金融科技”通常被学者称为FinTech3.0。

金融稳定理事会（FSB）和巴塞尔委员会（BCBS）把FinTech3.0活动分为四类：支付结算（包括网上支付、数字货币、公共账户等）、存贷款与资本筹集（包括P2P网络借贷、众筹、数字货币、分布式账户等）、投资管理（包括智能投资，智能合同等）、市场设施（包括电子数据处理平台、智能合约、大数据云计算、数字身份验证等），并指出金融科技创新的供给侧驱动因素是不断演进的新技术和不断变化的金融监管，需求侧影响因素则是不断变化的企业与消费者偏好。目前，ABCDI五项技术在金融中的应用最为突出，分别是：人工智能AI、分布式账本区块链技术Block Chain、云计算Cloud、大数据Data、物联网Internet of Things。以区块链技术为例，截至2018年3月，中国区块链技术在金融领域的应用占比最高，达43%，加密代币、支付清算、供应链金融、证券、保险等细分领域都得到落地应用。

亚洲开发银行（ADB，2017）提出了一个基于金融科技的普惠金融框架，包含四大支柱。第一个支柱是建立数字识别和e－KYC（认识你的客户）系统，以简化对金融系统的访问。一旦为个人和企业建立，它们不仅为金融提供了坚实的基础，也为更广泛的数字经济的发展提供了坚实的基础。第二个支柱是数字支付基础设施和开放的电子支付系统，这是促进经济中数字金融流动的主要途径。第三个支柱是将促进开户和准入与电子提供政府服务（特别是公共转账和支付）结合起来，以扩大数字金融和相关服务的使用。通过支持接入、支付和储蓄，这三大支柱共同为数字金融转型和金融普惠提供了基础。第四个支柱是数字金融市场和系统的设计，它建立在前三个支柱的基础上，通过支撑包括证券交易、清算和结算以及其他更复杂的金融功能在内的用例，以支持更广泛的金融和投资渠道。这些支柱与配套的基础设施、有利的政策和监管环境一起，为不断发展的数字金融生态系统提供了基础，并帮助经济体在平衡金融稳定、消费者保护和金融完整性的同时，最大化金融科技的普惠收益。

（二）数字普惠金融效率的含义

1. 金融效率的含义

由于发达国家金融体系较为完善，国外学者在金融效率方面的研究偏重于微观和金融市场。但在国内学术界，关于金融效率的系统研究不过 20 余年。王广谦（1997）首次将金融效率划分为金融机构效率、金融市场效率、金融的宏观效率和中央银行对货币的调控效率四个层次，得出金融业在经济增长中作出了 20% 贡献的结论，其研究成果被广泛引用。近年来，国内学者还从资金配置效率、信贷效率、金融机构效率、资本市场效率、金融监管效率、货币政策传导效率、金融制度效率、金融体系效率与企业融资效率等多个角度对金融效率进行了探索。

总体而言，国内主流观点认为，金融效率就是金融资源（货币和货币资本）的配置达到帕累托最优状态。具体来说，包括两个层面的含义：第一，金融产业本身的投入产出率，即微观金融效率；第二，金融资源的配置效率，主要体现在金融资源能否通过金融中介机构和金融市场投放到能极大促进实体经济增长的部门中去，即宏观金融效率。

微观金融效率是基于金融作为一个产业的属性而言；而金融与其他产业的不同之处在于，它还可以通过资金配置对宏观经济运行产生影响，体现为金融体系运行效率，即金融体系承担的社会经济职能：保持经济稳定、促进经济发展、控制金融风险、优化资源配置。从定量研究来看，根据这四种宏观经济职能，可以从以下四个方面衡量宏观金融效率。

第一，金融稳定效率。金融体系“熨平”经济波动、稳定经济发展的功能，主要是通过货币政策来实现的，因此，货币政策的有效性，就成为衡量金融稳定效率的最重要指标。主要考察货币与产出之间是否存在比较密切的联系，货币能否系统地影响产出。

第二，金融发展效率。由于金融发展对于促进经济增长有着重要的作用，金融资产规模的增长率与 GDP 增长率之间的比值能从趋势上综合反映一国金融结构的总体状况和金融发展水平与阶段，是衡量金融发展效率的一个有效指标。

第三，风险控制效率。金融体系面临的风险除了金融运行本身所形成的风险以外，还包括外部经济环境对金融运行的冲击。目前，客观指标主要有两类：一类是反映金融机构经营稳健性的指标，如资本充足率；另一类是反映金融体系已存在的风险指标，如不良资产率等。

第四，资源配置效率。一方面，考察信贷资金配给市场、货币市场、资本市场和外汇市场等金融市场的规模和结构变化。另一方面，由于在金融市场相互分割、缺乏有效沟通渠道的情况下，资金会在不同的市场中形成不同的均衡价格。市场间均衡价格水平的差异越大，意味着通过不同市场配置资源的经济效率差异就越大，因此，市场之间是否存在有效的融通渠道，也是衡量金融体系资源配置效率的一个重要指标。

2. 普惠金融效率

近两年普惠金融研究文献十分丰富，但关于效率的研究主要局限于实证研究，包括两种路径。一种路径聚焦于大型商业银行和小额贷款公司的经营效率。机构的经营效率是指如何更好地配置资本和劳动力等资源投入，以获得贷款数量、金融自足率和贫困覆盖面等最大产出，包括财务效率和社会效率。另一种路径则研究普惠金融背景下小微企业融资效率、涉农贷款配置效率等。

无论哪种路径，大都采用数据包络分析（DEA）进行评估。林春（2017）运用 DEA 超效率模型和 Malmquist 指数模型对我国 31 个省（市、自治区）的小额贷款公司的静态、动态效率进行测算及评价，结果显示，从静态效率看，我国小额贷款公司的整体效率并不高，并且在考察期内呈倒“U”形，其中，东部地区最好，中部地区最差，西部地区适中，但增长潜力较大；从动态效率来看，我国小额贷款公司的全要素生产率整体上增长状况良好，其中，西部地区增长最快，中部地区比较缓慢，而东部地区出现负增长。贾娟琪（2018）以甘肃省为例，利用 DEA 和 Malmquist 指数分别从静态综合效率、分解效率和动态效率研究了涉农贷款配置效率，通过 Tobit 模型分析了影响涉农贷款配置效率的影响因素。杨书宏（2018）通过构建宏观经济基础、金融基础设施、政策资金支持、信用建设投入等四个方面的指标体系，计算了安徽省普惠金融的投入产出水平，其中重点分析了技术效率和规模效率。

3. 科技与金融结合的效率

对于科技与金融结合的效率的实证研究，有两个角度。第一个实证角度是金融如何促进科技进步，一般采用非参数统计的数据包络分析（DEA）方法。马卫刚等（2014）利用 DEA 模型对 2007—2012 年中国科技与金融结合效益进行了实证研究，发现中国科技与金融结合效率呈现负增长态势，其主要原因是金融资源配置效率下降。张玉喜等（2015）通过动态面板模型对中国 2004—2012 年 30 个省（市、区）进行实证分析，发现短期内金融业可以促进科技创新产出，但从长期来看，科技金融投入对科技创新的促进作用效果并不明显。杜金岷等（2016）对 2014 年中国各省份科技金融投入产出效率进行实证分析，发现中国科技金融投入产出效率整体状况不容乐观，存在较大的区域差异，受法律环境等“软环境”影响明显。甘星等（2017）运用 DEA 方法对 2006—2014 年环渤海、长三角、珠三角三大经济圈科技金融效率进行分析。王健（2018）通过构建金融投入、科技产出指标体系，采用 DEA - Malmquist 指数对我国 2005—2014 年 31 个省（区、市）科技金融结合效率进行评价，结果表明我国科技金融结合效率呈现波动上升趋势。

第二个实证角度是科技如何促进金融效率的提升，但由于数字技术在金融行业的广泛运用时间较短，当前国内并未有定量研究成果。因此，对于数字技术如何促进普惠金融效率的定量研究更是一片空白。

三、数字普惠金融效率的内生来源

（一）规模效益和网络效应

在数字经济时代，虽然也需要高资本支出，如建立数据中心和其他数字基础设施，但它更重要的特点是即时、低边际成本或零边际成本复制数字产品的能力，这意味着递增的边际收益和更多的消费者剩余。如果考虑网络效应，潜在的规模回报更大。

数字普惠金融显然可以获得数字产品的两种效益。在消费者层面，免费的数字金融服务有助于提高消费者福利，定制的、交叉销售的产品也为消费者提供更多选择。

在企业层面，可分两类进行分析。对大企业而言，只要控制“大数据”，就可以通过复杂的算法定价和产品定制，获得更多的消费者剩余。此外，随着大公司利用用户数据提供更广泛的商品和服务，将最终增强其在各个行业，尤其是上下游产业链的竞争优势。小型企业也从中受益，通过亚马逊、谷歌和微软等数字巨头提供的云服务和开源软件，小企业的启动成本大幅降低，它们更容易进入国际市场，并获得风险投资和融资。

（二）长尾效应

如果将人们的需求进行统计分析，可以看到，大多数流行需求集中在正态分布的头部，尾部则是零散的、小量的、个性化的需求。但这部分需求会形成一条长长的“尾巴”，形成一个巨大的“长尾市场”，产生“长尾效应”。

长尾市场也被称为“利基市场”（Niche），有拾遗补缺或见缝插针的意思。利基市场集中于某些被忽视的群体，这些市场并没有获得相应的服务，因此产生了能“获取利益的基础”。可见，长尾效应所强调的“个性化”和“小利润大市场”，正是普惠金融的两大特征。

蚂蚁金服下的余额宝就是典型的长尾理论应用。余额宝降低了购买基金的门槛，汇聚了数亿个仅以百元、千元购买基金的人之后，一跃成为规模最大的基金。无数的、过去被忽视并且没什么钱的人汇集在一起，就形成了一个非常大的市场。

在此基础上，数字技术的应用更加强了普惠金融的长尾效应。互联网时代的金融活动受时空限制极少，它依赖的是一张几乎没有边际的网络，以及几乎没有约束的存储空间。其特点是固定成本相当高，但运营成本非常低。随着时间的积累和空间的不断扩张，数字技术的发展使金融产品与服务的平均成本降到了极低的值，边际成本几乎为零。

（三）成本优势

金融科技的加持大幅降低了普惠金融的成本。最能直接反映这一优势的是风控成本的降低，也可以理解为信用记录的获取成本降低。依托人工智能、大数据、区块链和生物识别技术，不仅使身份认证的可靠性和数据量大幅提高，还意味着对金融机构现有各类风控系统的优化，更多线上线下数据将得到更有效的收集和挖掘，从而提升业务决策效率，也进一步提升数据伪造难度，更好保障数据使用过程中的安全隐私性。金融机构能以更低的成本整合行业内信息，进行贷款风险分析，量化企业的信用额度，建立反欺诈系统，有效评估与客户相关的欺诈风险。

不仅如此，就整个社会而言，利用金融科技还将更快速解决征信的“孤岛问题”。现代金融体系的运转，离不开信用的支撑。征信作为信用体系中的关键环节，奠定了金融信用风险管理的基础。信用数据不同于其他行业数据，所属用户是最为重要的数据标签，涉及企业和个人的切身利益，因而无法通过传统数据交易平台进行共享交换，导致正规市场化采集信用数据渠道极其有限。长期以来，我国征信机构间信息严重割裂，金融业内的信贷机构、消费金融公司、电商、金融公司等机构的海量信用数据尚未发挥其应有的价值，金融业外的信用信息又相互孤立地掌握在法院、政府部门、电信运营商等机构手中。截至 2017 年 10 月，中国人民银行征信中心金融信用信息基础数据库收录 9.26 亿自然人、2 371 万户企业和其他组织的相关信息，但这些信息仅覆盖个人在银行机构的信用记录，征信维度相对单一，存在巨大的市场需求和发展空间。大数据征信具备覆盖群体广泛、信息维度多元、解决方案丰富和评估全面等优势，以大数据为依托和支撑构建征信体系，可提高信用评价的全面性、实时性和授信效率。如芝麻信用，借助大数据技术，采集到传统征信机构未能覆盖到的广泛群体（包括学生、工人、农民等），对现有征信系统形成有效补充。

另外，数字普惠金融还在资本成本、运营成本方面具有优势。资本成本是指资本与利润之间的关系。这与服务商的融资渠道、牌照相关。其利润来源是长尾客户，获得的是中间介绍收入。而在数字环境中，因为客户倾向于通过相同的网站或应用程序购买和使用服务，因此产品和渠道之间的区别没有在物理环境中显著，运营成本更低。例如，在银行柜台办理业务时单笔所需的成本是 4 元，而使用手机银行办理业务时单笔所需的成本仅为 0.6 元；蚂蚁金服发布的数据显示，云计算的成本和传统 IT 的成本之比是 1∶10，相较而言降低了 90% 的成本；而基于云计算技术的应用，支付宝单笔支付成本在几年前就已经降到0.02元，以后还可能保持降低趋势。

四、影响数字普惠金融效率的外生因素

（一）竞争中性监管原则

1. 竞争中性的来源

市场经济讲求不同市场主体之间进行竞争，政府的角色在于鼓励竞争、反对垄断，这是现代市场经济和现代政府的基本特征。但问题是，市场主体里往往既有私营企业又有政府出资开办的公营企业，政府很容易既当“运动员”又当“裁判员”，市场竞争结果很可能并不是优胜劣汰，而是“劣币驱逐良币”。

因此，在理论上，经济学家们构建了一整套旨在反垄断、促进有效竞争的竞争理论；在政策实践中，很多发达市场经济国家在实际操作中针对国有企业出台了许多规制性措施，通过公司治理结构的内部制衡和外部信息披露，既发挥国家资本的作用，提高国有企业的运作效率，又防止出现对私营企业的所有制歧视，造成市场机制扭曲、资源错配和社会福利损失。

1996年，澳大利亚联邦政府在《联邦竞争中立政策声明》（*Commonwealth Competitive Neutrality Policy Statement*）中最早提出了竞争中性（Competitive Neutrality）的概念和政策。其含义是，在政府重大商业活动中，政府不能凭借公共部门所有者的身份，利用立法或财政权力，获得优于其他私人部门竞争者的完全竞争优势，在非盈利、非商业活动中则不适用此原则，具体包括税收中性、借贷中性、回报率要求、监管中性、全成本定价等。

该概念被提出后，很快被发达市场经济国家接受。2005年，OECD在《OECD国有企业指引》中就体现了竞争中性的内涵。2009—2012年，OECD连续发布了多项关于竞争中性的工作报告或图书，最具代表性的是2012年发布的《竞争中性：保持公共部门和私人部门的公平竞争》，它首次确认了竞争中性的8个标准：简化国有企业经营形式、成本确认、商业回报率、厘清公共服务义务、税收中性、监管中性、债务和补贴中性、政府采购中性等。由此，竞争中性成为OECD国家通行的技术性规范。2008年国际金融危机加大了传统银行业应对监管的成本，包括增加资本金要求和合规成本，这使银行贷款的可获得性门槛和成本都进一步提高，并不利于传统银行机构发展普惠金融。

2. 金融科技公司拥有数字霸权

2008年国际金融危机加大了传统银行业应对监管的成本，包括增加资本金要求和合规成本，这使得银行贷款的可获得性门槛和成本都进一步提高，并不利于

传统银行机构发展普惠金融，尤其是国有大型银行。

相比之下，非银行金融机构的成本更低、效率更高，尤其在技术方面。普惠金融服务的数字化转型可能会导致更多传统银行机构的劣势。根据世界银行下属的国际金融公司（IFC）2017 年 8 月的报告，金融科技公司已在转账和资产管理等高利润领域占据了大部分市场份额，成为许多市场的有力竞争者。

在这一趋势下，传统金融机构明显加大了对金融科技的自主研发和应用。中国银行业目前电子银行业务替代率普遍达到 90% 以上，客户到银行柜台办理业务的比例逐年递减，70% 以上业务是在智能设备上完成的，柜面人工办理不到 30% 。

2018 年 10 月 14 日，中国人民银行行长易纲在 G30 国际银行业研讨会发言，提出“考虑以竞争中性原则对待国有企业”。从应对我国宏观经济当下困难角度看，借鉴竞争中性推进改革，有助于提振民营企业信心，更好激活市场内生力量，对突破改革僵局具有现实借鉴意义，但显然，国有银行机构却将因为竞争中性原则而难以获得数字普惠金融的政策优势。

可以判断，未来两者竞争和合作现象将交替出现。2017 年，我国大型商业银行、保险公司和资管公司等金融机构都已与金融科技公司建立起多样化的合作模式，以发挥自身比较优势、避免受到数字霸权的冲击。

表 1　　四大国有大型银行分别与四大互联网巨头 BATJ 牵手（2017 年）

日期	银行	互联网公司	领域
2017 年 6 月 16 日	工商银行	京东	征信，消费金融，供应链金融
2017 年 3 月 28 日	建设银行	蚂蚁金服	信用卡，支付
2017 年 6 月 20 日	农业银行	百度	金融大脑
2017 年 6 月 22 日	中国银行	腾讯	金融大数据平台

资料来源：各大银行官网。

（二）“普惠异化”现象

1. 过度负债

金融具有较强的专业属性，需要金融消费者具备一定的金融素养和风险认知能力与之匹配，并不是所有的金融产品和服务对每个金融消费者都适用。数字普惠金融的服务对象大部分为“长尾市场”客户，其知识和能力并不足以应对复杂、交叉且相互嵌套的金融工具。金融包容性的增强意味着以前从未或较少使用金融工具的长尾市场客户被纳入进来，在改善融资机会、增进金融福利的同时，也伴随着信用风险的提升。清华大学中国与世界经济研究中心发布的《2018 中国消费信贷市场研究》显示，居民消费信贷的客户偏向于年轻群体，18 ~ 29 岁年龄占比 36%，超过 70% 的客户月收入在 5 000 元以下。P2P 网络借贷、互联网消费金融的发展为消费者开拓了融资空间，然而放贷机构很容易受高收益驱动，放松对借款人还款能力、信用水平的考察和评估，以致借款人背负不能有效清偿的过度负债。一旦发生大面积的信贷违约，很可能借助互联网的外部性、快速传染性和广泛覆盖性，连锁引发系统性金融风险。此外，目前互联网金融信用信息共享平台建设尚未健全，多头借贷、重复借贷等行为不能得到有效识别和防控，对于借款人不负责任的“拆东墙补西墙”的腾挪行为无法有效截断，也容易助长其过度负债行为。

中国近两年出现居民储蓄率走低、债务率走高的高杠杆现象，与普惠金融推广过程中的过度负债不无关系。国家统计局数据显示，2015 年国民总储蓄率为 48%，2017 年降至 46%，为 2005 年以来最低。中国社科院估算，我国居民部门负债率从 2015 年年末的 40% 扩大至 2017 年年末的 49%；而根据 BIS 数据，2018 年第一季度我国居民部门负债率已接近 55%，远超过新兴市场国家 35% 的平均水平，接近或者超过部分发达国家。从负债/可支配收入角度来看，我国居民部门负债水平也已超较多发达国家。更值得关注的是增速，2012—2017 年我国居民部门负债率水平年均增幅高达 3.7 个百分点，在全球主要国家中居于首位；居民部门负债增速从 2008 年以来一直高于可支配收入增速，且近年来这一差距再度呈现扩大的趋势，2017 年两者已相差了 20 个百分点以上。

2. 数字鸿沟

依托金融科技提供数字普惠金融服务，可能加剧不同教育程度和年龄层群体获取金融服务的差异，进而引发从金融服务中获益程度的分化，从而产生新的金融不平等。普惠金融主要以农户、老年人、低收入人群等弱势群体为服务对象，他们具有相似的群体性特征，如受教育程度低、观念相对保守、不易接受新事物等。有限的数字化金融经验、缺乏数字操作技能和较低的经济承受力，使他们主动接触和使用数字普惠金融服务的动机不足或频率较低，与数字化条件下主流金融服务的距离也就会越来越大。

因此，在推进数字普惠金融过程中，不能仅仅突出数字技术的地理穿透与触达能力，或把技术过度泛化、神化，而应当采取负责任的态度和行为，充分考虑农村地区、偏远地区和贫困地区的数字基础设施状况，以及当地居民尤其是老年人的文化素质、技术接受能力和金融认知能力，设计和研发出与其相适应的数字普惠金融产品。

参考文献

[1] 普华永道. 2018 中国金融科技调查报告 [R/OL].

[2] 中国人民大学中国普惠金融研究院．从最后一公里到最后一厘米：金融聚合器在数字生态系统中的角色转变．

[3] 沈军．金融结构、金融功能与金融效率：一个基于系统科学的新视角[J]．财贸经济，2006（1）．

[4] 周国富．金融效率评价指标体系研究[J]．金融改革，2007（8）．

[5] 林春．小额贷款公司区域经营效率研究——基于普惠金融视角[J]．财经理论与实践，2017（5）．

[6] 贾娟琪．普惠金融视角下甘肃省涉农贷款配置效率及影响因素研究——基于 DEA - Tobit 方法[J]．金融理论与实践，2018（2）．

[7] 杨书宏．普惠金融投入产出效率研究——以安徽省为例[J]．金融纵横，2018（2）．

[8] 马卫刚．科技人力资源、创新效率与经济增长——基于省际面板数据的实证分析[J]．工业技术经济，2014（10）．

[9] 甘星．环渤海、长三角、珠三角三大经济圈科技金融效率差异实证研究[J]．宏观经济研究，2017（11）．

[10] 张玉喜．中国科技金融投入对科技创新的作用效果——基于静态和动态面板数据模型的实证研究[J]．科学研究，2015（5）．

[11] IIF. The Business of Financial Inclusion：Insights From Banks in Emerging Markets. https：//www. centerforfinancialinclusion. org/the - business - of - financial - inclusion - insights - from - banks - in - emerging - markets.

[12] ADB, Financlial Inclusion in The Digital Economy. https：//www. adb. org/publications/adb - brief - financial - inclusion - digital - economy.

[13] IFC. Digital Financial Services：Challenges and Opportunities for Emerging Market Banks. https：//www. ifc. org/wps/wcm/connect/8bebad84 - 941c - 4e96 - b73b - 5adeafabfde3/EMCompass + Note + 42 + DFS + Challenges + and + Opportunities. pdf? MOD = AJPERES.

上海如何建设成为国际保险中心

谢洁玉

近年来，上海保险业发展水平全面提升，但与国际保险中心仍有差距。上海建设国际保险中心是我国由保险大国向保险强国转变，是金融发展、经济转型升级的必经之路。首先，本文探讨了国际保险中心的内涵与功能，总结伦敦、百慕大等知名国际保险中心建设的历史与特色。其次，梳理了上海保险业的发展水平与特点。再次，比较了上海与成熟国际保险中心的差距，分析上海建设国际保险中心的机遇、优势与挑战。最后，探讨了上海建成国际保险中心的可行最优路径，并提出推进建设上海国际保险中心的具体政策建议。

作为一种风险管理的市场化机制安排，保险可谓人类历史上最为重要的发明之一。经济社会越是发展进步，保险的重要性就越强，其兴起、成长和壮大是经济社会发展的内在要求和必然趋势。1980 年，中国恢复国内保险业务。自此以后，中国保险业以前所未有的速度快速发展，并取得了令人瞩目的成就，2016 年市场规模已跃居全球第 2 位。①

2014 年 8 月，国务院正式发布《国务院关于加快发展现代保险服务业的若干意见》(国发〔2014〕29 号，以下简称“新国十条”)，明确提出，“到 2020 年，基本建成保障全面、功能完善、安全稳健、诚信规范，具有较强服务能力、创新能力和国际竞争力，与我国经济社会发展需求相适应的现代保险服务业，努力由保险大国向保险强国转变”，标志着“保险强国战略”已正式上升为国家战略。

为贯彻落实“新国十条”，上海市政府于 2014 年 12 月制定出台了《上海市人民政府贯彻〈国务院关于加快发展现代保险服务业的若干意见〉的实施意见》(沪府发〔2014〕73 号，以下简称“实施意见”)，明确提出“到 2020 年，基本

① 刘小微，周延礼．我国保费收入超过日本排名世界第二［N］．金融时报，2017－01－18（001）．

建成与上海经济社会发展需求相适应的现代保险服务体系，构建国际领先、辐射全国、繁荣高效、功能齐全的保险市场，提升再保险、航运保险、保险资金运用等领域的定价权和话语权，发展成为国际保险中心”。上海具备建设国际保险中心的先天基础条件，且在“十二五”期间已经取得了令人瞩目的建设国际保险中心的成就。如何在“十三五”时期建成上海国际保险中心应当成为下一阶段的研究关切点。本文总结全球国际保险中心的特色，阐述上海保险业目前所处的发展阶段，剖析上海建设国际保险中心的机遇与挑战，在此基础上重点梳理上海建设国际保险中心的具体路径和措施。

一、国际保险中心：内涵、功能与发展路径

（一）国际保险中心的必要条件

何谓国际保险中心？它与一般意义上开展保险业务的城市不同，需具备六大基本要素：一是吸引非居民广泛参与保险交易；二是保险公司、保险中介的数量；三是国际资本的集聚；四是特殊风险业务集聚；五是专业人才；六是保险业生态。

以此为标准，裴光等（2015）选取了世界主要城市的保险发展指标，用于筛选当前全球范围内的国际保险中心。第一，从保费指标来看，总保费位列全球前五的城市有东京、巴黎、伦敦、纽约、苏黎世。第二，从保险机构数量来看，位列前五的是伦敦、巴黎、纽约、百慕大、布宜诺斯艾利斯。第三，不单是保险机构数量多，还需要考虑保险机构的级别。以 Allianz、Skandia、Prudential 等国际保险集团在该城市设立的机构数目和机构级别进行评价，排名前五的是伦敦、纽约、中国香港、芝加哥、新加坡。第四，以外资保险机构数占比来衡量，排名前五的是新加坡、中国香港、伦敦、百慕大、东京。综合各方面指标，伦敦和百慕大是全球性国际保险中心的代表，中国香港和新加坡可作为区域性保险中心的代表。下面我们将重点阐述伦敦、百慕大的发展历程与各自特点，从中吸取经验与教训，以认清上海与全球性国际保险中心的差距。

（二）伦敦：全球最大的国际保险中心

伦敦保险业的发展依托于航运保险，与 17 世纪英国航运业的迅速发展密不可分。当时英国在海外探索新大陆、东印度、非洲及中东地区的贸易，催生了巨大的航运保险需求。立足于航运保险，伦敦在其他相关险种上“开枝散叶”，已成为全球航运风险、责任风险、特殊风险、新型风险等业务领域的全球领跑者，不仅在保险市场份额方面领先，也成为保险创新中心。与其他保险中心不同，伦敦保险市场除公司模式之外，还有特殊的劳合社模式，充分体现了伦敦国际保险中

心的集聚效应。

1. 劳合社的历史演进与运作模式

17 世纪，作为国际贸易中心的伦敦日益重要，直接导致了船舶保险和货物保险的需求增加。当时，伦敦金融城里有 80 多间咖啡馆，每一间都是企业家和商人的活动中心，每一间都“专注”于一个特定领域的商业信息。1688 年开张的爱德华·劳埃德（Edward Lloyd）咖啡馆位于泰晤士河畔，地理位置优越，一些海陆贸易商人、船主、航运经纪人、保险商等经常光顾，逐渐使其成为交换海运信息、接洽航运和保险业务的活动场所，进而成为伦敦航运保险业集中活动中心。后来，咖啡馆的 79 名商人每人出资 100 英镑，并于 1774 年租赁了英国皇家交易所的房屋，成立了劳合社。1871 年，英国议会审议通过了《劳合社法》（*Llyod's Act*），规定劳合社需向政府注册，取得法人资格。自此以后，劳合社便取得了正式法律地位。[①]《劳合社 1982 年法案》规定，劳合社成立劳合社理事会（ the Council of Lloyd's），负责对劳合社事务进行管理和监督，同时对劳合社业务进行监管和指导，而这实际上相当于赋予了劳合社一定的监管职能。[②]

劳合社（Lloyd）受英国审慎管理局（PRA）和金融市场行为管理局（FCA）监管，在组织形态上既不是保险公司，也不是交易所，不直接接受保险业务，所有的保险业务都是通过劳合社的会员，即劳合社承保人进行。劳合社为其成员提供交易场所，并依照劳合社法案、劳合社理事会的规定对其成员进行管理，包括监督财务状况、收取准备金、风险资本和市场中央基金等。1994 年之前，劳合社的承保人均为自然人（个人会员）；1994 年以后，劳合社方允许保险公司（公司会员）进入。劳合社的承保人根据承保险种的不同而形成不同的组合，被称为承保辛迪加（Syndicate）。在劳合社市场，辛迪加是承保风险的主体，各个会员是交易资本的供给方，管理代理公司向辛迪加负责，负责辛迪加的经营管理，还负责为辛迪加制定承保政策和管理资金，形成了承保出资和运营相互分离的独特组织方式。劳合社的承保人只接受劳合社保险经纪人招揽的业务，即承保人或承保辛迪加不与投保人直接打交道，而是由专业技术过硬的保险经纪人去接洽投保人，向其建议最符合其需求的险种。保险经纪人将寻找到合适的辛迪加，而承保辛迪加的各承保人将厘定费率，明确自己承保的份额，直至保险金额被全部承保，从而形成风险份额认购制的交易方式。保险经纪人从世界各地给承保人带来业务，强大的承保人团体能够接手各类业务，不断为本地、跨境和全球的特殊新

---

① 刘建辉，松涛．承保了世界上最复杂和最特殊的风险：不怕任何风险的劳合社［J］．英才，2008（2）：60－62.

② 虞琤．英国劳合社模式的解析及借鉴［J］．上海保险，2013（1）：34－36.

型风险提供开创性方案，多个承保人共同承担统一风险，有效分散风险，劳合社构筑的数道安全线也能够帮助市场满足大额赔付。

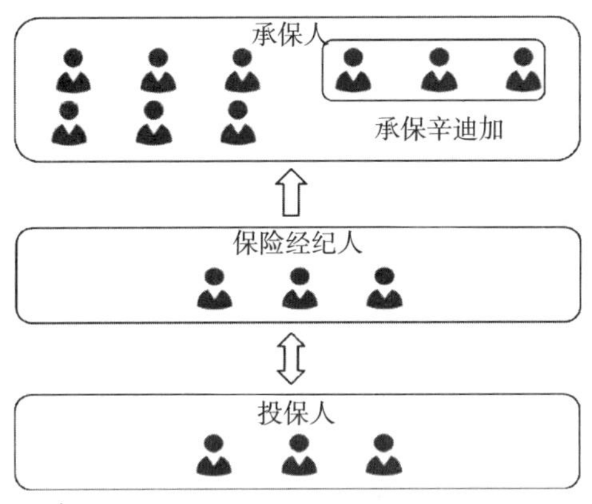

图 1 劳合社的运作模式

2. 优势与特色

2015 年，伦敦保险市场毛承保保费高达 910 亿美元，[①] 行业增加值约为 171 亿英镑，占英国金融业增加值约 13%，占伦敦地区生产总值的 10%。伦敦在航运保险、能源保险和航空保险等业务领域具有集聚和辐射功能，发展成为全球性的航运保险中心、能源保险中心和航空保险中心。2015 年，伦敦市场在全球航运保险业务领域占 33% 的份额，在全球能源保险业务领域占 52.1% 的份额，在全球航空保险业务领域的份额达到 60%，保持全球领先地位。

从风险标的全球化看，伦敦保险市场是航运风险、责任风险、特殊风险、新型风险、巨灾风险等的全球交易中心，吸引了全球航运风险、责任风险、特殊风险、新型风险、巨灾风险等业务。伦敦市场保费的 33% 来源于英国和爱尔兰，31% 来源于美国和加拿大，16% 来源于欧洲大陆（除了英国和爱尔兰）。以风险实际发生地而非投保人所在地为标准分析劳合社保费，可以表明 2013 年 42% 的劳合社业务是保障“世界范围的风险”，这个占比自 2010 年以来就一直在上升。“世界范围的风险”包括与多个国家有关的风险（如横跨多个国家的风险因素）和全球流动风险（如海上货运险和船舶险）。

从交易中介网络全球化看，伦敦劳合社高度重视保险中介作用，将其比喻为市场血液，始终尊崇和支持保险中介市场的发展。中介机构从最初的单一劳合社经纪人，壮大为现今的承保代理人、服务公司、成员代理人等各个角色。“承保

① 毛承保保费是指在规定期间承保或承担的保险合同的总保费（无论是否已经赚取），不扣除分出保费；净承保保费是指毛承保保费减去该时期分出给再保险公司的保费。

代理人”系受承保人雇用、经劳合社认可的专业代理人。与传统代理人不同，承保代理人在一定权限内拥有直接承保权。这些承保代理人既有很强的专业性，又弥补了劳合社承保人足不出户的局限，截至 2013 年就已有数千承保代理人遍布全球各地。“服务公司”是管理代理公司成立的专业代理公司，对其专门服务的管理代理公司和辛迪加有着透彻的理解，业务开展也相当精到。“成员代理人”是帮助劳合社成员和潜在成员筛选辛迪加、办理出入社手续等“一条龙”服务的专门主体。① 以上各类中介机构加上全球主要经纪人集团（如怡安、达信以及韦莱）在伦敦设立的分支机构、管理代理公司，以及（再）保险集团设在各地的承保办事处，共同提供了世界其他保险市场主体进入伦敦市场的多种渠道。

从资本来源全球化看，伦敦市场的资本由大型保险集团、上市公司、有限责任合伙人和个人等提供，以确保辛迪加和保险公司承保风险。在劳合社中，会员是资本的供给方和风险的承保人，包括承担有限责任或者无限责任的个人会员和公司会员，公司会员通常由（再）保险集团提供资本。目前，大约 90% 的劳合社资本由公司会员提供，已吸收来自中国等新兴市场的公司会员；个人会员的数量在减少，但仍提供 10% 的资本。在公司市场②，资本全部由全球性（再）保险集团公司提供。

从承保险别上看，伦敦在历史上就是世界领先的承保航运风险、责任风险、新型风险、特殊风险和巨灾风险的保险市场，复杂的、不同寻常的及损失大且发生频率低的风险都可以在伦敦寻求承保。上述风险对承保有着高度专业化要求，需要大量资本的支持，某些“小众”风险需要全球风险池加以汇聚和分散。伦敦保险市场基于历史传承和业务模式不断创新，是承保这些风险的“天然家园”。劳合社可以说是无所不保，历史上有趣的例子包括劳合社曾经为默片时代著名美国喜剧演员 Ben Turpin 承保过斗鸡眼，为好莱坞多名女星如贝蒂 · 格拉布尔、波姬小丝、蒂娜 · 特纳等承保过美腿，还承保过杰米 · 杜兰特的鼻子、亚美利卡 · 费雷拉的微笑等。

从行业发展要素聚集看，2015 年伦敦雇用了约 35 000 名保险从业人员，而英国其他地区的这一总数则约 17 000 名，其中伦敦的非英国籍雇员占比 11%，在伦敦金融城的一平方英里之地，承载着世界上最密集的保险市场参与人群。伦敦的金融基础设施全球领先，集中化的基础设施便于承保安排、会计和结算；法律、

---

① 虞琤．英国劳合社模式的解析及借鉴［J］．上海保险，2013（1）：34－36.

② 英国的保险市场按照组织和经营形式的不同可以分为两大类：公司市场和劳合社市场。公司市场中的保险人的组织形式和经济方式同其他国家比较接近。通常采用相互保险公司、股份有限公司、相互保险社等形式。张亦春，甘少浩．英、美、日保险市场的比较［J］．福建论坛（经济社会版），2001（9）：32－35.

会计、技术等配套中介服务体系齐全，保证保险交易便捷高效实现。另外，由英国金融审慎监管局（PRA）、英国金融行为监管局（FCA）和劳合社实施适当和坚定有力的市场管理和监督。

从保险创新看，伦敦市场有着全球保险创新中心的美誉。伦敦市场参与者自古就有倾向于承保新型风险的传统，并且是新产品开发的创始者。伦敦在航运风险、责任风险、特殊风险、新型风险、巨灾风险等保单条款设计灵活性方面也不断创新。历史上，劳合社开发了第一张盗窃保险单，第一张飞机保单。近年来，劳合社同样成为计算机、石油能源保险以及卫星保险的先驱。劳合社研发的条款和保单格式对世界保险行业影响巨大，其制定的保险费率也是世界保险业的风向标。

（三）百慕大：基于非传统风险转移的国际保险中心

百慕大群岛位于北大西洋，距美国佛罗里达州迈阿密东北约 1 100 海里。百慕大国土面积仅为 71.7 平方千米，人口仅有 6.533 万（2016 年）。百慕大是著名的国际保险中心，尤其（再）保险市场具有全球性重要地位。

1. 历史进程

百慕大是全球（再）保险市场的聚集地，发展到今天已经有 70 多年的历史。1947 年，美国国际集团（AIG）创始人史代（C. V. Starr）将百慕大确定为集团总部，标志着百慕大（再）保险市场的开端。20 世纪 60 年代，第一批专业自保公司在百慕大出现，其业务只是为母公司进行保险服务。20 世纪 70 年代，为更好地规范（再）保险市场，百慕大颁布了《保险法》。同时，百慕大政府从商界与学界广泛聘请专家，成立了保险咨询委员会（IAC），主要负责对百慕大的相关保险业监管法律法规提出建议，推动法规体系的修订完善。其后，百慕大《保险法》历经多次修订。直到 20 世纪 80 年代，百慕大（再）保险市场几乎完全集中在专属自保业务上。当时，为妥善应对爆发于美国的商业责任保险危机，大批资金进入百慕大（再）保险市场，多家保险公司在这一时期成立，如安达保险集团（ACE）和信利保险集团（XL）。20 世纪 90 年代，一些财务再保险公司、寿险与年金再保险公司相继于百慕大注册成立。进入 21 世纪，频繁暴发的自然灾害一方面给百慕大（再）保险市场予以沉重打击，但另一方面也吸引了更多的保险公司入驻百慕大，带来了海量资金流入。[①]

2001 年是一个百慕大（再）保险市场发展的转折点。期间，百慕大成立了 108 家新保险公司，既有专属自保也有商业保险公司。2001 年 9 月 11 日恐怖袭击

① 刘璐，王晓曦．百慕大保险市场结构研究［J］．河北地质大学学报，2015（3）：56－62.

之后，当年进入百慕大（再）保险市场的资本金大幅增加，远远高于此前退场的数十亿美元。流入全球再保险市场的新资本中，约有一半以上都流向了百慕大。①

2. 市场特色与成功经验

百慕大市场地理位置和时区优越，拥有宽松的监管环境、优惠的税收政策，聚集了大量保险专业人才，是非传统风险转移（Alternative Risk Transfer，ART，即另类风险转移、新型风险转移）领域的全球领先市场。目前，非传统风险转移（ART）市场主要包括专属自保市场以及保险连接证券（Insurance Linked Securities，ILS）市场。百慕大的领先地位主要体现在其市场份额、创新活力两个方面。

首先，百慕大是全球最大的专属自保（Captive Insurance）市场。截至 2016 年年底，百慕大共有 723 家自保公司，全体自保公司当年的毛承保费用高达 540.08 亿美元，净承保费用高达 360.46 亿美元，资产高达 2 166.94 亿美元。②

其次，百慕大是全球最大的保险连接证券（ILS）市场，全球大概有 3/4 的保险连接证券（ILS）交易在百慕大完成。保险连接证券（ILS）是将保险风险转移到资本市场的工具，可以像其他证券一样在投资者和二级市场上交易。保险连接证券（ILS）是保险市场和资本市场的融合点，为（再）保险公司提供了传统再保险和转分保的替代方案。一方面，保险连接证券（ILS）有助于提高投资基金业绩，吸引投资者，给投资基金经理提供了一种与传统资本市场不同的投资选择。另一方面，保险连接证券（ILS）给（再）保险公司管理风险和增加承保能力提供了一种新工具。就结构而言，保险连接证券（ILS）有巨灾债券、再保险侧挂车、掉期交易、人寿保险证券化等几种常见模式。③

截至 2017 年，百慕大市场保险连接证券（ILS）的发行量突破历史纪录，达到将近 126 亿美元，使 2017 年年底保险连接证券（ILS）市场的规模将近 312 亿美元。同时，百慕大也是国外保险连接证券（ILS）的主要上市地。截至 2017 年，总计面值约为 242 亿美元的 99 支国外保险连接证券（ILS）在百慕大证券交易所上市。④

最后，百慕大是全球非传统风险转移（ART）领域的创新中心。百慕大将自身风格确定为“世界的保险实验室”，一直居于非传统风险转移（ART）解决方案的前沿，是自保公司、结构化风险解决方案、资本市场与保险市场融合的发源

① 李金辉．百慕大保险市场监管机制［N］．中国保险报，2005－10－31（008）．

② 2017 annual report of The Bermuda Monetary Authority，p58.

③ WEAF Legal's official website，http：//www.weaflegal.com/newsitem/278236789，lastly visited 29th Aug. 2018.

④ Q4 2017 Bermuda ILS Market Report.

地。如在20世纪60年代，弗莱德·赖斯提出"自保公司"这一概念，即由非保险母公司设立的保险公司，其目的是管理母公司的风险。这位来自俄亥俄州的前火灾防护工程师选择了百慕大群岛作为实施自保公司概念的地点，百慕大群岛也因而成为自保公司注册地的开创者。①

百慕大只是一个小岛，土地供给严重不足，人力资本十分有限，建设国际保险中心的硬件条件并不突出。但其之所以成为与伦敦并称的全球性国际保险中心，主要还是因为立足于市场需求、反应灵敏的监管与法律框架，以及由此而生的灵活的公司注册制度、自保公司制度创新、较低的税收安排等软件设施。在百慕大，自保公司可以在两个星期内完成设立和注册，保险公司可以在六个星期内完成设立和注册；法律体系与监管体系对自保公司的管理创新和组织创新持鼓励开放态度；1966年《免征税承诺保护法》允许离岸公司向政府申请一份担保，保证其在50年内不受百慕大引入的任何税收政策的影响。

从世界成熟的国际保险中心的发展经验来看，建设国际保险中心需要找准比较优势，实现错位发展。这方面纽约建设国际保险中心的失败经历可谓殷鉴不远。1980年3月31日，纽约保险交易所于纽约金融区的约翰街（John Street）59号正式开业。纽约保险交易所在组织方式、承保方法等多个方面与劳合社类似，然而其承保人的数量不足，在世界保险市场上的声誉远不及劳合社。纽约保险交易所开业后一直亏损，为了促进保费收入的增长，其极力鼓励承保人多接收业务，但又忽略业务质量，接受了大量质量欠佳的业务，导致了高额赔付率。1987年11月23日，会员投票要求暂停纽约保险交易所的新保单签发和续保业务，这个风行一时的保险交易所也就夭折了。

此外，建设国际保险中心不仅需要具备过硬的硬件条件，还需要具备重要的软件条件，两者缺一不可。发达的交通网络、崭新的基础设施、快捷的信息传输系统都属于硬件范畴，而比硬件更重要的是软件配套，包括优质的政府公共服务、税收政策、人才队伍、法治环境乃至行业声誉等。

（四）上海与国际保险中心的差距

上海在建设成为国际保险中心的道路上虽取得了一些成绩，但与伦敦等国际保险中心相比还有一定差距。

规模方面，2017年尽管上海金融业占地区生产总值比重达18.9%，为全国最高，但上海保险业占金融业比重仅为6.7%；伦敦金融业占地区生产总值比重同

① 裴光，等. 从保险大国迈向保险强国：上海国际保险中心建设研究［M］. 上海：上海人民出版社，2016：76－78.

为 18.9%，但伦敦保险业占金融业比重为 52.9%；英国保险业占金融业比重为 39.5%；美国保险业占金融业比重为 41.7%。[①]

产品多样性和吸引力方面，每年还有大量大陆居民前往我国香港地区购买保险，香港保险业监管局公布数据显示，2018 年前三季度由内地访客带来的新造保单保费为 341 亿港元，占个人业务总新造保单保费的 28.3%。[②]

专业人才方面，上海保险从业人员为 5.1 万人，伦敦保险从业人员为 3.5 万人。据统计，我国约有 800 万的保险代理人队伍，但从业人员中具有本科及以上学历比例不足 13%，大专及以上学历不到 30%，大部分是高中或中专以上学历，普遍缺乏保险专业知识；在精算人才方面，截至 2018 年 4 月底，我国有 978 名精算师，1 123 名准精算师，精算从业人员共 3 843 人，而美国精算从业人员逾 2.6 万人。[③]

国际影响力方面，缺少国际保险标准制定的“中国声音”，定价权和话语权有待提高。我国保险公司业务还没有真正走到欧美发达国家。截至 2016 年年底，共有 12 家中资保险公司在境外设立了 38 家保险类营业机构，包括 6 家寿险公司、14 家财险（再保险）公司、11 家资产管理公司、5 家中介公司、2 家控股公司，另有 4 家保险公司在境外设立了 8 家代表处，绝大多数是在我国香港地区设立的，普遍存在规模不大、自我盈利能力不足的问题。[④]

二、上海保险业所处的发展阶段

统计显示，上海保险业在全国保险市场地位突出，整体水平首屈一指。“十二五”期间，上海保险机构大量聚集，保险市场体系日臻完善；保险市场规模持续快速增长，保险业整体实力显著增强；保险业对外开放取得重要进展，国际化程度明显提高，[⑤] 至今已基本形成中资、外资互动互进、综合性与专业性同步提升，保险公司与保险中介机构合理布局，原保险、再保险、保险资管和保险中介协调发展的现代市场保险体系，对全国辐射能力不断增强，国际地位和影响力显著提升。

---

① 上海统计局、英国保险业协会、英国统计办公室、美国经济分析局等。

② 内地访客新保单保费在我国香港保险业新单保费中的占比在 2016 年达到 40.59% 最高峰，2017 年开始有所降温。资料来源：http://www.xinhuanet.com/finance/2018-12/05/c_1210008994.htm.

③ 赵宇龙．精算师在中国——精算技术是保险专业化发展的重要基石［EB/OL］．http://www.sohu.com/a/233346459_643607.

④ 周延礼．中国保费收入世界第二，海外机构盈利不足［EB/OL］．http://finance.sina.com.cn/roll/2017-01-20/doc-ifxzutkf2083507.shtml.

⑤ 裴光．创新引领上海国际保险中心建设［J］．中国金融，2017（1）：63-65.

（一）保险机构

我国的保险机构主要集中在东部地区，近年来中西部地区的保险机构有所增长。从2006年至2016年，总部设在东部地区的保险公司数占比始终在80%以上，中部、西部与东北地区的保险公司数量约占5%。而在保险机构分支机构的区域分布上，东部地区占比约为45%，中部地区占比近些年有所下降；西部地区保险分支机构占比波动较大，总体上较为分散（见表1）。

表1　　我国保险公司数的区域分布

年份	总部设在辖内的保险公司数占比（%）				保险公司分支机构数占比（%）			
	东部	中部	西部	东北	东部	中部	西部	东北
2006	82.5	1.8	7.0	8.8	37.0	31.9	19.4	11.6
2007	89.9	1.6	4.7	3.9	37.0	26.9	26.5	9.6
2008	81.2	3.8	7.5	7.5	30.5	29.1	29.4	11.0
2009	82.5	3.5	7.0	7.0	32.1	30.4	27.0	10.5
2010	85.4	3.1	6.3	5.2	49.4	18.2	24.0	8.4
2011	86.4	2.9	6.4	4.3	48.0	18.3	23.3	10.4
2012	86.9	3.3	5.2	4.6	46.5	18.7	23.8	10.9
2013	86.8	3.0	6.0	4.2	46.5	18.8	23.8	10.9
2014	87.1	3.4	5.6	3.9	44.6	19.8	24.4	11.2
2015	86.8	4.4	4.9	3.9	45.7	19.6	23.8	10.9
2016	85.3	3.8	6.5	4.3	42.2	19.7	27.4	10.7

资料来源：Wind。

上海的保险机构数在全国居前。2016年我国保险公司机构数203家，上海的保险公司机构数占全国的1/4。从时间维度上看，上海的保险公司总部与分支机构数都在稳步增长。从空间维度上看，2017年总部设立在上海辖内的保险公司数55家，保险公司分支机构数101家；设立在北京的保险机构总部数达68家，已超越上海；总部设立在深圳的保险公司数量25家，与上海仍有较大差距。北京的保险公司分支机构数为109家，略微多于上海；深圳的保险分支机构数为74家，与上海的差距已经较小。

截至2017年年末，上海外资保险法人公司和外资保险机构代表处分别为28家和27家，数量位居全国前列。2018年4月27日，中国银保监会明确外资保险经纪机构可按放开后的业务范围到所在地保监局申请办理业务许可证变更。随后，上海保监局对英国韦莱集团控股的韦莱保险经纪公司变更经营范围申请进行了审核批准，该公司成为全国首家获准扩展经营范围的外资保险经纪机构。2018年5月2日，中国银保监会批复同意工银安盛人寿公司发起筹建工银安盛资产管理公司，注册资本为1亿元人民币，注册地为上海。这是我国扩大保险业对外开

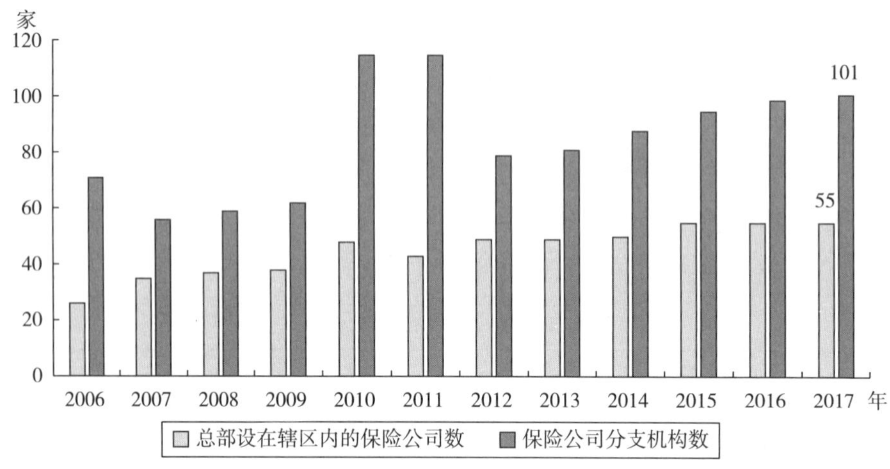

资料来源：Wind。

图 2　设立在上海的保险机构总部与分支机构数

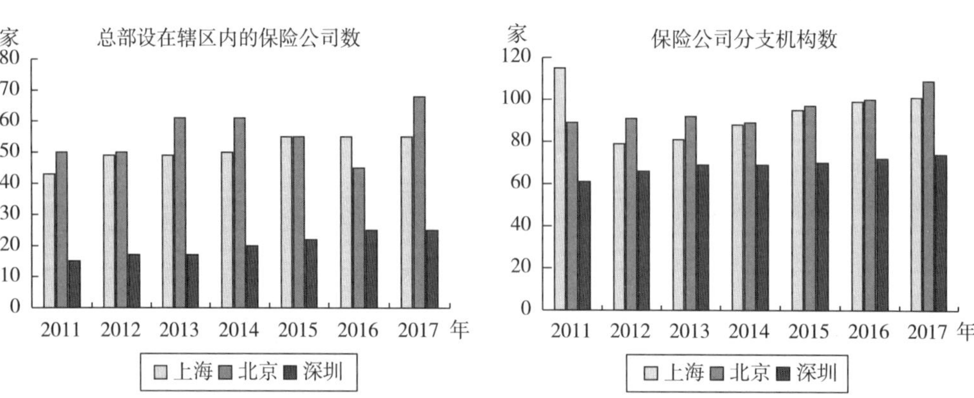

资料来源：Wind。

图 3　京沪深的保险公司数

放后获批的第一家合资保险资产管理公司。2018 年 5 月 4 日，富卫人寿保险（百慕大）公司等向中国银保监会提交了筹建富卫人寿保险公司的申请材料。富卫人寿保险（百慕大）公司为瑞士再保险、盈科拓展集团等持股的富卫集团全资子公司，而早在 2014 年 7 月，百慕达富卫人寿保险（百慕达）有限公司在上海设立代表处就已获批。2018 年 11 月 23 日，中国银保监会批准德国安联保险集团筹建安联（中国）保险控股有限公司，由德国安联保险集团 100% 控股，这是银保监会批准筹建的首家外资保险控股公司，具有重要的典范意义。

（二）保险业总资产

截至 2018 年上半年，我国保险总资产为 17.6 万亿元。21 世纪初保险公司资产总额仅为 2 000 亿元。在 2008 年国际金融危机前保险公司资产总额保持快速增长，年均增速达到 36.7%，国际金融危机后保险公司资产总额增速出现阶段式下降，2008—2018 年年均增速为 19.8%，2018 年 6 月同比增速为 7.4%。在保险公司资产的机构类型分布中，2018 年 6 月末寿险公司资产总额为 13.8 万亿元，占比 83.1%，产险公司资产总额为 2.4 万亿元，占比 14.5%，再保险公司资产占比 2.1%，保险资管公司资产占比 0.3%。根据裴光（2015）统计，截至 2015 年年底在沪保险公司（不含集团）总资产 2.2 万亿元，占全国保险总资产的 17.01%。

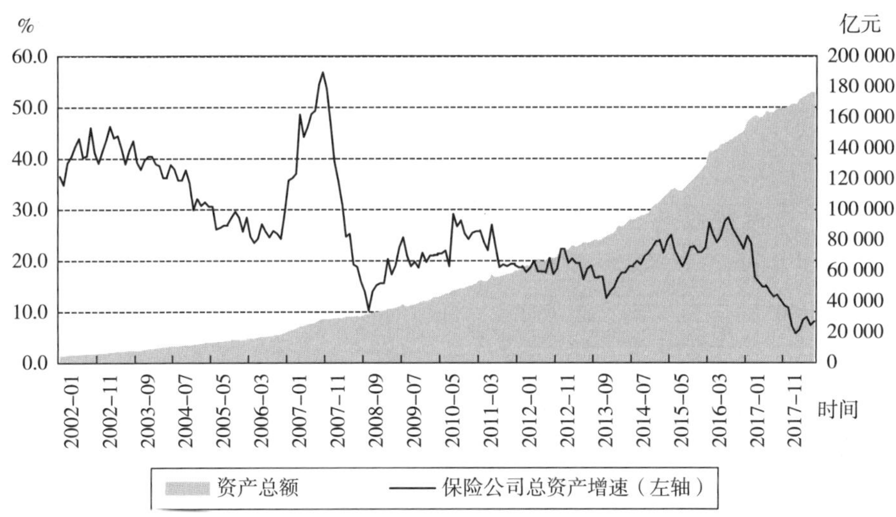

资料来源：Wind。

图 4　我国保险业总资产

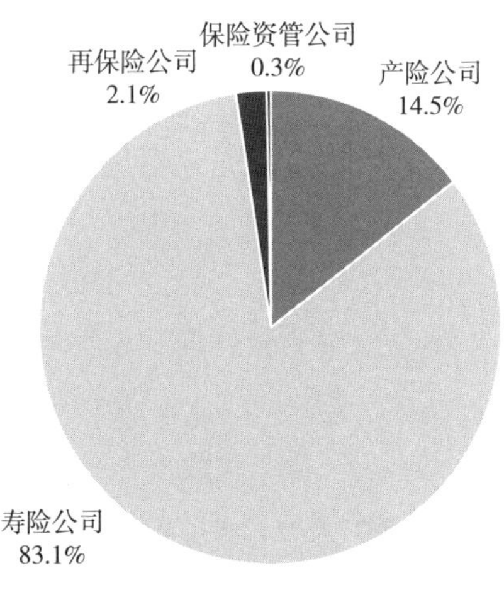

资料来源：Wind。

图 5　保险公司资产总额按机构类型分布

（三）保费收入

2017 年我国保险公司保费收入 3. 66 万亿元，其中人寿保险公司占比 70%，财产保险公司占比 30%。从区域分布来看，东部地区保费收入占比 55. 2%，中部占比 18. 4%，西部占比 18. 8%，东北地区占比 7. 6%。

我国保费收入的省份排名与各省份的经济总量排名基本对应。2017 年广东省保险公司保费收入 4 305 亿元位列首位，北京市保费收入 1 973 亿元位列第 6，上海市保费收入 1 587 亿元位列第 8，深圳市 2016 年保费收入为 832 亿元，约为上海保费收入的一半。在上海市保费收入中，人身险保费收入占比 72. 1%，财产险保费收入占比 27. 9%，与全国保费收入中人身险与财产险保费收入的比例基本一致。

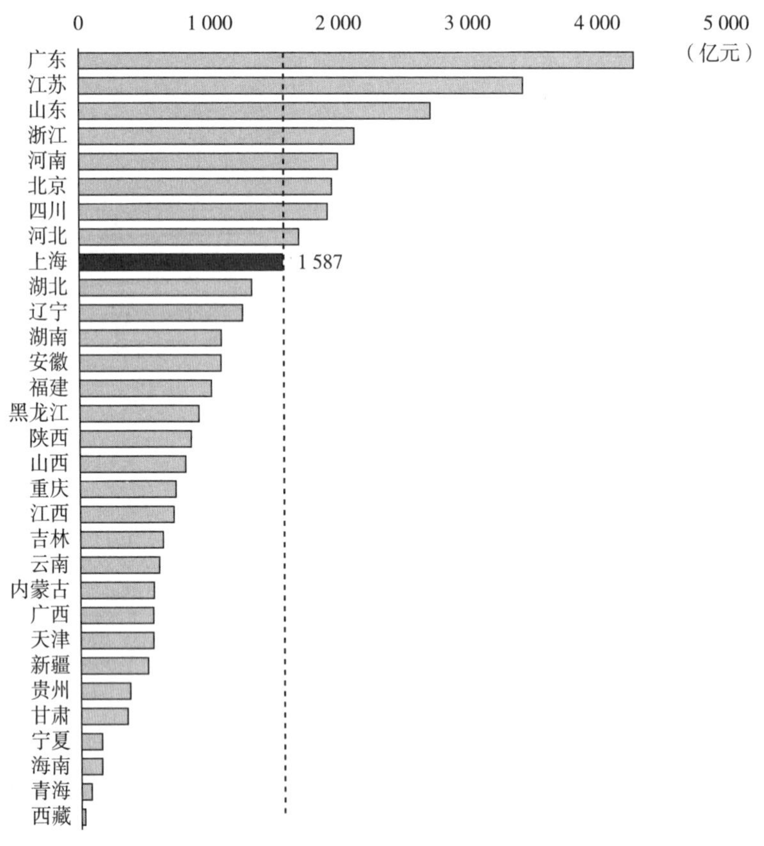

资料来源：Wind。

图 6 2017 年全国各省市保费收入

（四）保险密度与保险深度

保险密度与保险深度是衡量一个国家或地区保险市场成熟程度的重要指标。

保险密度是按当地人口计算的人均保费，即保费收入/总人口，反映该地区居民参与保险的程度。保险深度是该地区保费收入与该地区生产总值之比，反映该地区保险业在国民经济中的比重。2017 年全国保险密度为 2 241 元/人，保险深度为 4.15%。

从上述保费收入来看，虽然广东位列全国首位，但经由当地总人口平均之后得到保险密度，发现 2017 年北京的保险密度位列全国最高，为 9 085 元/人，上海保险密度位列第二，为 6 563 元/人，其后是江苏、广东等经济发达省份，特别是深圳市的保险密度为 8 219 元/人，已经高于上海。从保险深度来看，2017 年北京保险深度为 7.1%，在全国位居首位，上海保险深度为 5.3%，深圳市保险深度为 5.0%。

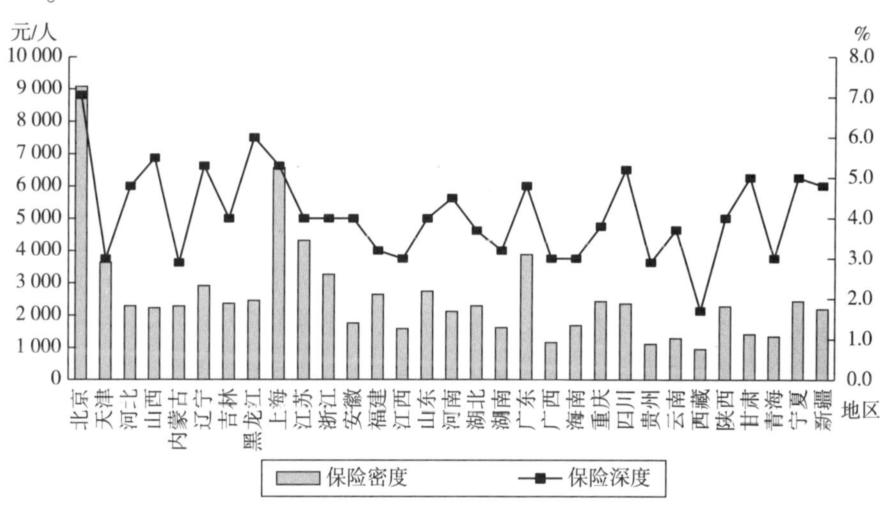

资料来源：Wind。

图 7　2017 年各省市的保险密度和保险深度

表 2　京沪深的保险密度与保险深度

年份	保险密度（元/人）			保险深度（%）		
	北京	上海	深圳	北京	上海	深圳
2014	5 659	4 068	4 300	6.0	4.0	3.4
2015	6 502	4 659	5 691	6.0	5.0	3.7
2016	8 468	6 320	5 700	7.4	6.0	4.0
2017	9 085	6 563	8 219	7.1	5.3	5.0

注：保险密度 = 保费收入/总人口，保险深度 = 保费收入/地区生产总值。

资料来源：Wind。

（五）国内地位

上海保险业面临着北京“总量经济”“总部经济”竞争。总部设立在上海的保险机构有 55 家，总部设在北京的有 68 家；2018 年 1—10 月全国保费收入 3.3 万亿元，同比增长 2%，增速较慢的原因主要是以“保监 134 号文”为代表的保险严监管，限制了部分理财型保险产品新增，短期内产品结构调整带动新单保费收入增速下降。其中，上海保费收入 1 163 亿元，同比下降 17.3%，位列全国 31 个省份中第 10，北京保费收入 1 520 亿元，同比下降 12%，位列第 8；北京的保险密度（保费/人口）和保险深度（保费/地区生产总值）均位列全国之首。[①] 虽然 2016 年保交所设在上海，但是保险业至关重要的保险信息共享平台和保险征信平台——中国保信 2013 年在北京成立。

上海保险业的独特政策红利在逐渐减少。2013 年 9 月上海自贸区刚成立时，我们寄希望在自贸区率先开展一些金融改革。利率市场化、汇率市场化与资本项目开放等重大改革则首先需在中央层面做好顶层设计，然后才能向全国统一铺开。相对而言，保险业的改革更具备在自贸区先行先试的条件。目前全国自贸区总数已达 13 个。2018 年 4 月设立了海南全岛自贸区，10 月国务院公布了自贸区总体方案，支持海南建设离岸贸易中心、大力发展航运保险，后续还会考虑自由贸易港总体方案。2018 年 11 月，人社部正式印发《支持海南人力资源和社会保障事业全面深化改革开放的实施意见》，提出支持海南解决引进人才涉及的社保有关问题，完善养老保险制度、失业保险制度、工伤保险制度和加强社会保险基金监管，支持海南启动“中国（海南）康复中心”项目建设。

三、上海建设成为国际保险中心的机遇、优势与挑战

作为中国近代第一大都会，上海曾一度成为全球瞩目的远东国际保险中心。当时上海既是保险由海外传入中国的枢纽，也是民族保险业的发祥地。1843 年，上海刚一开埠就迅速成为外商保险业的在华中心，外商保险公司数目一度多达 150 家。民国时期，华商保险业在沪崛起，上海进一步成为华商保险业的全国中心。1937 年第二次世界大战前，全国有 35 家华商保险公司，其中设在上海的有 22 家。一时之间，上海外商保险公司与华商保险公司并驾齐驱，成就了“沪市保险业，素执保险业之总枢纽”的佳话。此外，据史料考证，20 世纪 30 年代全国每年有 5 000 万元左右的保险收入，其中 3 000 万元左右来自上海。以 1937 年上海总人口 380 万计算，当时上海的保险密度约为 7.89 元/人，约为全国保险密度的 63 倍。可见，上海建设国际保险中心具有丰富的历史积淀。[②] 站在新的历史机

---

① 上海保监局，北京保监局，Wind 资讯。

② 裴光，等. 从保险大国迈向保险强国：上海国际保险中心建设研究［M］. 上海：上海人民出版社，2016：76 - 30.

遇上，上海应当充分发挥自身比较优势，客观看待当前建设国际保险中心的种种挑战，朝着国际保险中心的目标大步迈进。

（一）历史机遇

首先，供给侧结构性改革和五大发展理念（创新、协调、绿色、开放、共享）为上海建设成为国际保险中心提供了原则和方向。深入推进上海国际保险中心建设，不但有利于城市经济长期健康发展和提质增效升级，而且对于上海完善国际大都市治理体系以及促成治理能力现代化具有突出的作用，是上海推进供给侧结构性改革的必然要求。上海国际保险中心建设必须坚持供给侧结构性改革导向，针对供需矛盾突出的领域，加快提质增效和“补短板”的步伐。与此同时，上海应当深入贯彻落实五大发展理念，崇尚创新、注重协调、倡导绿色、厚植开放、推进共享，努力提高发展质量和效益。

其次，“一带一路”、长江三角洲区域一体化、长江经济带发展战略交汇于上海，为国际保险中心建设拓宽了战略发展空间，主要包括以下几个方面：

一是为“一带一路”沿线国家提供风险管理服务的潜力。“一带一路”沿线国家主要分布在经济较为落后，甚至经济社会安全形势较为复杂的地区。这些地区的市场化程度相对有限，法律法规体系也尚未健全，一部分国家的政治风险、经济风险较高。上海保险业可充分利用保险工具，主动积极实施风险管理。同时，针对“一带一路”沿线国家基础设施建设中可能面临的政治风险、恐怖主义风险、工程风险、自然灾害、特殊责任风险等，上海保险业可以通过离岸保险、再保险等多种市场化手段为其提供足额保障。

二是为国家战略资源进口提供风险保障。资源进出口安全的保障及各种风险的防范化解，既要依赖强大的国防建设，更要依靠更常用、更直接、更经济的保险方式。“一带一路”沿线的很多国家是我国石油、天然气、铁矿石、谷物等重要进口资源的重要提供者或运输通道。在上海国际保险中心的建设过程中，上海可以通过建立航运保险中心，积极创新航运及周边相关保险产品等途径，主动作为，为相关外贸企业和出入境人员提供经济安全的保险保障。

三是为中国企业海外投资提供风险保障。我国已经成为重要的对外投资大国，国家支持能源、港口、电力、通信、高端装备、建筑工程、优势服务业等领先领域的企业“走出去”。在“一带一路”倡议背景下，中国企业对沿线国家的能源矿产、交通运输等领域的投资与并购活动将日益升温。上海在海外投资保险和其他相关的商业保险制度方面已日臻成熟，具备提供有效管理海外投资风险的配套制度的能力。

四是为保险资产管理行业提供机遇。截至2017年年末，我国保险资金运用余额为 14.92 万亿元，较当年年初增长 11.42%，其中，70% 以上的保险资金委托给了保险资产管理公司管理。保险资产管理公司是管理保险资金运用最主要的主体。传统投资和另类投资是保险资管业资产配置的两大方向，包括股票投资、股权投资、不动产投资、无担保债券投资、基础设施投资计划创新等。保险资金一般规模较大，且具有长期性、稳定性的突出特点，在提供长期建设资金方面具有独特的优势。在建设国际保险中心的过程中，上海保险业可以和银行业、证券业加强互联互动，形成合力，从而进一步发展壮大保险资产管理行业。

五是优化了“一带一路”产业链分工布局。保险产业是“一带一路”产业链中的短板。上海可以积极主动利用“一带一路”倡议机遇，完善保险交易所、离岸保险市场等保险交易市场体系，推动再保险、原保险、保险中介等上下游保险产业链和关联产业协同发展，促进“一带一路”保险产业集群形成。

六是长三角世界级城市群需要上海发挥保险中心的作用。目前，世界级城市群主要包括：以纽约为中心的美国东北部大西洋沿岸城市群，以芝加哥为中心的北美五大湖城市群，以东京为中心的日本太平洋沿岸城市群，以伦敦为中心的英伦城市群和以巴黎为中心的欧洲西北部城市群。五大世界级城市群各有特色，但一个共同特征是生产要素的高度聚集和与之相伴的大量风险交汇。为了有效管理城市群的风险，英伦城市群有伦敦国际保险中心，美国东北部城市群有百慕大国际保险中心，欧洲西北部城市群有苏黎世国际保险中心。在长三角地区，也只有上海具备建设国际保险中心的各种有利条件。因此，以上海为核心的长三角城市群建设需要上海建设成为国际保险中心。

七是长江经济带为上海建设保险中心提供了广阔腹地。长江经济带覆盖沪、苏、浙、皖、赣、鄂、湘、渝、川、云、黔等 11 省市，面积约 205 万平方千米，人口和生产总值均超过全国的 40%，可以为上海国际保险中心建设提供丰富的保源。第一，长江是货运量位居全球内河第一的黄金水道。随着“大通关”政策的复制推广和长江口 12.5 米深水航道向上延伸，长江下游与中上游的联系将不断增强，为航运保险业务带来新的增量。第二，长江经济带是我国洪灾、地震等大型自然灾害多发地区，是巨灾险、再保险业务的重要来源。第三，长江经济带开发建设过程中，大型基础设施建设、新型城镇化、生态环境保护和治理工程等需要大量的资金投入，为保险资金运用开拓了广阔空间。

最后，上海“四个中心”、科创中心建设和自贸试验区等多重政策利好为国际保险中心建设提供了动力和环境支持，主要包括以下几个方面：

一是上海国际经济中心建设为国际保险中心建设提供动力源泉。2017 年上海生产总值首次突破了 3 万亿元，达到 30 133.86 亿元，按常住人口计算的人均生产总值为12.46万元。“十三五”时期，上海全市生产总值预计年均增长6.5%以上，2020年居民人均可支配收入比2010年翻一番。经济越发展，社会越进步，保险越重要。上海经济社会发展带来日益增长的多元化保险服务需求，为上海国际保险中心建设提供不竭动力。

二是国际金融中心建设与国际保险中心建设相辅相成，协同发展。回顾伦敦、新加坡等国际保险中心的建设历程，可以发现国际保险中心离不开国际金融中心，国际金融中心建设为国际保险中心建设奠定坚实基础、营造良好环境、提供有力支撑。而保险业在服务实体经济、国际贸易、民生保障、社会治理等方面的作用日益凸显，保险业的影响力在国际金融中心也日益提升。可以说没有保险业的参与，没有保险业的高度发达，国际金融中心就名不副实。

三是从国际经验看，伦敦、中国香港、新加坡等国际保险中心都是以国际航运和国际贸易中心建设为依托。“十三五”时期，《上海国际航运中心建设三年行动计划（2018—2020）》提出到2020年上海基本建成航运资源集聚、航运服务功能健全、航运市场环境优良、现代物流服务高效，具有全球航运资源配置能力的国际航运中心。因此，上海推进国际航运中心有利于上海航运保险中心建设，而这也是上海国际保险中心建设的应有之义。

四是上海科创中心建设为国际保险中心建设提供新的广阔发展空间。上海市“十三五”规划提出到2020年形成具有全球影响力的科技创新中心基本框架，基本形成符合创新规律的制度环境，基本形成科技创新中心的支撑体系，基本形成大众创业、万众创新的发展格局，创新人才和成果不断涌现，基本形成科技创新中心城市辐射能力，张江国家自主创新示范区加快进入国际高科技园区先进行列。科创活动天然伴随较高风险，需要保险业的保驾护航。上海建设具有全球影响力的科创中心，需要将保险机制嵌入企业研发、融资、知识产权、关键技术和人员等整个产业链和主要环节。

五是上海自贸区建设为保险行业创新发展提供契机。一方面，本国货币的自由兑换是该国成为国际保险中心的重要条件之一。本币若不能在资本项目和经常项目下自由兑换，该国的资金集散规模必将缩小。一国货币至少在周边地区被使用或在较高水平上成为国际结算计价货币，才能够对该国际保险中心构成支撑作用。[①] 上海自贸区可在区内为人民币资本项目可兑换、金融利率市场化、人民币跨境使用等创造条件先行先试。自贸区内，人民币资本项目自由兑换、人民币国际化改革正在有条不紊逐步推进，必将使各国投资者获得便利，如利于外资保险

---

① 徐英．国际再保险中心特点及其形成条件分析［J］．江西金融职工大学学报，2010，23（6）：21－23.

公司的母公司在自贸区内直接设立分公司，从而促进国际保险交易和离岸保险中心的发展。[①] 另一方面，上海自贸区开放科学的管理机制，可以吸引各类型保险机构向自贸区内不断聚集，使上海自贸区保险市场产业链不断丰富和完善。上海保险业可以自贸试验区为平台，开展保险监管制度创新，继续大力推动保险监管体系和监管能力现代化建设。[②]

（二）比较优势

无论从发展愿景、政策环境还是从自身基础看，总体而言上海具备建设国际保险中心的肥沃土壤，具有多重比较优势，是我国建设国际保险中心的必然选择。

1. 综合区位优势

上海是中国第一大都市、国际大港。综合区位优势是上海经济社会持续快速发展的重要基础。上海属于河口海港城市，位于我国南北海岸线的中部，位于“黄金水道”长江所形成的“I”字形交叉点上，襟江濒海，腹地广阔。国内其他港口城市所襟之江，无论从干流长度还是支流水系的发达程度看，均无法与长江相比；就腹地广阔程度而言，也没有一个国内港口城市能与上海抗衡。从与国际港口城市的比较看，上海在地理区位优势、运输便利性、腹地广阔度等方面优于作为国际保险中心的伦敦，与纽约相比也毫不逊色。随着长江入海口深水航道治理工程全面竣工，洋山深水港、跨杭州湾大桥的相继建成以及长三角洲地区“1小时经济圈”的建立，上海的综合区位优势将进一步突出。[③]

2. 经济社会发展优势

综观世界保险业发展历程，其兴起、成长和壮大是一国经济社会发展的内在要求和必然趋势。实证研究表明：我国保险业属于经济增长带动型和收入导向型，国民经济增长直接拉动企业和居民的保险支出，[④] 从根本上保障了保险业的发展。上海在全国经济建设和社会发展中地位突出。2017 年上海经济增长与全国持平，增速为6.9%，经济总量跻身“3 万亿俱乐部”，成为中国首个地区生产总值超 3 万亿元的城市。2017 年上海服务业占地区生产总值比重为 71%，比全国 2016 年平均水平 51.6% 高出近 20 个百分点。股票、期货、外汇、黄金等金融市场交易量位居世界前列。2017 年口岸贸易总额占全球的 3.2%，跃居世界城市首

---

① 裴光，等．从保险大国迈向保险强国：上海国际保险中心建设研究［M］．上海：上海人民出版社，2016：27.

② 马翠莲．上海自贸区保险改革创新成绩斐然［N］．金融时报，2016－09－30（005）．

③ 裴光，等．从保险大国迈向保险强国：上海国际保险中心建设研究［M］．上海：上海人民出版社，2016：28.

④ 栾存存．我国保险业增长分析［J］．经济研究，2004（1）：25－32.

位；集装箱吞吐量连续8年位居世界第一，成为全国第一个、全球第五个航空旅客年吞吐量突破1亿人次的城市。上海居民人均可支配收入年均增长8.9%，基本公共服务均等化水平长期持续提升。

3. 政策支持优势

从国家层面看，2009年《国务院关于推进上海加快发展现代服务业和先进制造业建设国际金融中心和国际航运中心的意见》（国发〔2009〕19号）提出，“积极发展上海再保险市场，鼓励发展中资和中外合资的再保险公司，吸引国际知名的再保险公司在上海开设分支机构，培育发展再保险经纪人，积极探索开展离岸再保险业务”，“积极研究有实力的金融机构、航运企业等在上海成立专业性航运保险机构。优化航运金融服务发展环境，对注册在上海的保险企业从事国际航运保险业务取得的收入，免征营业税”。2013年《国务院关于印发中国（上海）自由贸易试验区总体方案的通知》（国发〔2013〕38号）提出“支持开展人民币跨境再保险业务，培育发展再保险市场”。2017年《国务院关于印发全面深化中国（上海）自由贸易试验区改革开放方案的通知》（国发〔2017〕23号）提出（自贸区）“大力发展海外投资保险、出口信用保险、货物运输保险、工程建设保险等业务，为企业海外投资、产品技术输出、承接‘一带一路’重大工程提供综合保险服务”。

从保险行业监管机构、地方政府的层面看，原保监会和上海市政府均对上海建设国际保险中心给予大力支持。上海建设国际保险中心目标的提出就是建立在原保监会和上海市政府的共同研究论证基础上。“新国十条”发布后，上海市相关领导同志专门听取了上海保监局和上海市金融办关于贯彻落实“新国十条”的汇报。在汇报会上，决定成立专项工作组，也就是由上海保监局和上海市金融办联合成立上海市贯彻落实“新国十条”工作组，主要任务之一就是起草上海市政府贯彻“新国十条”的实施意见。原保监会和上海市政府分别出台了诸如《关于开展保险专业中介机构股权信息登记管理试点的函》（保监厅发〔2014〕36号）、上海市“新国十条”实施意见等多项政策，助力上海建设国际保险中心。

4. 人力资源优势

从世界各地的成功经验看，国际保险中心建设过程中最核心的因素之一就是人才。截至2017年年末，上海全市常住人口总数为2 418.33万人。其中，户籍常住人口为1 445.65万人，外来常住人口为972.68万人。全年常住人口出生19.70万人，出生率为8.1‰；死亡12.90万人，死亡率为5.3‰；常住人口自然增长率为2.8‰。[①] 根据第六次人口普查的结果，2010年上海每10万人中具有大

① 2017年上海市国民经济和社会发展统计公报［J］. 统计科学与实践，2018（3）：11－21.

学文化程度的为 21 892 人，特别是具有研究生以上文化程度的为 42.18 万人，也就是说，每 50 个常住人口中就有 1 个是研究生学历。如此庞大的人口基数及高人口素质，既在客观上形成了广泛的保险需求，又为保险业发展提供了深厚的人才基础。2017 年 12 月 21 日，2017 中国（上海）金融人才指数在沪发布。数据显示，2016 年，中国（上海）金融人才指数为 103.86，较 2015 年指数计算基期增长 3.86，多数细分行业指数上升，反映金融业人才规模呈持续扩张态势。中国保险行业协会发布《2017 年中国保险行业人力资源报告》显示，中国保险业人力资源发展指数稳步增长，2016 年指数数值较 2015 年增长 7%，其中从业人员规模指标增幅最大，达到 15.76%。2016 年 8 月 23 日，保监会印发的《中国保险业发展"十三五"规划纲要》设专章"人才为本，建设高素质人才队伍"讨论保险行业人才问题，提出全面实施人才兴业战略，坚持以人为本，提升人才素质，优化人才结构，建立适应行业发展的管理人才、技术人才、营销人才和监管人才队伍，夯实保险业科学发展的人才基础。

（三）主要挑战

上海保险业的基础设施建设、人才培养、总部经济等方面和北京相比有一定差距，同时也面临海南等国内其他省市的竞争，与成熟的国际保险中心仍有明显差距。①

1. 经济发展水平

根据城市战略研究所（The Institute for Urban Strategies）发布的《2017 年全球城市实力指数》，在综合经济实力排名上，伦敦排名第 2 位，上海排名第 5 位；而在城市总体实力上，伦敦排名第 1 位，新加坡排名第 5 位，中国香港排名第 9 位，上海排名第 15 位。中国社会科学院城市与竞争力研究中心发布的《全球城市竞争力报告 2017—2018：房价，改变城市世界》报告显示，伦敦的城市竞争力指数排名第 2 位，新加坡排名第 5 位，中国香港排名第 13 位，而上海排名第 27 位。可见，在世界城市综合实力排名方面，尽管排名上升很快，但上海仍落后于老牌金融城市。

2. 金融基础设施

在金融基础设施方面，用英国智库 Z/Yen 集团于 2018 年 9 月发布的第 24 期"全球金融中心指数"的基础设施指数作为参考依据，中国香港的排名是第 1 位，伦敦的排名是第 3 位，新加坡的排名是第 4 位，而上海的排名是第 5 位。

---

① 劳佳迪，毕彤彤. 上海保险业"十二五"规划目标恐难实现［J］. 中国经济周刊，2015（41）：57－59.

3. 货币国际化程度

在货币国际化程度方面，人民币在经常项目下虽已实现可自由兑换，但在资本项目下尚不可自由兑换，在自贸区内尚处于推进阶段。由于资金天然具有往高处流的属性，利率市场化、汇率市场化仅在自贸区范围内开展不太现实，仍需要全国范围的市场化改革为前提，而反观伦敦、百慕大、中国香港、新加坡，均已实现货币的自由兑换。

4. 法治环境

良好的法治、完备的法律环境是支持与保障保险中心发展的关键因素。伦敦、百慕大、中国香港、新加坡都是成熟的普通法系领域，其法治水平历来受到肯定。中国内地正处于社会主义市场经济体制和经济转轨过程中，无论是法律法规体系还是立法、司法、执法、守法环境，均与国际保险中心建设的要求存在一定差距。应该说，上海的法治水平在中国内地处于领先地位，尤其关于金融行业的司法改革颇有亮点，例如，上海率先设立了金融法院，但客观上与全球几个主要国际保险中心相比尚有一定距离。

5. 营商环境

在营商环境方面，世界经济论坛发布的《2017—2018 全球竞争力报告》显示，在全球竞争力方面，新加坡的排名是第 3 位，中国香港的排名是第 6 位，英国的排名是第 8 位，而中国的排名则是第 27 位。从英国智库 Z/Yen 集团于 2018 年 9 月发布的第 24 期全球金融中心指数中的营商环境指数看，伦敦的排名是第 1 位，中国香港的排名是第 3 位，新加坡的排名是第 4 位，而上海的排名则为第 6 位。当然，竞争力指标是在国家的层面进行比较的，但是由于上海和伦敦可以分别代表中国和英国的整体竞争力，因此其结论基本可以成立。

6. 税赋水平

研究显示，伦敦、纽约、中国香港、新加坡等国际金融中心建设，税收政策对吸引金融市场主体和金融人才起到了极为关键的作用。[①] 伦敦的税制特点之一是以直接税为主，间接税为辅。伦敦对包括保险公司在内的金融机构征收的所得税税率为 20%，而对保险企业征收的所得税税率为 25%；百慕大是全球典型的避税型离岸中心，税收极为优惠，公司可免交公司税、所得税、利润税、资产税等一切税项；新加坡对于离岸保险业务实行 10% 的离岸保险业务税，对离岸自保业务实行零税率，对离岸保险经纪业务实行 10% 的税率，对于在岸保险业务实行的

① 李强．金融机构税负水平对上海国际金融中心建设的影响［J］．科学经济社会，2013，31（1）：59－63.

企业所得税税率为 17%。[①] 从金融从业人员税负来看，上海工资、薪金所得税最高边际税率为 45%，远高于中国香港和新加坡，与伦敦相比虽基本持平，但由从业人员自己负担的社会保障缴费比例（社会保险税）则显著高于伦敦。因此，上海金融从业人员整体税负偏高。[②]

四、将上海打造成为国际保险中心的路径探索

“十二五”期间，上海国际保险中心建设持续深化、突破不断，表现为保险市场体系逐步健全，市场功能有效拓展；保险市场规模持续增长，行业实力不断增强；保险对外开放取得重要进展，国际化程度明显提高；保险发展内外环境同步优化，行业发展质量与效益进一步凸显；保险监管现代化加速推进，系统性区域性风险底线严守不懈；创新驱动先行先试，上海保险业服务社会经济大局成效明显。[③] 但距离实施意见提出的到 2020 年基本建成与我国经济实力以及上海国际金融中心地位相适应、立足上海、服务全国、辐射世界的国际保险中心的基本目标之间，仍然有不小差距。上海需要继续抓住建设国际保险中心的时代机遇，充分总结国际主要保险中心建设的经验和教训，结合中国保险业发展的实际情况，更加积极地开展理论研究，创新实践举措，探索到一条既全面完善又重点突出的国际保险中心建设路径，加快实现建成上海国际保险中心的目标。

（一）坚定不移地推进保险业开放

近两年我国保险业的对外开放进程提速。2018 年 4 月，保险业的对外开放进程进一步加快，政策超预期，不仅将开放时间提前，从“3 年后将外资持股比例放宽至 51% 及 5 年后不设限”提前为几个月内放宽至 51% 及 3 年后不设限，而且进一步允许符合条件的外国投资者来华经营保险代理业务和保险公估业务，并放开外资保险经纪公司经营范围与中资机构一致，还全面取消了外资保险公司设立前需开设 2 年代表处的要求。

虽然我国保险业自加入世界贸易组织开始已经实现较大程度的对外开放，但外资险企在国内市场仍然打不开局面。截至 2017 年年底，我国国内已经有 28 家外资寿险公司（中资 57 家）和 22 家外资财险公司（中资 63 家），主体数量已经接近整体的 1/3，但市场份额较低，外资寿险公司的市场份额为 6.97%，外资财

---

① http：//qfhchina. com/index. php？ m = content&c = index&a = show&catid = 59&id = 293，lastly visited 24th Sep. 2018.

② 樊丽明，葛玉御．上海国际金融中心建设的金融业税负与政策研究［J］．金融发展研究，2016（4）：3 – 11.

③ 在上海国际保险中心建设中要有新作为——上海保监局局长裴光在 2017 上海国际保险论坛上的讲话［J］．上海保险，2017（7）：12 – 14.

险公司的市场份额为1.96%。外资险企的渠道效应、服务网络不足是外资险企市场份额较低的一个重要原因。由于我国保险业规模扩大主要依靠渠道，往往是有渠道的企业能够在市场竞争中占据优势，而外资险企铺设分支机构速度较慢，销售渠道狭窄使其难以在国内消费者心中树立强大的品牌地位，影响力薄弱，一直保有较低市场份额。

表3　　国内保险业对外开放历程

阶段	时间	主要事件
准备阶段	1980—1992年	允许一些外国保险公司在国内设立代表处
试点阶段	1992—2001年	1992年，国务院选择上海作为第一个对外开放保险业务的试点城市，同年9月美国友邦保险作为第一家外资保险公司在上海设立分公司；1995年，国务院宣布将对外开放的试点城市扩大到广州。在此期间共有29家外资保险公司在华设立了分支机构
过渡阶段	2001—2004年	根据我国2001年加入WTO的相关承诺，保险业对外开放有3年的过渡期。在中国加入WTO初期允许外国保险公司在上海、广州、大连、深圳、佛山五个城市设立合资保险公司，2年后扩展到北京、成都等十个城市，并对外方股东要求了一定的设立条件，包括必须连续2年在中国设立代表处，对合资寿险公司要求外资持股比例不超过50%，对合资非寿险公司则允许外资持股比例达到51%。同时允许外国保险经纪公司在国内从事规定范围内的保险经纪业务，外资持股比例可达50%。截至2004年年底，已有37家外资保险公司进入我国保险市场
基本对外开放阶段	2004—2018年	3年的过渡期结束后，除对外资保险公司和外资保险经纪公司的设立条件有要求（必须在中国设立代表处连续2年等）外，对外资非寿险公司已没有其他限制，但对外资寿险公司仍要求了外资持股比例不能超过50%，对外资保险经纪公司的业务范围有所限制。在此期间并未允许外资企业在国内经营保险代理和保险公估业务
全面对外开放阶段	2018年以后	2018年4月博鳌亚洲论坛明确了进一步加大保险业对外开放的具体措施和时间表，包括在几个月内落实将人身险公司的外资持股比例放宽至51%（三年后不再设限），允许符合条件的外国投资者来华经营保险代理业务和保险公估业务，放开外资保险经纪公司业务范围与中资机构一致，取消外资保险公司设立条件中“必须在中国设立代表处连续2年”这一要求，标志着国内保险业即将迎来全面开放时代

资料来源：《保险统计年鉴》（2002），《保险业对外开放：历程、经验与展望》。

从上海的情况看，截至2015年年末，在沪外资保险法人公司达到28家，数量位居全国各省、自治区、直辖市之首。根据中国保险统计信息系统数据汇总，2018年1—8月，上海市原保险保费收入累计942.60亿元，而中、外资保险公司原保险保费收入比例为81∶19。这个数据虽已远远高于全国水平，但与“新国十条”关于“提升保险业对外开放水平”的总要求仍然相去甚远。目前全国 56 家外资保险公司中有 28 家在上海。上海外资保险机构数量占比为 50%，而外资原保费收入占比仅为 20%，说明尽管外资数量多但市场份额不高。2018 年在扩大金融业对外开放措施中，进一步放宽了外资持股比例限制，放开外资保险经纪公司经营范围，全面取消了外资保险公司设立前需开设 2 年代表处的要求。2018 年 11 月 25 日，银保监会批准德国安联集团在华筹建首家外资保险控股公司，由德国安联集团 100% 控股。深化金融改革开放，推动上海保险业“引进来”与“走出去”是上海建设国际保险中心的永恒话题。

保险行业对外开放可以为保险市场带来竞争效应、改革效应、创新效应以及并购效应，进而提升保险市场的整体能力，① 因此上海建设国际保险中心应当坚定不移推动保险业对外开放，将上海保险业对外开放推向新的高度。一是推动修改相关法律法规，尽快放开合资人身险公司外资持股比例，确保开放措施的有效落地。二是对于尚未进入上海市场的外国保险机构，进一步优化准入政策，积极引入境外先进保险机构，如风险管理成效明显的外资保险公司，② 从而进一步完善保险市场主体结构，增强市场活力，有效促进保险行业有序竞争。三是对于已经进入上海市场的外资保险公司，将进一步优化监管政策，鼓励其进入健康、养老、巨灾保险等专业业务领域，参与保险业经营的新模式，参与国家和保险业的各项改革，促进其健康快速发展。③ 四是立足“沪伦通”基础，加强与欧洲保险业的合作。“沪伦通”是中英两国在金融基础设施领域合作的重大突破。目前欧洲保险公司和保险经纪人在欧洲经济区内享有单一牌照的权利，即保险公司和保险经纪人只需持欧盟任一成员国发放的牌照就可以在其他欧盟成员国开展业务。未来的英国脱欧谈判将对英国和欧盟保险公司在各个国家开展业务的条件和方式产生重大影响，英国、欧盟其他国家的保险公司可能需要互相在对方获得牌照或在对方国内再成立新的法人实体方可开展业务，由此可能促使英国或欧盟保险公司积极开拓第三方保险市场。在我国有序扩大金融开放的背景下，上海保险业可以积极探索与英国或欧盟保险业的合作机会，吸引成熟的保险机构来上海展业。

（二）牢牢把握保险科技的新机遇

当今世界，大数据、云计算、区块链、人工智能、移动互联网等新一代信息技术高速发展、广泛应用，金融科技（FinTech）风起云涌，在提升金融工作效率、优化金融服务体验、改变人们生活的同时，也塑造着金融行业发展演进的路

① https：//www.thepaper.cn/newsDetail_forward_2381145，lastly visited 29th Sep. 2018.

② 马倩．保险业对外开放的成果、问题与建议［J］．中国保险，2018（6）：15－19.

③ 姜波．构建保险业对外开放新格局［J］．中国金融，2018（2）：53－55.

径与特征。

保险科技（InsurTech）是金融科技的一个分支，从广义上来看，保险科技泛指围绕保险行业所涉及的一切新技术和现代科技。2017 年 5 月，中国保险学会与复旦大学中国保险科技实验室联合发布《中国保险科技发展白皮书（2017）》，提出了保险科技包含的十项核心技术：区块链、人工智能、物联网、云计算、大数据、车联网、无人驾驶汽车、无人机、基因检测、可穿戴设备。这些技术被应用于产品创新、保险营销和保险公司内部管理等各个领域，正在全方位重塑保险业。普华永道在《2017 年全球保险科技调查报告》中对来自 40 个国家和地区的 189 名保险业高管进行了问卷调查。结果发现，有 86% 的受访者认为 2019 年后区块链会被广泛运用在保险行业中。① 数据显示，2013—2017 年我国共发生 149 笔保险科技行业的投融资事件，107 家保险科技公司获得投资，腾讯、阿里以及诸多私募基金等 146 家投资者参与投资，投资金额超 300 亿元。② 国内保险科技正处于颠覆式创新阶段，未来其广泛运用将构筑保险新生态，这也正是上海与成熟国际保险中心最小差距之所在，为上海保险业实现“弯道超车”提供了新的机遇。

在保险科技和“互联网 +”的共同作用下，人们对于保险产品将从供给导向转为需求导向，从单一需求向多元需求转变，从被动需求向主动需求转变，从静态需求向动态需求转变。与之同步发生的是，保险产品的种类和形式也会不断创新，产品形式可能从标准化逐步转变为定制化，产品边界也将可能变得逐渐模糊，产品服务同样可能变得更加多元化。③ 保险科技和互联网保险高速发展已经给传统保险行业带来了深远影响和冲击，但这也正是上海与成熟国际保险中心最小差距之所在，因而为上海建设成为国际保险中心，成功实现“弯道超车”提供了新的机遇。

上海的保险业发展水平、科技水平均处在全国前列，具备大力发展保险科技，促进保险业升级转型、提升保险业发展质量的基础。上海建设国际保险中心需要牢牢把握保险科技的新机遇，做好以下几个方面工作：

一是完善保险科技立法，为保险科技发展创造适度宽松的发展环境。要及时跟踪了解联合国、国际货币基金组织等国际组织对保险科技发展的政策走向，加强对美国、欧盟、英国、新加坡、中国香港等国家和地区保险科技发展情况和政策措施的研究，充分吸收借鉴发达保险市场的先进做法，结合我国保险科技应用

① 普华永道 . 2017 年全球金融科技调查——保险科技（InsurTech）调查报告［R/OL］. https：//www.pwccn.com/zh/industries/financial - services/insurance/publications/driving - innovation - with - insurtech.html.

② 亿欧智库 . https：//www.iyiou.com/intelligence/reportPreview？id = 84751&&did = 540.

③ 郭金龙，王桂虎 . 保险业仍处于黄金发展期［J］. 中国金融，2018（2）：37 - 39.

和发展现状，及时出台保险科技相关的发展扶持政策和法律法规，加强保险科技的规划和引导，打造适度宽松的发展环境，推动保险科技健康稳定、安全快速、可持续发展。

二是要联合政府机关、监管机构、保险公司、保险中介机构、相关技术企业等保险科技生态主体，建设沟通合作平台。保险科技自身所具备的混业特性与现行的分业监管体制无法匹配，大力发展保险科技必然涉及在现行体制下的复杂沟通协调工作。为此，上海市金融办、上海保监局可以考虑联合设立保险科技专项办公室，整合保险科技相关生态主体，帮助各方主体进行内、外部有效沟通、资源整合，建立良好的市场秩序。

三是大力支持各类保险科技主体加强保险科技领域的投资。上海可以考虑设置专项政府财政基金，同时降低银行贷款门槛，引导社会资本和风险投资向与保险科技相关的中小微、初创企业提供资金支持，并在税收方面给予优惠。

四是着力优化升级保险科技监管体系。目前，银保监会负责保险科技的功能监管，中国互联网金融协会负责统一规范全国互联网金融技术与运营标准，中国人民银行金融科技委员会负责对金融科技重大问题进行研究和决策。[①] 上海需要提前考虑针对保险科技的监管问题，上海银保监局需要在银保监会的统一领导部署下，充分借鉴国际、国内金融科技监管经验和模式，尽早谋划和发布保险科技监管框架，明确监管的核心目标、主要原则和风险防范指引。在具体监管方式上，既要鼓励科技创新，又要维持市场稳定，寻找监管与发展的平衡点。从英国的经验看，给予保险机构“试错”机会的“监管沙盒”模式不失为一个比较好的方案。[②]

五是注重保险科技风险防范。在关注保险科技助力保险业高质量发展的同时，也要考虑新技术本身具有较高的风险和不确定性，注重风险防范。例如，区块链技术极有可能在未来的保险创新中扮演重要角色，但其本身仍面临不少问题：一方面，区块链技术尚未完全解决客户端数据和隐私安全、应用安全等问题，系统稳定性、运算能力等也需要进一步的提升和验证，离在保险领域大规模应用还有距离；另一方面，区块链的交易规则、合约设计均由计算机程序自动控制，具有强烈的“去中心化”特征，一旦出现技术性或操作性错误时，保险公司难以进行强有力的指导和控制。如果错误未被及时发现，系统将按照错误指令继续执行，可能放大单次错误所造成的不利后果。[③]

---

① 单鹏．保险科技的应用与监管［J］．中国金融，2018（2）：66－67.

② 杨东．英国金融科技发展对中国保险科技的借鉴［J］．上海保险，2017（10）：8－13.

③ 黄万鹏．保险科技助力保险业高质量发展［J］．中国保险，2018（7）：12－15.

（三）高度重视保险资金运用

考察保险业的发展可以从保险机构资产、负债两端去开展。更准确地说，从保险机构的资金来源与资金运用两个方面去看保险业的中长期发展。在负债端，随着我国经济从高速增长阶段向高质量发展阶段转变，居民收入稳步提升，高净值人群扩大，人口老龄化加剧，人们通过保险来寻求保障与风险管理的意识增强，对保险的需求处于稳步上升的阶段。保险需求量的上升要与保险需求质的提高相结合，人们对保险产品的需求将从单一化转向多元化，从被动转向主动，从标准化转向定制化，叠加保险与科技、互联网，保险产品的边界将模糊。

在资产端，目前我国保险资金投资范围已经较为广泛。从大类运用范围看，保险资金可投资于存款、债券、股票、证券投资基金等有价证券，不动产，资产证券化产品，基础设施以及养老等产业，还可以投资于未上市公司股权。我国保险资金运用余额快速增长，从 2013 年至 2017 年年均增速达 18%。2017 年年末我国保险资金运用余额达到 14.9 万亿元，其中银行存款 1.9 万亿元，债券投资 5.2 万亿元，股票与证券投资 1.8 万亿元，其他投资 6.0 万亿元。

在规模保持快速增长的同时，我国保险资金运用的收益率稳中有升。2017 年保险资金运用的平均收益率为 5.77%，较 2016 年上升约 0.1 个百分点。保险资金运用的风格偏稳健，平均收益率的变化与我国宏观经济基本面、金融市场发展与社会投融资环境紧密相关。

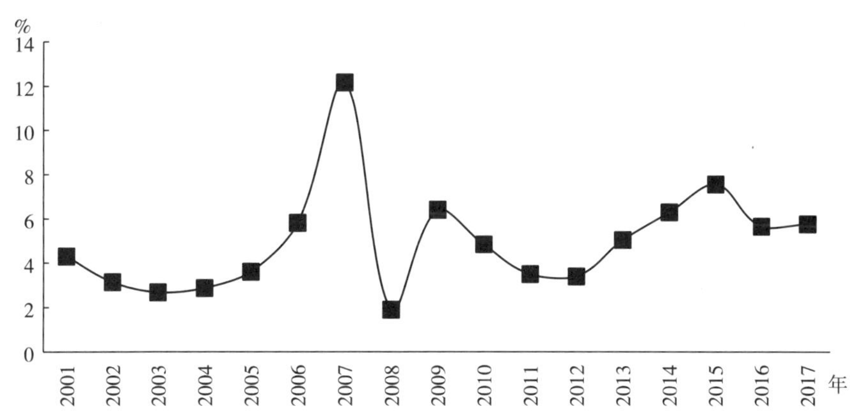

资料来源：Wind。

图 8　我国保险资金运用的平均收益率

从保险资金的行业配置来看，我国保险资金运用结构发生显著变化，投资风格逐渐从被动型、保守型向主动型、积极型转变。2013 年年初保险资金投向银行存款比例为 32.1%，到 2018 年年中已经下降至 13.7%；同样偏保守风格的债券投资占比从 2013 年的 44. 4% 下降至目前的 35. 3%；股票与证券投资占比小幅上升，从 2013 年的 10. 1% 上升至目前的 12. 0%；而其他投资占比上升幅度最大，从 2013 年的 13. 4% 上升至 2018 年的 39. 1%。也就是说，保险资金的行业配置上，固定收益投资占比逐渐下降，而股权类投资占比呈上升态势，当前两者占比几乎平分秋色、各占一半。当然，不同规模与类型的保险公司在投资策略上有显著差异，大型保险公司投资较为稳健，而部分中小险企的投资风格较为激进。随着保险行业竞争加剧，金融供给侧结构性改革的推进，大型保险公司的龙头效应凸显，而一些中小型保险公司面临更大生存压力，客观上造成中小险企在寻求高收益率时剑走偏锋。

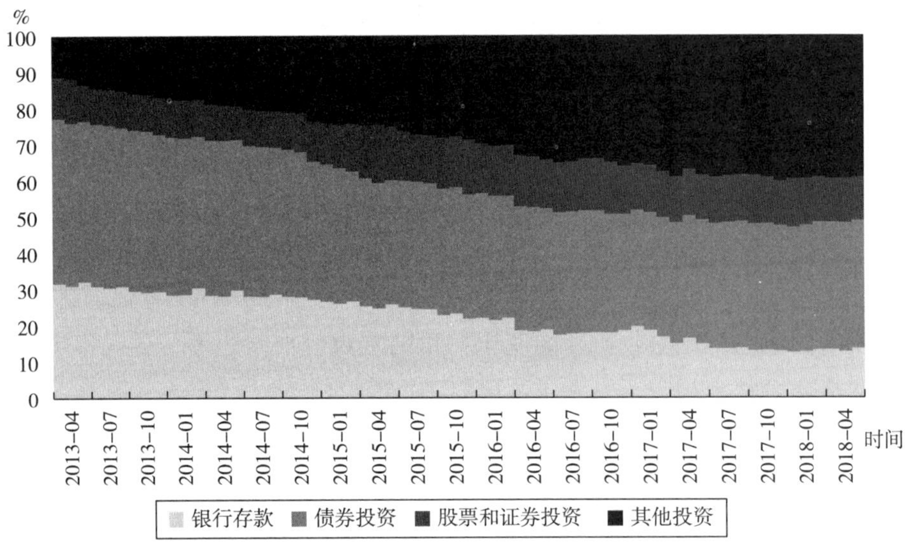

资料来源：Wind。

图 9　我国保险资金的投资结构

在一些发达保险市场，保险公司投资与承保几近发挥同等重要的作用。有的保险公司部分保险业务的承保利润为零甚至为负，主要利润来源于其投资收益。从一国经济建设的角度来看，作为一种重要的投资来源，保险资金对于经济发展的重要作用也不应忽视。正是基于上述考虑，2015 年 6 月 29 日，国务院原则上同意《中国保险投资基金设立方案》。《国务院关于中国保险投资基金设立方案的批复》明确指出：设立中国保险投资基金，是发挥保险资金长期投资优势，对接国家重大战略和市场需求，主动投向基础设施建设，带动社会有效投资，支持实体经济发展，打造增加公共产品和公共服务新引擎的重要举措。2015 年 11 月，中国保险投资基金（筹备组）正式签约浦东新区政府，达成意向落户上海。2015

年12月，中保投资有限责任公司正式成立，标志着上海搭建了一个关键性的保险资金运用平台。作为国际金融中心，上海具有大力发展保险资金运用的良好基础和环境，保险业应该继续充分利用上海的区位优势、信息优势、人才优势以及其他有利条件，提升上海保险资金运用的能力和影响力。

一方面，要研究利用自贸试验区金融改革政策提升跨境投融资能力。一是发行离岸人民币保险资管产品。结合《关于印发〈进一步推进中国（上海）自由贸易试验区金融开放创新试点加快上海国际金融中心建设方案〉的通知》关于加快人民币跨境使用的政策导向，在风险可控的前提下支持保险资管公司发行面向境外合格投资者的人民币保险资管产品。二是提高保险资金境外投资能力。包括协调外汇管理部门适当提高自贸试验区内保险资管公司作为合格境内机构投资者（QDII）的外汇额度、鼓励保险机构通过在自贸试验区内设立投资主体的方式开展海外直接投资（ODI）、协调政府有关部门研究放宽合格境内有限合伙人（QDLP）管理人资格认定标准、对自贸试验区内保险资管公司和保险机构开展港股通投资业务、支持保险资金委托符合保险资金受托人资格的区内证券机构开展境外投资业务。三是开展跨境个人财富管理业务。允许自贸试验区内保险资管公司面向有一定风险承受能力和资金规模的合格境内个人投资者发行外币和人民币资管产品，开展境外证券、不动产和各类企业投资业务。协调人民银行和外汇局逐步提高对合格境内个人投资者购汇和人民币境外投资的额度限制。[①]

另一方面，要促进保险市场与资本市场互联互通，大力发展保险连接证券。从国际经验看，百慕大作为国际保险中心，实现了再保险与资本市场的融合发展，成为巨灾风险证券化的中心。美国、德国和日本的经验说明了稳健发达的资本市场可以为保险资金带来稳定的收益。保险市场与资本市场的互联互通有利于保险公司通过资金运用有效管理系统性风险。与此同时，保险公司作为资本市场上重要的价值投资者，其资本运用也能反过来促进资本市场的完善。要鼓励保险资金进入资本市场新领域，利用保险资金量大沉淀的特点，促进资本市场更加稳定发展；[②] 创新保险资金运用形式，开发保险资产证券化产品，支持保险机构设计开发保单质押贷款证券化产品和其他保险资产证券化产品。

此外，要注意严控保险资金运用方面的风险，这也是未来保险业监管政策的主要方向之一。2018年1月，保监会修订了2014年4月4日发布的《保险资金运用管理暂行办法》，正式发布《保险资金运用管理办法》，明确了保险资金运用范

---

① 裴光，等．从保险大国迈向保险强国上海国际保险中心建设研究［M］．上海：上海人民出版社，2016：232－233.

② 宁威，陆彦婷．保险资金运用的国际比较研究［J］．国际经济合作，2016（9）：70－75.

围，针对近年来保险资金运用中出现的问题加以规范，强调了保险资金服务实体经济的本源。在拓展保险资金使用空间的同时，银保监会对保险资金运用的监管也在与时俱进地强化。例如，针对保险资金海外盲目扩张并购的乱象，要求限制保险资金海外投资，加强外部审计及对资金违规运作的处罚力度；针对险资举牌上市公司等事件，对保险资金开展股票投资加以分类为一般股票投资、重大股票投资和上市公司收购，限制股东对保险资金的干预。

（四）夯实基础设施和软环境建设

保险基础设施是提升保险市场运行与监管效率的重要手段，完善的保险基础设施不仅能促进保险业升级转型，而且能推进保险业各方面的业务优化。全球主要国际保险中心无一例外均建成了发达的基础设施。从中国的情况看，与银行、证券等其他金融子行业相比，我国保险基础设施建设起步晚，发展相对滞后。

近年来，上海在保险基础设施建设方面有长足的进步，其中最具里程碑意义的便是 2016 年 6 月 12 日正式开业的上海保险交易所。为了发挥好上海保险交易所在发展中国保险业和建设保险交易市场中的重要作用，上海需要继续支持上海保险交易所的建设发展。为此，上海保险交易所在商业模式、保险产品、技术服务方面的发展面临着对大量各类专业人才的迫切需求问题。上海应当积极鼓励上海保险交易所从海内外选拔适合自身业务发展的人才队伍，在家庭落户、子女入学、医疗保健、税收优惠等方面给予政策支持，保持人才队伍的稳定和良性发展，同时加大对上海保险交易所在金融创新方面的奖励。

当然，上海保险交易所的设立远无法支撑上海建设国际保险中心过程中对保险基础设施的需求。实际上，上海保险交易所董事长曾于瑾就曾有过“保险基础设施滞后亟须补短板”的表示。[①] 根据“新国十条”的相关阐述，保险行业基础设施一般包括社会保险意识、保险信用体系和数据积累、交易平台和服务支持机构等。上海要继续全面夯实保险基础设施建设，真正让保险市场基础设施成为建设国际保险中心的重要驱动力。

一方面，探索建立统一的保险资产交易平台。我国保险业经过几十年的快速发展，已成为我国资本市场乃至整个金融市场的重要力量。截至 2018 年 6 月末，我国保险业总资产 17.6 万亿元，其中包括债权计划、股权计划、信托计划、资管产品、保单贷款、股权投资、不动产投资等非标资产。根据中国民生银行研究院发布的《我国保险业 2017 年发展状况及 2018 年经营展望》，2017 年大型险企非标资产比重稳步上升。这些非标资产规模大、期限长、流动性差，缺乏必要的交

① 曾于瑾．保险基础设施滞后亟须补短板［N］．金融时报，2017－06－07（010）．

易转让平台，保险公司往往只能长期持有。因此，建设统一的保险资产交易平台，为保险资产特别是非标资产提供高效便捷的服务，对于盘活保险存量资产，增强保险资产的市场吸引力具有十分重要的意义。

另一方面，积极融入保险信息共享平台和保险征信平台建设。在大数据时代，加强保险业数据信息的开放共享，提升数据信息的应用能力，既是加强保险业基础设施建设的题中之义，更是全面发展现代保险服务业的必然要求。保监会于2013年8月专门成立了中国保险信息技术管理有限责任公司（以下简称中国保信），主要职责是建设和运营保险业信息共享平台，为提升保险业风险管理水平、促进行业转型升级提供支持。[①] 而上海保险法人机构众多，长期以来积累了大量高价值数据。根据中国保信的发展战略和上海建设国际保险中心的基础设施需要，可以鼓励和支持中国保信通过在上海设立保单登记信息管理、汽车交易信息服务等创新子公司的方式，融入保险信息共享平台建设和发展。[②]

建设保险征信平台有助于夯实保险市场运行的信用数据库，建立电子化、规范化、标准化的各类信息数据的采集、查询、分析共享机制。[③] 2015年初，中国保监会、国家发展改革委联合印发《中国保险业信用体系建设规划（2015—2020年）》，明确提出，2015年启动保险业信用信息数据库建设，初步建立保险业信用管理制度、评价体系和信用记录等相关标准体系，2016—2018年基本实现行业内信用信息的互联互通和交换共享。未来，保险业信用信息系统主要由监管数据源、中国保信数据源和外部数据源等多方数据整合而成。[④] 上海要建立健全本市信用信息体系，强化公共信用信息与保险信用信息的共享互通与联动合作，建立完善保险业守信激励和失信惩戒机制，支持中国保信在沪发展保险业征信系统。

如果说基础设施属于建设国际保险中心“硬环境”，那么“软环境”建设同样不可或缺。全球主要国际保险中心均具有优良的“软环境”，也不乏“杀手级”的“软环境”，如苏黎世的监管稳定性、百慕大的税收政策等。[⑤] 除广泛强调的监管环境、税收环境、司法环境持续优化外，上海还要特别关注持续营造良好舆论环境。

一方面，要强化国际交流，扩大上海国际保险中心品牌影响。上海通过举办巨灾保险国际论坛、国际保险中心论坛、航运保险国际论坛等，加大了上海保险

---

① 吴晓军．保险行业信息共享与基础设施建设［J］．清华金融评论，2017（12）：24－26.

② 裴光，等．从保险大国迈向保险强国上海国际保险中心建设研究［M］．上海：上海人民出版社，2016：209－211.

③ 单鹏．从四方面着力建设保险市场新型基础设施［J］．清华金融评论，2016（7）：93－94.

④ 徐行．保险将成为个人征信数据重要应用领域［N］．上海证券报，2017－11－02（12）．

⑤ Julian Spence. 如何打造一个国际性的保险中心［J］．上海保险，2015（9）：11－14，18.

业与国际保险业的沟通交流力度，提高了国际保险业对中国市场的关注程度，提升了上海在全球保险业界的地位和形象。未来，上海需要继续吸引更多国际保险专业人才汇聚上海，交流和探讨国际保险领域的重大问题，扩大上海保险业在国际上的影响力，增强上海在国际保险事务中的参与度与话语权。另一方面，要宣传保险文化，提高全社会保险意识。一是通过各类传统、新型媒介，增加保险专栏，结合消费者维权日、保险公众宣传日等活动，开展内容丰富的保险知识普及和消费者专题教育。二是弘扬保险文化，宣传保险核心价值理念，推动保险意识深入社会公众。例如，赠送保险系列丛书进学校，推动保险知识进校园，加强学生保险意识教育。三是以重点领域和重点险种为焦点，加大政府宣传力度，在全社会形成学保险、懂保险、用保险的氛围。[①]

（五）推进再保险中心和航运保险中心建设

建立区域性再保险中心和加快航运保险中心建设是实施意见明确提出的上海国际保险中心的建设路径。之所以强调上海国际保险中心建设中的这两个“子中心”建设，是因为基于上海再保险、航运保险的客观情况，以及再保险和航运保险建设对国际保险中心所起的独特作用。

再保险是“保险的保险”，其国际性属性最为突出，在联系我国保险市场与国际保险市场以及形成统一高效的国内保险市场方面发挥着重要作用。作为保险市场的重要组成部分，再保险市场是资本市场、货币市场等其他金融市场之间的桥梁和纽带。国际主要再保险中心的最主要特征是具有规模较大的原保险和再保险市场规模、高效的运营、稳定的金融市场、较高的国际化程度。[②] 近年来，虽然上海再保险市场得到一定程度的发展，但总体而言上海再保险市场发育尚不成熟，再保险市场规模小、主体少、产品和技术创新能力弱，距离实施意见提出的区域性再保险中心任务相去甚远。例如，截至 2018 年 8 月，上海仅有 3 家再保险公司，与新加坡的 30 多家相比尚有较大差距。为此，上海要持续推进区域性再保险中心建设。

一是尽快发布《上海国际再保险中心建设规划》，为再保险中心建设提供全面指导。在 2018 年 8 月 8 日举行的上海国际再保险中心建设推进会上，上海保险交易所国际再保险平台正式宣布上线，标志着上海再保险中心建设迈出重要一步。会上相关人士已经表示，中国银保监会与上海市政府已初步商定，在条件成熟时联合发布《上海国际再保险中心建设规划》。

---

① 裴光，等．从保险大国迈向保险强国上海国际保险中心建设研究［M］．上海：上海人民出版社，2016：249.

② 刘洋．再保险中心发展研究［J］．经济问题，2017（8）：34－38.

二是扶持国际专业再保险中介在自贸区发展。再保险公司的业务大多通过保险经纪人联系直接保险公司的方式展开，并最终达成交易。再保险业的发展繁荣不可能脱离专业再保险中介，因为其不仅充当保险人和再保险人之间的业务代理人，而且肩负着监督再保险人的财务能力和服务质量、消除信息不对称的重要任务。在欧美等发达的保险市场，通过保险经纪人撮合的再保险业务在70%以上。我国目前缺乏大量优秀的损失理算师、精算师和综合金融顾问等具有较高专业素质的机构人才，从而相关服务支持也较弱。因此，上海要充分利用自贸区政策，大力发展再保险经纪人及相关的再保险中介服务机构，包括律师事务所、会计师事务所等，推动再保险业务发展。①

三是建立政策性保险的再保险市场。目前，我国农业保险、巨灾保险常由政府主导，以致这类市场的保单比较集中，同时索赔往往相互之间并不独立，风险损失存在长尾分布的情形，可能出现短时间高频赔偿的情况，单独一家或几家保险公司很难承担全部风险。再保险中心恰好可以为农业保险、巨灾保险建立专业再保险市场，分散这两类保单风险。例如，上海可以优先建立全国巨灾风险的交易和操作平台。在条件成熟时，试点设立特殊目的保险机构（SPV）为境内保险机构发行巨灾债券等保险证券化产品，并利用上海保险交易所作为发行和交易渠道，积极依托上海自贸区建设面向国际金融市场的优势，打通巨灾风险与境内外资本市场的连结通道。② 另外，政府主导的大型活动或工程项目往往需要配套保险，如国际运动会、卫星发射项目等，相关保险可以在上海保险交易所招投标，以类似于辛迪加的形式将保险分割给多个承包人。③

在航运保险中心建设方面，上海具有航运产业和行业保险的深厚基础。上海港货物吞吐量全球名列前茅，集装箱吞吐量常年保持世界第一。2016 年，上海港完成货物吞吐量 7.51 亿吨，完成集装箱吞吐量 4 023 万标准箱。世界上规模最大、设备最先进的洋山深水港四期全自动化码头已于 2017 年年底投入试运营，标志着中国港口行业在运营模式和技术应用上实现跨越升级，为上海港进一步巩固港口集装箱货物吞吐能力世界第一地位，加速跻身世界航运中心前列提供新动力。截至 2016 年年底，上海共有 58 家财产保险公司经营航运保险业务，其中包括全国唯一一家航运类自保公司和全部 11 家航运保险营运中心，此外，176 家保险中介机构以及大量航运法律、海损理算机构提供中介咨询服务，基本形成了“经营机构 + 专业中介服务机构”的完整航运保险产业链。发展国际航运保险中

① 陈冬梅．加快建立国际（再）保险中心的八项建议［N］．中国保险报，2014 - 09 - 30（009）．

② 张润，黄颖．浅析建设区域性再保险中心的路径探索［J］．上海保险，2016（11）：37 - 39.

③ 吉润东．建设中国再保险中心——匹配供给需求、降低交易成本［J］．中国保险，2016（7）：16 - 19.

心有利于充分发挥航运保险的规模经济效应，加快国际金融中心和航运中心的建设进程。①

下一步，上海要立足航运产业和行业保险的已有成就，加速推进上海国际航运保险中心建设。继续支持保险公司在沪设立航运保险运营中心，积极吸引航运保险经纪、保险公估、海损理算等机构入驻。加强上海航运保险协会建设，研发航运保险协会条款，形成国际航运保险定价中心。建立国际航运保险业务操作平台，进一步扩大国际航运保险业务范围，积极研究加强对船舶建造、港口码头、运营责任等相关险种的支持政策，推动货运保险电子发票试点。鼓励航运责任、电商物流等创新业务发展。建立航运保险与航运产业的融合发展机制，推动综合航运金融服务平台建设，加强保险与工商、海关、海事、交港等部门信息共享。支持推动船东互保组织在沪发展。加大航运保险产品、服务、供给模式、风险管理技术创新，加强航运复合型人才培养。②

综上所述，上海保险业与成熟国际保险中心有一定差距，同时面临国内一些城市的竞争，在监管方面一些政策配套没有跟上，也阻碍了上海乃至国内保险业的发展。上海保险业的改革发展需要立足上海实际，在充分认识到与成熟国际保险中心差距和国内竞争形势的基础上，扬长避短，牢牢抓住行业发展的新机遇。

参考文献

[1] 2017 Annual Report of The Bermuda Monetary Authority, p58.

[2] 2017 年上海市国民经济和社会发展统计公报 [J]. 统计科学与实践, 2018 (3): 11 - 21.

[3] http: //qfhchina. com/index. php? m = content&c = index&a = show&catid = 59&id = 293, lastly visited 24th Sep. 2018.

[4] https: //www. thepaper. cn/newsDetail _ forward _ 2381145, lastly visited 29THSep. 2018.

[5] Julian Spence. 如何打造一个国际性的保险中心 [J]. 上海保险, 2015 (9): 11 - 14, 18.

[6] 2017 Q4 Bermuda ILS Market Report.

[7] WEAF Legal official website, http: //www. weaflegal. com/newsitem/278236789, lastly visited 29th Aug. 2018.

[8] 曾于瑾. 保险基础设施滞后亟须补短板 [N]. 金融时报, 2017 - 06 - 07

① 单树峰，王飞，邢帆. 上海航运保险中心的建设路径 [J]. 中国保险，2015 (6): 27 - 31.

② 降彩石. 上海航运保险"十二五"回顾与"十三五"展望 [J]. 上海保险，2016 (5): 8 - 10.

(010).

[9] 陈冬梅. 加快建立国际（再）保险中心的八项建议 [N]. 中国保险报, 2014-09-30 (009).

[10] 单鹏. 保险科技的应用与监管 [J]. 中国金融, 2018 (2): 66-67.

[11] 单鹏. 从四方面着力建设保险市场新型基础设施 [J]. 清华金融评论, 2016 (7): 93-94.

[12] 单树峰, 王飞, 邢帆. 上海航运保险中心的建设路径 [J]. 中国保险, 2015 (6): 27-31.

[13] 樊丽明, 葛玉御. 上海国际金融中心建设的金融业税负与政策研究 [J]. 金融发展研究, 2016 (4): 3-11.

[14] 郭金龙, 王桂虎. 保险业仍处于黄金发展期 [J]. 中国金融, 2018 (2): 37-39.

[15] 黄万鹏. 保险科技助力保险业高质量发展 [J]. 中国保险, 2018 (7): 12-15.

[16] 吉润东. 建设中国再保险中心——匹配供给需求、降低交易成本 [J]. 中国保险, 2016 (7): 16-19.

[17] 姜波. 构建保险业对外开放新格局 [J]. 中国金融, 2018 (2): 53-55.

[18] 降彩石. 上海航运保险"十二五"回顾与"十三五"展望 [J]. 上海保险, 2016 (5): 8-10.

[19] 劳佳迪, 毕彤彤. 上海保险业"十二五"规划目标恐难实现 [J]. 中国经济周刊, 2015 (41): 57-59.

[20] 李金辉. 百慕大保险市场监管机制 [N]. 中国保险报, 2005-10-31 (008).

[21] 李强. 金融机构税负水平对上海国际金融中心建设的影响 [J]. 科学经济社会, 2013, 31 (1): 59-63.

[22] 刘建辉, 松涛. 承保了世界上最复杂和最特殊的风险: 不怕任何风险的劳合社 [J]. 英才, 2008 (2): 60-62.

[23] 刘璐, 王晓曦. 百慕大保险市场结构研究 [J]. 河北地质大学学报, 2015 (3): 56-62.

[24] 刘小微, 周延礼. 我国保费收入超过日本排名世界第二 [N]. 金融时报, 2017-01-18 (001).

[25] 刘洋. 再保险中心发展研究 [J]. 经济问题, 2017 (8): 34-38.

[26] 栾存存. 我国保险业增长分析 [J]. 经济研究，2004 (1)：25－32.

[27] 马翠莲. 上海自贸区保险改革创新成绩斐然 [N]. 金融时报，2016－09－30 (005).

[28] 马倩. 保险业对外开放的成果、问题与建议 [J]. 中国保险，2018 (6)：15－19.

[29] 宁威，陆彦婷. 保险资金运用的国际比较研究 [J]. 国际经济合作，2016 (9)：70－75.

[30] 裴光. 创新引领上海国际保险中心建设 [J]. 中国金融，2017 (1)：63－65.

[31] 裴光等. 从保险大国迈向保险强国：上海国际保险中心建设研究 [M]. 上海：上海人民出版社，2016：6.

[32] 吴晓军. 保险行业信息共享与基础设施建设 [J]. 清华金融评论，2017 (12)：24－26.

[33] 徐行. 保险将成为个人征信数据重要应用领域 [N]. 上海证券报，2017－11－02 (012).

[34] 徐英. 国际再保险中心特点及其形成条件分析 [J]. 江西金融职工大学学报，2010，23 (6)：21－23.

[35] 杨东. 英国金融科技发展对中国保险科技的借鉴 [J]. 上海保险，2017 (10)：8－13.

[36] 虞琤. 英国劳合社模式的解析及借鉴 [J]. 上海保险，2013 (1)：34－36.

[37] 在上海国际保险中心建设中要有新作为——上海保监局局长裴光在2017上海国际保险论坛上的讲话 [J]. 上海保险，2017 (7)：12－14.

[38] 张润，黄颖. 浅析建设区域性再保险中心的路径探索 [J]. 上海保险，2016 (11)：37－39.